教育部中等职业教育专业技能课立项教材

商品学基础

（第二版）

主　　编／刘清华　张建斌　李海凤
副主编／单浩杰　张令娟
参　　编／于庆华

SHANGPINXUE JICHU

中国人民大学出版社
·北京·

出版说明

为贯彻落实《国家中长期教育改革和发展规划纲要（2010—2020年）》，按照"五个对接"的教学改革要求，规范专业建设，深化课程改革，创新教材建设机制，全面提升中等职业教育专业技能课教材质量，教育部职成司于2012年5月开展了中等职业教育专业技能课教材选题立项工作，遴选出37家出版单位负责立项教材的出版和发行工作。

中国人民大学出版社作为教育部职业教育教材出版基地，获批金融事务、连锁经营与管理、电子商务、市场营销、物流服务与管理、旅游服务与管理、物业管理七个专业的教材选题立项（教职成司函〔2012〕95号）。依托自身在经管领域的专业优势，中国人民大学出版社迅速展开了对市场营销专业的课程调研和教材开发工作。经过近一年的努力，历经数次教材研讨，广泛听取一线教师的教学反馈，并组织专家审稿，市场营销专业中等职业教育专业技能课立项教材顺利面世。本套教材在编写上力求体现以下几个特色：

（1）贴近岗位实际，体现行动导向。本套教材适应市场经济体制下大、中、小型企业的市场营销诸多岗位群的现实需要，选取职业岗位典型活动进行编写，强调以营销职业岗位中的任务为主线，以技能为载体，把教学重点真正落实到岗位能力的培养上。

（2）突出实用，理论适度。教材内容注意探索、总结、吸收我国市场营销的特点和经验，对学生传授"必需、有用、够用"的市场营销基本理论和基础知识，将重点放在理论、原理的应用思路、应用方法、操作技能和案例分析上，适当增加图、表、例和典型个案等栏目的内容比例，强化知识的应用性、可操作性。

（3）学生本位，形式活泼。教材以学生为中心，模块设置更强调学生在整个学习过程中的核心作用，突出了学生参与课堂、动手实践的环节。此外，教材还注重形式活泼，突出通俗性、趣味性、图文并茂，激发学生学习兴趣。

（4）教学配套资源完整。每本教材配备了PPT课件、习题答案等丰富的教学资源，确保使用教材的教师在教学、实训等不同环节有足够的教学素材支持。

前　言

商品学是研究商品价值与使用价值及其实现规律与变化规律，指导消费者合理使用商品，反馈商品信息以提高企业的经济效益和社会效益，促进国民经济体系和商品市场健康发展的一门学科。为了满足21世纪营销人才培养的需要，特别是培养中职学生职业技能的需要，突出中等职业教育办学特色，加强中职学生实践能力的培养，在重视理论且突出实践教学环节的基础上，我们编写了本书。本书在编写过程中力图在商品理论和实践之间架起一座桥梁，将理论与实践有效地结合起来，使学生易于掌握、易于实践。

归纳起来，本教材具有以下特点：

1. 内容体系安排符合中职教育的特点。本教材主要针对中等职业学校的学生，强调理论基础与实践技能的结合。因此，本书对商品理论主要梳理基本概念和基本原理，使理论部分尽量简明扼要、通俗易懂；而对于具体的商品业务，则以"够用"为度，突出可操作性。

2. 体例新颖独特。本书各学习模块开篇均设有"学习目标"，使学生首先明确本学习模块的知识点、技能点和核心概念；在导入正文之前通过一个典型的"情景引入"和"思考与分析"栏目，吸引学生对本学习模块内容的关注，激发学生思维，使其对商品学知识有一个初步、形象的认识，从而产生学习兴趣，同时能够将以前所学的知识有机地融入本书的学习中；在每个单元中间，通过对知识点的提炼并穿插"案例点击"，增加了内容的可读性和知识的新颖性，加深了学生对理论知识的理解，开拓了思维，对书中的重要观点起到了画龙点睛的作用；课后的"案例分析"及相应的"案例思考题"可供师生共同思考、分析、讨论，从而产生互动，使学生对理论知识进行消化和理解，知道如何应用；"实训设计"为学生提供了参与实践、提高应用能力的平台，使学生进一步加深对理论知识的理解，提升实践技能。

3. 案例生动。为了提高教学效果和学习效率，本书将商品学的基本理论与方法紧密结合生动有趣的商品学实例加以讲解，努力做到情景交融、形象生动。

本书由刘清华、张建斌、李海凤任主编，单浩杰、张令娟任副主编，于庆华参编。具体模块编写分工如下：内蒙古财经大学经济学院张建斌编写学习模块1；内蒙古财经大学职业学院刘清华编写学习模块2中的单元1；内蒙古财经大学职业学院李海凤编写学习模块2中的单元2和单元3；内蒙古财经大学职业学院单浩杰编写学习模块2中的单元4和学习模块3中的单元2；内蒙古财经大学经济学院张令娟编写学习模块2中的单元5和学习模块4；内蒙古财经大学旅游学院于庆华编写学习模块3中的单元1和单元3。全书的框架构建、学习目标设定、知识点提炼及统稿和定稿工作由刘清华和张建斌完成，目录设计与调整由李海凤负责。此外，本书的电子教学课件由刘清华、张建斌、李海凤、单浩杰、于庆华和张令娟共同制作完成。

  本书的编撰与出版，得到了各参编学院的领导和中国人民大学出版社的大力支持和帮助，特此表示衷心的感谢！

  另外，本书在编写过程中参阅了国内外大量的文献资料，限于篇幅，在此不能一一罗列，编者就此向著者表示诚挚的谢意。

  由于编者水平有限，书中差错在所难免，谨请广大读者批评指正和海涵，希望各位专家学者和职业院校的同人不吝赐教。

编者

目 录

学习模块 1　了解和认识商品/1
　单元 1　什么是商品/2
　单元 2　商品学的研究内容、方法和任务/7

学习模块 2　商品管理/12
　单元 1　商品质量管理/14
　单元 2　商品分类管理/32
　单元 3　商品品种管理/57
　单元 4　商品包装管理/72
　单元 5　商品养护管理/91

学习模块 3　商品检验与监督/110
　单元 1　商品标准/111
　单元 2　商品检验/124
　单元 3　商品质量监督和认证/137

学习模块 4　商品储存与运输/162
　单元 1　商品储存/163
　单元 2　商品运输/168

参考文献/182

学习模块 1

了解和认识商品

学习目标

- **知识目标**

   通过对本模块的学习，学生应掌握以下知识：
   (1) 商品的内涵和属性；
   (2) 商品学的研究内容、研究方法和研究任务。

- **核心概念**

   商品　使用价值　固定属性　变化属性　科学实验法　现场实验法　社会调查法　对比分析法　技术指标法

情景引入

丘北特产亮相创意云南文博会，精品商品内涵丰富

8月9日，丘北县的旅游、非遗、文化等各类本土特产商品纷纷在创意云南2018文化产业博览会上亮相。

走进丘北展区，火红的丘北辣椒和仙境般的普者黑旅游宣传画，给予人们视觉上的震撼，不少游客正侧耳倾听本土原创音乐专辑《听见普者黑的声音》的优美旋律。

展区内，无处不透露着丘北风土人情的气息，令人身临其境。展台上摆放的精致的非遗手工制品水竹纸伞、壮家花糯米、葡萄酒、鲜花饼以及根雕，吸引了来自五湖四海的观展游客的目光。工作人员详细的讲解，也提起了人们对丘北独特文化的兴趣。

通过参观，游客们对丘北展区的布置和各参展产品都是赞不绝口，尤其提到省级非物质文化遗产水竹纸伞的做工更是佩服至极。不少人还表示，以后有机会一定会去丘北、去普者黑，去感受那一方水土的独特魅力！

[思考与分析] 开始学习前，建议你先思考下列问题：

(1) 你理解的商品是什么？

（2）你在购买、使用商品时有哪些需求？
（3）"情景引入"里面的丘北特产是否是商品？这类商品有什么特点？

单元 1　什么是商品

商品是用于交换的劳动产品。它具有价值和使用价值两种属性。商品的价值属于政治经济学的范畴，而商品的使用价值则是商品学研究的对象。商品学的理论基础是马克思的商品使用价值学说。

知识点 1　商品的内涵

虽然商品的定义是用非常简洁的文字来描述的，但是其内涵却十分丰富，商品的内涵可以从以下几个方面来理解。

一、商品的核心部分

商品的核心部分是商品的使用价值，是其最基本的层次，是顾客真正购买的服务或利益。如顾客购买洗衣机的目的就是用机械力代替手工力进行洗衣，所以"洗衣"是商品的核心部分，也是顾客购买商品时最直接的目的和原因；而在旅馆，夜宿旅客真正要购买的是"休息与睡眠"；对于钻头，购买的人真正要买的是"孔"。商品核心部分的好坏与商品生产的原材料、生产技术、生产过程有关系。商品的原材料质量优秀，生产技术先进，生产过程中工人认真细致，则商品的核心部分好；相反，则商品的核心部分就存在大量隐患。如果商品的核心部分存在隐患，后面要研究的商品形式部分和附加部分再优秀也毫无意义，所以，商品的核心部分是商品在生产、销售和使用过程中的核心、基础和重中之重。

二、商品的形式部分

商品的形式部分是商品的主体，是商品核心借以实现的各种具体商品形式，既向市场提供商品实体的外观，也是消费者得以识别和选择的主要依据。商品形式一般表现为商品的形状、特点、包装、品牌等。由于同类商品的基本效用即核心部分都是一样的，因此企业要获得竞争优势，吸引顾客购买自己的商品，必须在形式上多动脑筋，在商品的设计上应着眼于顾客所追求的基本利益，同时也要重视如何以独特的形式将这种利益传递给顾客。例如，对于洗衣机，它的外观式样、品牌名称和包装等就是商品形式部分；对于电影院,则指其是一个包含很多座椅及放映设施的建筑物[①]。

三、商品的附加部分

商品的附加部分是指顾客购买商品时随同商品所获得的全部附加服务与利益,从而把一个公司的商品与其他公司区别开来,包括商品的品质保证、送货上门、安装调试、维修、技术培训、融通资金等服务带来的附加价值以及由商品的品牌与文化、企业形象与员工技能和形象带来的价值等。

在商品竞争激烈的现代社会里,商品的附加部分也称为企业竞争的重要手段。正如美国著名营销专家李维特所言:"未来竞争的关键不在于工厂能生产什么产品,而在于该产品提供的附加价值:安装、维修、用户咨询、购买信贷、及时交货和人们以价值来衡量的一切东西。"

重视商品的附加部分,一方面为消费者带来了利益,另一方面它还有利于引导、刺激消费者的购买欲望,并且能够帮助企业完善和开发产品,增加企业的适应力、竞争力,获得高附加值。认识这一点,有助于提高企业对消费者的服务意识,也能提高企业的竞争力[②]。

> **小思考:**
> 以下商品的核心部分、形式部分和附加部分各是什么?
> (1) 金龙鱼东北大米:蟹稻共生、盘锦产、5kg装、30元每袋、送货上门。
> (2) 2018年冬季鄂尔多斯市产中青年男士拉链高领纯羊绒毛衣:外穿、浅驼色、号码为110(170/88A)、品质保证。
> (3) 华为 HUAWEI nova 3i 全面屏高清四摄游戏手机:6GB+128GB、颜色为蓝楹紫、全网通移动联通电信4G手机、双卡双待、价格2500、免费包邮。

知识点 2　商品的属性

一、商品的基本属性

商品的基本属性分为商品的使用价值和价值,商品学的研究重点是商品的使用价值,而政治经济学研究的是商品的价值。

1. 商品的使用价值

商品的使用价值是指物品或服务满足人们某种需要的属性,即物品和服务的有用性或效用。任何商品必须能够满足人们的某种需要,即具有某种使用价值。使用价值是商品的自然属性,是由它的物理、化学、生物等属性决定的。使用价值可以从质和量两个方面来考察。如洗衣液这种商品的使用价值就是满足人们在洗干净衣服的同时减少洗衣二次污染发生率的需要。

(1) 从使用价值的"质"的方面来看,各种不同的使用价值,在"质"上是不同的,

[①②] 李世宗. 市场营销. 北京:中国财政经济出版社,2007:96-97.

它可以满足人们各种不同的需要。例如，衣服、粮食、住宅可以满足人们物质生活的需要；书报、音乐、影视剧可以满足人们精神生活的需要；工具、原材料可以满足人们生产的需要，而决定使用价值这种不同用途的"质"是商品的自然属性。同一种商品还可以兼有各种自然属性，具有多种使用价值，这是人们在同自然界做斗争的过程中，随着生产经验的积累、生产技术的提高以及科学知识的增加，逐渐发现的。例如，过去人们只知道石油可以用作燃料，随着科学技术的发展，现在已经能够从石油中提炼出化工产品，能够合成纤维、橡胶、塑料等。

（2）从使用价值的"量"的方面来看，任何使用价值都可以用一定的单位来衡量，用数量来表示其大小、多少。计算不同使用价值的数量，往往用不同的计量单位，如粮食用"斤"、衣服用"件"等。商品用什么作单位进行衡量，取决于商品的性质和社会习俗，如衡量大米的重量曾用"石""斗""升"等计量单位，现在则用"斤""两"或"千克""克"等来衡量。

人类社会要存在和发展，就要不断生产出各种使用价值来满足人们的不同的需要。因此，不论财富的社会形式如何，使用价值总是构成财富的物质内容。作为社会财富实体，使用价值是与人类社会同时存在的范畴。但是，商品的使用价值还有其特殊性：第一，商品的使用价值不是为了满足自己的需要，而是为了满足他人的需要。因此，它是社会的使用价值。第二，商品的使用价值必须通过交换让渡给他人，才能进入消费。因此，它是交换价值的物质承担者。

2. 商品的价值

凝结在商品中的无差别的人类的劳动就是商品的价值，这是商品的第二个属性，也是商品的社会属性。任何商品都有使用价值，但只有当这种有用物品作为商品时，它才具有价值。

商品是使用价值和价值的对立统一体。一方面，商品的使用价值与价值是统一的，缺了其中任何一个就不能成为商品。价值的存在要以使用价值的存在为前提，凡是没有使用价值的东西，就不会有价值；使用价值是价值的物质承担者，价值寓于商品的使用价值之中。另一方面，使用价值和价值是不同的、相互矛盾的。使用价值是商品的自然属性，反映的是人和自然的关系；价值作为商品的社会属性，反映的是商品生产者之间的社会关系[①]。

二、商品的其他属性

1. 固定属性

所谓固定属性主要是指一种商品的相对不变的属性，如商品编码、商品名称、生产厂家、商品条码、商品类别等。这些属性一经确定，一般不会发生变化，以固定这个属性为商品塑造及保持形象，在营销中以商品这种固定的属性为经营的商品塑造品牌形象，取信于消费者，为经营者经营的商品获取尽可能多的附加价值。但是，在特殊情况下商品的某些固定属性也会发生变化，而这种属性一旦发生变化，就变成了商品的变化属性。如商品类别这个固定属性，同一种商品在进行小类划分的时候，对于不同的商场，可能有不同的

---

① 沈爱华，袁春晖. 政治经济学原理与实务. 北京：北京大学出版社，中国农业大学出版社，2008：22-27.

归属；商品编码这个固定属性，一般也不会变化，但在商场的经营部门发生变化的时候，可能发生变化，这主要取决于商场现有计算机系统的商品编码规则；还有，零售企业的业态对商品的一些固定属性也会产生一定影响，这也取决于计算机系统的编码规则和设计系统时的设计思想。比如，百货业态，为防止混乱，通常都禁止重复经营，所以一种商品只隶属于一个部门。于是，商品所属部门就可以作为这个商品的固定属性之一。而在连锁店业态下，上述规则就不成立，一种商品在连锁店中往往同时属于多家销售门店，甚至配送中心。这时，商品所属部门就成了一个变化量和不确定量，因为事先无法确定究竟连锁公司将有几家门店可以销售这种商品，连锁公司最终会发展多少家门店。这种情况，商品的部门这个在百货业态下的固定属性就很自然地成了变化属性。当然，对于百货店，这种属性也同样可以放在变化属性中进行处理，但明显感觉不合理。这时候就要考虑到系统运行性能，考虑放在哪种属性内，系统的处理更有效，编程更简洁。所以固定属性是商品在某种条件下的有限相对固定，而非绝对固定。

对于固定属性还可以进一步分类，可以分成经营属性和管理属性。经营属性主要是指在日常商品流转过程中涉及的各种属性，包括商品编码、名称、生产厂家、条码等。它们是在正常的经营过程中必不可少的。商品的管理属性则是指为满足在经营过程中的进一步要求而设置的属性，如商品的保质期、保修期，某些商品的最高及最低库存，商品的各种损耗率等。这些属性要想发挥作用需要一定的条件，比如企业的日常经营管理应比较成熟，基础数据全面和稳定，经营管理人员对计算机系统要比较熟悉等。

2. 变化属性

商品的变化属性是指在经营过程中会发生变化的属性，如商品价格、商品数量、进货人员、供货单位等，这些属性是伴随着某个商品的整个经营始末的。与商品的固定属性相比，商品的变化属性的变化频率较高，但是这也不等于商品的这些变化属性是一直在变动中的，也是要有短期固定的性质的。比如"商品价格"这个属性，本属于变化属性的一部分，但是，当一种商品的价格处于快速变化过程中时，也会引起一些不必要的麻烦。例如，在2017年到2018年之间，某市的食用大豆油受原材料的影响，价格变动频繁，以价格增长为主。当时消费者到超市购买大豆油时，标签的价格和最终实际结算价格不同，标签价格低于实际结算价格。当消费者把这种情况反映给超市管理者时，超市管理者很无奈地说是因为大豆油供应价格每天在变，导致超市无法及时更换价签，出现标签价格和实际价格不符。还有，现在某些中小型饭店不再印刷菜单，而是把菜单变成卡片的样子，原因就是菜价在不断波动，这同样也为消费者和经营者带来很多不便。所以，即使是商品的变化属性，也应该在短期内保持稳定。

同样，对于变化属性，也有经营属性和管理属性之分。

商品变化属性中的经营属性有：进货价格、销售价格、商品批次、进货数量、所属库房、经销代销性质、进货价格含税与否等。

商品变化属性中的管理属性有：商品保本保利期、商品库存位置、商品陈列位置、商品建议进货量、商品供货周期、商品进货费用、商品建议零售价格、竞争对手商品售价等。

3. 正确处理和理解商品的其他属性

商品的经营属性是基础属性，管理属性是商品高级属性。管理属性依赖基础属性的正确性和系统性。商品的固定属性是更加基础的属性，它又是商品变化属性的基础。可以说，商品的固定属性是最基础的部分。

另外，商品的各种属性在某些条件下可以互相转化，比如商品的隶属关系。商品的最高最低库存也有类似性质。销售波动小、不太受季节影响的商品，它的最高最低库存就可以放在固定属性内。

将商品属性进行分类，主要目的是根据这些属性的作用进行合理使用。

对于应用软件开发商，可以根据商品属性对应用程序进行设计、对用户界面进行合理组织。根据不同的商品属性将应用软件功能分层划分，以达到主次分明、界面功能简洁清晰的目的，同时还可以降低用户的使用难度和培训用户的难度。

由于不同的商品属性对应了不同的管理层次和管理难度，企业只有理解了商品的各个属性后，才能够从做基础工作开始一步步稳定地往前走，提高企业的经营效益。

案例点击

稻香村的色香味

稻香村起源于 1773 年，距今已有 200 多年，当时叫"苏州稻香村茶食店"。当年乾隆皇帝下江南，在苏州品食稻香村糕点后，赞叹其为"食中隽品，美味不可多得"并御题匾额。稻香村在产品上坚持"工匠精神"，传统手工技艺都是通过"师父带徒弟"的方式代代相传。从创始至今已经传承至第六代。

稻香村从创始初期苏州观前街老店的单一店面发展到如今已经在全国拥有 9 家分公司、6 个现代化大型生产基地，并在山东、江苏、云南、内蒙古等地拥有多个原料直供基地的大型集团化食品企业。

北京稻香村始建于 1895 年（清光绪二十一年），时称"稻香村南货店"，位于前门外观音寺，南店北开，前店后厂，很有特色，是京城生产经营南味食品的第一家。北京稻香村 1926 年被迫关张，1984 年年初复业，至今有 30 多家直营店、100 多家加盟店、1 个食品配送中心、1 个 14 万平方米的中心工厂和 1 个 4 万平方米的原料加工基地，生产中西糕点、熟食制品、速冻食品、休闲小食品等 12 个系列的 400 多个品种，年销售收入达 40 亿元。

北京稻香村是北京第一家生产经营南味食品的厂家，深受北京社会各界人士的喜爱。鲁迅先生在寓居北京的时候，便经常前往购物，并在《鲁迅日记》中记载达 10 余次。

北京稻香村开创的京城南味食品派系代代相传，绵延不断，持续至今。在 1984 年，延续百年的稻香村传承人刘振英先生，成立了北京稻香村公司，并于 1994 年组建成立北京稻香村食品集团。2005 年，企业正式更名为北京稻香村食品有限责任公司。

北京稻香村食品讲究"四时三节"，端午卖粽子，中秋售月饼，春节供年糕，上元有元宵。用料讲究正宗，核桃仁要山西汾阳的，因为那里的核桃仁色白肉厚，香味浓郁，嚼在嘴里甜；玫瑰花要用京西妙峰山的，因为那里的玫瑰花花大瓣厚，气味芬芳，而且必须是在太阳没出来时带着露水采摘下来的；龙眼要用福建莆田的；火腿要用浙江金华的；等等。做工讲究"凭眼""凭手"，例如熬糖何时可以端走全凭师傅的经验，早一分钟没到火候，晚一分钟火候又过了，这就是所谓的"凭眼"；"凭手"则是指将熬好的糖剪成各种形状，这全是手工活儿。

单元 2　商品学的研究内容、方法和任务

知识点 1　商品学的研究内容

商品学在研究过程中主要围绕商品的使用价值展开，所以商品学的研究对象是商品的使用价值。在商品学围绕商品的使用价值展开研究时，往往从以下几个方面的内容入手。

一、商品学研究的中心内容

商品质量和商品品种是商品使用价值在质和量上的不同表现形式，它们之间既有各自不同的内涵，又存在密切的关系。研究商品质量离不开商品品种，商品质量是具体商品品种的质量；研究商品品种也离不开商品质量，商品质量不同往往会形成新的商品品种。因此，商品学研究的中心内容，客观上必然是商品质量和商品品种。

1. 商品质量

我国商品学界一般认为，商品质量有广义和狭义之分。广义的商品质量是指商品具有满足明确和隐含需要的能力的特性和特征的总和。狭义的商品质量是指商品具有满足明确和隐含需要的能力的特性的总和，因此广义的商品质量包括狭义的商品质量和商品品种两方面的内容。

商品质量是一个综合性的概念，它涉及商品本身及商品流通过程中诸因素的影响。从现代市场观念来看，商品质量是内在质量、外观质量、社会质量和经济质量等方面内容的综合体现。

2. 商品品种

商品品种是商品学研究的另一个中心内容，是从事商品经营和管理工作必须把握的基本问题，也是商品能否适销对路充分满足市场需求的关键。

商品品种是按某种相同特征划分的商品群体，或具有某种共同属性和特征的商品群体。研究商品品种是从整体上研究商品的使用价值，研究商品品种结构优化的途径和方法，指导企业经营者最大限度地寻求利润最大化。

二、商品学研究的重点内容

商品学研究的重点内容包括商品分类、商品标准和标准化、商品质量监督和认证、商品检验、商品包装、商品养护和商品储运等。这些内容都是围绕着商品生产、运输、储存

和养护过程中所使用的知识。

任何事物都是不断发展的，商品学研究的课题也是随着社会生产力水平的提高，科学技术的进步，人类生活范围的扩展和需求的变化而不断被开发出来的。商品使用价值领域的不断拓宽，商品质量水平的不断提高，商品品种类型的不断增多，必然会使商品学研究的内容向更高层次发展，更加适应市场经济发展的需要[①]。

知识点 2　商品学的研究方法

商品学的研究方法大致包括以下几个方面。

一、科学实验法

这种方法需要在实验室或一定的实验场所，运用一定的实验仪器和设备来进行，通常是在对商品的成分、结构、性能等进行理化鉴定时采用。运用此方法所得出的结论准确可靠。

二、现场实验法

这种方法是由一些专家或具有代表性的消费者群，凭人体的感觉器官，对商品的质量及其有关方面做出评价。这种方法简便易行，但结论可能受人的因素影响较大，所以一般需要进行相关知识和技能的培训。

三、技术指标法

技术指标法是一种在分析实验的基础上，对一系列同类产品，根据国内或国际水平，确定质量技术指标，以供生产者和消费者共同鉴定商品质量的方法。

四、社会调查法

商品的使用价值是一种社会性的使用价值，运用此方法有利于全面考察商品的使用价值，特别是在商品不断升级换代、新产品层出不穷的现代社会里，这方面的调查就显得更加重要。这种方法具有双向沟通的作用，在实际调查中既可以将生产信息传递给消费者，又可以将消费者的意见和要求反馈给生产者。几乎所有的商品在研制、生产过程中都会运用社会调查法来评估商品的市场潜力，为商品成功打开市场尤其是为国际市场提供有价值的信息。社会调查法主要有现场调查法、调查表法、直接面谈法、定点统计法等。

五、对比分析法

对比分析法是将不同时期、不同地区、不同国家的商品资料收集积累，加以分析比较，从而找出提高商品质量、增加花色品种、扩展商品功能的新途径的方法。运用对比分

---

① 马德生. 商品学基础. 北京：高等教育出版社，2008：4-5.

析法，有利于经营部门发现消费者的需求，正确识别商品和促进生产部门改进产品质量，实现商品的升级换代，更好地开拓市场①。

知识点 3　商品学的研究任务

一、阐述商品的有用性和适用性

商品的有用性和适用性是构成商品使用价值的最基本的条件，离开了对商品有用性和适用性的研究，商品的使用价值就无从谈起。而使用价值又是商品学研究的对象，所以，研究商品学离不开对商品的有用性和适用性的研究。阐述商品的有用性和适用性，不仅有助于消费者更好地了解商品、购买商品和使用商品，而且有助于商品经营者更好地宣传商品、销售商品。

二、分析、指导、提高和评价商品质量

1. 分析商品质量形成、变化的影响因素和规律

商品质量是商品学研究的中心内容，同时也是顾客最关注的商品核心部分，所以，经营者要想给顾客满足其需求的商品，首要考虑的因素就是商品质量，关注商品质量的形成、变化。商品质量虽然是抽象的概念，但是却能明确地反映在商品实体上，商品质量的好坏有很多有章可循的质量变化规律，受着各种不同因素的影响，商品学这门课程能帮助经营者总结商品质量变化的一般规律，找出影响商品质量的因素。

2. 指导商品质量形成

如前所述，商品学帮助商品经营者找出影响商品质量的因素，同时总结商品质量变化的一般规律，这些在客观上都有助于指导商品质量形成。

3. 提高商品质量

商品学这门课程的主要出发点就是商品的使用价值，其除了指导商品使用价值的形成，还提出了一些提高商品质量的方法，比如商品检验、商品质量监督和认证等。同时，商品质量的逐步提高也是社会进步的需求。

4. 评价商品质量

商品质量是企业的生命，又与消费者的切身利益紧密相关。通过研究商品质量特性和检验商品质量的方法及方法的选择，可以更好地为制定、修订商品质量标准和商品检验标准提供依据，从而为评价商品质量奠定良好的基础。

三、研究商品的科学系统分类和商品品种优化

商品品种是商品学基础研究的又一个中心内容，目前，各企业经营者绞尽脑汁地细分市场，细化消费群体，同时也针对不同的消费群体开发出越来越多的商品品种，这样一来，企业内部的商品品种就越来越多。商品品种日益增多是当前经济社会的一个良性趋势，但是由于同行企业过度开发新品种，或重复开发新品种，会出现企业自身经济实

---

① 窦志铭. 商品学基础. 2 版. 北京：高等教育出版社，2008：4.

力不能匹配的情况，同时也会导致企业资金周转不畅，带来很多弊端；但是若一个企业只有一个拳头产品，不再进行其他产品开发，最后当这个产品寿命周期接近衰退期时，这个企业就面临倒闭的危险，所以品种太少也一样会给企业带来负面影响。那么，如何优化商品品种是经营者当前考虑的一个主要问题，在商品学中会对此问题展开分析和研究。

目前，商品品种数量急剧增长，对于经营和流通企业来说，商品管理非常复杂，要求对商品进行科学系统的分类，所以在商品学中对这个问题也有研究。

四、指导企业商品的生产、运输和储存

商品质量的形成从商品创意构思开始一直持续到消费者对其的养护，在这期间，商品最容易发生劣变的环节就是生产、运输和储存，因为在这些环节，除了主观的不注意外，还有一些无法预测的客观环境的改变，这些都会引起商品质量发生坏的变化。商品学从这个角度入手，研究了商品生产、运输和储存过程中的质量影响因素，提出了规避质量劣变的方法。

五、指导顾客消费，充分发挥商品更大的作用

商品学最后的研究任务就是指导顾客消费，使其购买的商品最大限度地发挥使用价值。

学习小结

商品学主要研究商品的使用价值及如何提高商品的使用价值。本模块主要从商品的概念入手，阐释了商品学的研究对象、研究内容、研究任务和研究方法。

案例分析

小米、华为也出电子秤，盘点几款百元智能体脂秤

科技的发展越来越快了，现在一个电子秤不仅仅能精准测出体重，还能测出体脂、身体质量等。哪像小时候测个体重，还要坐在篮子里，然后外公一边用扁担把篮子挑起来，一边去看杆秤。

小米生态链出了一款智能体脂秤，相比较小米体重秤，这款体脂秤功能更全面，连接手机App，输入身体数据，可同时分析体重、BMI、肌肉量、基础代谢、内脏脂肪等级、骨量、体脂率、水分、体型、身体得分10项人体数据，让你更了解自己的身体状态。体脂秤配置了隐藏式LED显示屏，上称时，数据从面板下透出来；圆角秤边和大脚垫设计，起到防撞防滑的作用，提高了安全系数。与小米App绑定后，可以自动上传并保存每一次的测量数据。使用时，可以识别出不同的称量人，分别记录，可存储16人的测量数据。

199元的价格在小米的生态链里，算是比较平民的。

阿里智能出品的香山智能秤也非常火爆，有红、白、黑三种颜色供选择。这款智能秤采用BIA技术，运用智能分析和加速运算法，让数据更准确。开创婴儿、儿童、成人三种模式，关注成长的每一个阶段，满足全家各年龄段健康检测的需求。通过智能对象识别技术，可储存12个用户的信息，自由切换用户数据。机身面采用高强度安全钢化玻璃，称重范围达150kg。屏幕采用的LCD液晶显示屏，不管白天黑夜，都能轻松读数。自动开关机，上称时测量，下称自动关机，使用更方便。

清华同方的好体知M1算是这几款体脂秤中最贵的一款了，299元的价格可以买3台香山了，但是最贵的价格可不是白来的，好体知M1是基于中国人体数学模型，联合各大医院打造的更适合中国人使用的体脂秤，就连秤面，都是根据中国人的脚码配置的。测量数据更是多到有体重、脂肪、BMI、体脂率等21种数据。

海尔的体脂秤支持体重、体脂率、BMI等18项数据检测。使用USB充电，续航长达半年。连接手机App，自动记录身体数据，可存储10人的测量数据。双色显示灯显示体重数据，绿色表示减轻了，橙色代表变重了；断网时自动储存30组数据，等联网后自动同步到App云端；运用生物电阻分析（BIA）技术，测量更准确；公斤和斤两种称量单位更准确，秤面采用的是钢化玻璃，配有LED隐藏显示屏；上称开机，自动关机也非常方便。

华为的智能秤支持体重、脂肪率、BMI等11项数据检测。采用高精度BIA测脂芯片，测试数据快速呈现，为了数据更精准，配备了4个高精度压力传感器；为了督促每日定时训练，还自带闹钟提醒功能；华为智能体脂称可识别已绑定的用户，即使手机处于离线模式，测量时脂肪率、体重数据仍可在秤面上直接显示；App可存储10人的测量数据，适用iOS8.0及安卓4.4以上支持蓝牙4.0及以上的手机。

总的来说，智能化越来越普及，生活中逐渐出现越来越多的智能设备。这些设备可以让我们更加清楚地了解自己，从而找到更加适合的生活方式，但怎么选最适合自己的，就要看自己的眼光和需求了。

案例思考题：
智能秤、体脂秤满足了消费者的哪些需求？它们的使用价值的"质"表现在哪里？

学习模块 2 商品管理

学习目标

- **知识目标**

  通过对本模块的学习,学生应掌握以下知识:

  (1) 商品质量的影响因素,商品质量管理的数据分析方法和常用管理方法;

  (2) 商品分类管理的基本原则、方法和体系,商品目录和商品编码;

  (3) 商品品种的类别和结构优化;

  (4) 主要包装材料的特点及应用、包装设计的基本要求和包装技法;

  (5) 商品科学养护的基本方法。

- **核心概念**

  商品质量　PDCA 循环　6σ 管理　商品分类　商品编码　商品品种　商品名称　商品品种结构　商品包装　商标　商品质量变化　商品养护

- **能力目标**

  通过本模块的学习,学生应具备以下技能:

  (1) 利用所学的商品质量的影响因素来分析商品质量劣变的原因,并提出防止商品质量劣变的解决办法,同时掌握并运用商品质量管理的数据分析方法、PDCA 循环方法和 6σ 管理方法管理商品质量;

  (2) 能够运用线分类法和面分类法对某些具体商品进行分类并编码,能够进行简单条形码的编制和校验码的计算;

  (3) 能够根据商品命名原则和构成对商品名称进行分析与命名,掌握并运用商品品种的发展规律优化商品品种结构;

  (4) 能够在对商品特点进行分析后选择合适的商品包装技法,能够设计销售包装平面图和销售包装;

  (5) 能够对纺织品、食品和日用工业品进行养护。

情景引入

情景一: Troys 公司是一家有着 20 年历史的制造和销售玩具的公司,以其产品质量过硬闻名于世。但有一段时间，销量下降，顾客的投诉增多。这些投诉都是有关公司生产的塑料玩具的，如某些玩具的传动性部件不能正常运转。主管销售的副总裁的助理提出了一个折价计划，即顾客可以拿着失灵的玩具来换新玩具。助理相信这将有助于平息那些不满意顾客的怨气。他还提出可把换回的玩具进行修理并把它们放在公司批发部以一定的折扣卖掉。但主管销售的副总裁觉得，更好的办法是在产品发运前加强对成品的检验。

资料来源：任建标. 生产与运作管理. 北京：电子工业出版社，2006：147-148.

情景二：上海一家零售业巨头抢滩安徽某中等城市，开设分店已经有几年了，生意也是红红火火。分店占据该市步行街繁华地段一座楼宇的一、二、三层，有一点儿Shopping Mall的味道。底层是休息、餐饮区，二、三层设超市。超市这两层楼的经营面积不大，商品却很齐全。但耐人寻味的地方不在超市经营的商品品种的多少，而是在进口、出口的设置上：两层楼的营业区只在二楼设置多个入口，而三楼不设入口，与二楼共同拥有入口，二楼、三楼营业区又各自拥有出口。三楼为什么没有自己的入口呢？答案就在于商品分类，人们日日必需、日日要消费的各种生活必需品，包括日化用品、生鲜食品全在三楼，而服装、图书、玩具、音像、家电类等人们购买频率较低的耐用消费品在二楼。人们要上三楼购物，二楼是必经之路。琳琅满目而又陈列有序的商品似乎总是在提醒到三楼的顾客："不要脚步匆匆，顺便把我带回去吧！"陪同购物的顾客也大多数在二楼自然分流，或去看书，或去玩具陈列处徜徉流连……似乎在不经意中，商品分类就在此发挥了神奇的作用。

资料来源：汪永太，李萍. 商品学概论. 大连：东北财经大学出版社，2005：52.

情景三：某店店长很喜欢去巡查卖场，几乎每天都能在各卖场看见他的身影。但是他遇到了麻烦，他说："卖场里面的商品都是琳琅满目的，怎么能看出哪块的商品构成有问题呢？比如服饰和家庭用品类，我这几年看着它越卖越低档、越卖越滥，直觉告诉我，这肯定是商品有问题，但怎么去找出问题，找出问题后怎么办？"

一旦销售额下降，许多超市的店长首先想到的就是：如何调整货架、调整布局，如何促销……美国国际零售集团总裁Alice认为：超市销售不理想，80%的原因都是由于商品本身有问题造成的！超市销售发生问题，我们第一个应该考虑的就是：商品构成是不是有问题？毕竟顾客是来买东西的，东西本身不好的话，你怎样布局、怎样促销都是空的！那么，如何来诊断分析商品构成的问题？

情景四：《韩非子·外储说左上》记载着一则"买椟还珠"的故事：一个郑国人从楚国商人那里买珍珠，竟然将盒子留下，而将珍珠还给了楚国商人。原因是那"为木兰之柜"再"熏以桂椒"又"缀以珠宝"的精美包装盒（椟）"掩盖"了盒中珍宝的光泽。无怪乎郑人不爱珍宝而爱美椟了。这则故事的本意是讽刺郑人舍本求末的愚蠢行为，但是，今天我们从市场营销的角度可以将该故事理解为：在市场营销中要时刻注意商品的包装，要善于利用"精椟配美珠"的神奇包装效果来取悦买者，招徕顾客，达到"爱椟及珠"、扩大商品销售的目的。

资料来源：根据网络资料整理而成。

情景五：人们所熟悉的烟酒、糖茶、服装鞋帽、医药、化妆品、家用电器以及节日燃放的烟花爆竹等，有的怕潮、怕冻、怕热，还有的易燃、易爆。影响储存商品质量变化的因素很多，其中一个重要的因素是空气的温度。有些商品怕热，如油毡、复写纸、各种橡胶制品及蜡等，如果储存温度超过要求（30℃～35℃），就会发黏、熔化或变质。也有些商品怕冻，如医药针剂、口服液、墨水、乳胶、水果等，它们会因库存温度过低而冻结、沉淀或失效。影响储存商品质量变化的另外一个重要因素是空气的湿度。由于商品本身含有一定的水分，如果空气的相对湿度超过75%，吸湿性的商品就会从空气中吸收大量的水分而使含水量增加，这样就会影响到商品的质量，如食盐、麦乳精、洗衣粉等出现潮解、结块；服装、药材、糕点等生霉、变质；金属生锈。但空气相对湿度过小（低于30%），也会使一些商品的水分蒸发，从而影响商品质量，如皮革、木器家具、竹制品等会开裂，甚至失去使用价值。

[思考与分析] 开始学习前，建议你先思考下列问题：

(1) 情景一中，Troys公司主管销售的副总裁的想法是否正确？为什么？

(2) 情景二中，同样的出入口设置，假设我们把二楼、三楼的商品整体调换位置，结果会怎么样？

(3) 情景三中，美国国际零售集团总裁Alice的想法是否正确？你认为应如何协调商品质量和商品品种构成的关系？

(4) 情景四中，从商品包装的角度谈谈你对这个故事的理解。

(5) 情景五中，仅仅谈了温度、湿度对商品质量的影响，你认为在商品养护过程中，还有哪些因素会影响商品质量？

单元1 商品质量管理

知识点1 质量和商品质量的概念

商品质量是商品学研究的中心内容之一，是商品生产者、经营者和消费者三方共同关注的内容。商品生产者如何从商品设计、生产中保障商品质量不发生劣变，经营者如何保障商品质量在运输、储存、销售中不被降低，消费者如何能够购买到低价优质的商品，是当前商品生产、流通过程中很重要的内容。下面我们从质量的概念入手展开对商品质量的研究。

一、质量的概念

最初国际标准化组织所制定的ISO8402—1994《质量术语》标准中，对质量作了如下的定义：质量是反映实体满足明确或隐含需要能力的特征和特性的总和。从定义可以看出，质量就其本质来说是一种客观事物具有某种能力的属性，由于客观事物具备了某种能力，才可能满足人们的需要。需要由两个层次构成：第一层次是产品或服务必须满足规定或潜在的需要，这种需要可能是技术规范中规定的要求，也可能是在技术规范中未注明，但用户在使用过程中实际存在的需要。它是动态的、变化的、发展的和相对的，需要随时间、地点、使用对象和社会环境的变化而变化。因此，这里的需要实质上就是产品或服务的"适用性"。第二层次是在第一层次的前提下产品特征和特性的总和。因为，需要应加以表征，必须转化成有指标的特征和特性，这些特征和特性通常是可以衡量的；全部符合特征和特性要求的产品，就是满足用户需要的产品。因此，质量定义的第二个层次实质上就是产品的符合性。所以，企业在研究质量时除了研究质量的适用性外，还要研究质量的符合性。另外质量的定义中所说的"实体"是指可单独描述和研究的事物，它可以是活动、过程、产品、组织、体系、人以及它们的组合。

国际标准化组织所制定的 ISO8402—1994《质量术语》标准曾一度为商业企业制定商品质量标准和执行商品质量标准工作提供了非常好的依据，也在商业企业工作中起了很大的作用。但是，随着商业经济的快速发展，原有的定义已不能满足当前的指导工作，所以，国际标准化组织在 ISO9000：2000 中又演绎出了新的定义，即质量是一组固有特性满足要求的程度。

新的质量定义，可以从以下几个方面来理解：

（1）相对于 ISO8402—1994《质量术语》中的定义，更能直接地表示质量的属性，由于它对质量的载体不做界定，说明质量可以存在于不同领域或任何事物中。

对质量管理体系来说，质量的载体不仅针对产品，即过程的结果（如硬件、流程、材料、软件和服务），也针对过程和体系或者它们的组合。也就是说，所谓质量，既可以是零部件、计算机软件或服务等产品的质量，也可以是某项活动的工作质量或某个过程的工作质量，还可以是企业的信誉、体系的有效性等。

（2）定义中的特性是指事物所特有的性质，固有特性是事物本来就有的，它是通过产品、过程或体系设计和开发等形成的属性。

例如：物质特性（如机械、电气、化学或生物特性）、官感特性（如嗅觉、触觉、味觉、视觉的特性）、行为特性（如礼貌、诚实、正直的特性）、时间特性（如准时性、可靠性、可用性的特性）、人体工效特性（如语言或生理特性、人身安全特性等方面）、功能特性（如飞机最高速度等特性）等，这些固有特性的要求大多是可测量的、赋予的特性（如某一产品的价格），并非是产品、体系或过程的固有特性。

（3）满足要求就是应满足明示的（如明确规定的）、隐含的（如组织的惯例、一般习惯）或必须履行的（如法律法规、行业规则）的需要和期望。

只有全面满足这些要求，才能评定为好的质量或优秀的质量。

（4）顾客和其他相关方对产品、体系或过程的质量要求是动态的、发展的和相对的。

质量将随着时间、地点、环境的变化而变化。所以，应定期对质量进行评审，按照变化的需要和期望，相应地改进产品、体系或过程的质量，确保持续地满足消费者和其他相关方的要求。

(5)"质量"一词可用形容词如差、好或优秀等来修饰。

在质量管理过程中，质量的含义是广义的，除了产品质量之外，还包括工作质量。质量管理不仅要管好产品本身的质量，还要管好质量赖以产生和形成的工作质量，并以工作质量为重点。

二、商品质量的概念

美国著名的质量管理专家朱兰博士从顾客的角度出发，提出了产品质量就是产品的适用性，即产品在使用时能成功地满足用户需要的程度。用户对产品的基本要求就是适用，适用性恰如其分地表达了质量的内涵。

所以，理解产品质量应该从两个方面入手，即使用要求和满足程度。

人们使用产品，总对产品质量提出一定的要求，而这些要求往往受到使用时间、使用地点、使用对象、社会环境和市场竞争等因素的影响，这些因素变化，会使人们对同一产品提出不同的质量要求。因此，质量不是一个固定不变的概念，它是动态的、变化的、发展的；它随着时间、地点、使用对象的不同而不同，随着社会的发展、技术的进步而不断更新和丰富。

用户对产品的使用要求的满足程度，反映在对产品的性能、经济特性、服务特性、环境特性和心理特性等方面。因此，质量是一个综合的概念，不是说技术特性越高越好，而应追求诸如性能、成本、数量、交货期、服务等因素的最佳组合，即所谓的最适当。

分析质量的概念和产品质量的概念时发现，产品质量属于质量的特定部分，是质量这个宏大概念中产品这一块的概念。而商品是用来交换的劳动产品。商品具有产品所不具有的一种功能——交换的功能。产品如果进入了流通领域进行交换就成了商品；如果没有进入流通领域的劳动产品仅仅是生产者自用的，或者免费送给别人的，就不是商品。尽管商品最终仍然是为了人类的消费，但是同产品相比，商品增加了一个交换的过程。由此可以看出三个概念中商品质量是最小的、最具体的。

那么什么是商品质量呢？商品质量是一个综合性的概念，它涉及商品本身及商品流通过程中诸因素的影响。从现代市场观念来看，商品质量是内在质量、外观质量、社会质量和经济质量等方面内容的综合体现。

1. 商品的内在质量

商品的内在质量是指商品在生产过程中形成的商品体本身固有的特性，包括商品实用性能、可靠性、寿命、安全与卫生性等。它构成商品的实际物质效用，是最基本的质量要素，是消费者购买的核心部分。

2. 商品的外观质量

商品的外观质量主要指商品的外表形态，包括外观构造、质地、色彩、气味、手感、表面疵点和包装等，它已成为人们选择商品的重要依据。在当前社会，大多数行业的市场准入障碍很小，甚至消失不见，这就导致某个行业中大量的同类企业在市场中兴起。同时，同类商品也会急剧增加。由于这些商品中的大部分的内在质量几乎没有太大的区别，所以企业之间的竞争越来越激烈。最后在竞争中获胜的企业除了受特殊环境的影响，如政府支持，还因为其所生产的产品外观质量满足当前消费者的需求。

3. 商品的社会质量

商品的社会质量是指商品满足全社会利益需要的程度，如是否违反社会道德、对环境造成污染、浪费有限资源和能源等。一种商品不管其技术如何进步，只要有碍于社会利益，就难以生存和发展。

4. 商品的经济质量

商品的经济质量是指人们按其真实的需要，希望以尽可能低的价格，获得尽可能优良性能的商品，并且在消费或使用中付出尽可能低的使用和维护成本，即物美价廉的统一程度。

商品的内在质量是由商品本身的自然属性决定的；外观质量、社会质量和经济质量则是由商品的社会效应来决定的，它涉及诸多社会因素的影响。

三、商品质量的形成

商品质量的形成，可以用质量环来表示。质量环有很多个种类，商品不同，质量环也不同，本教材从营销角度入手进行分析。从最初识别需要到最终满足要求和期望的各阶段中影响质量的相互作用活动的概念模式称为质量螺旋或产品寿命周期，而质量环正是对商品质量的产生、形成和实现过程进行的抽象描述和理论概括。质量环将质量形成过程分为若干环节，如图2-1所示。

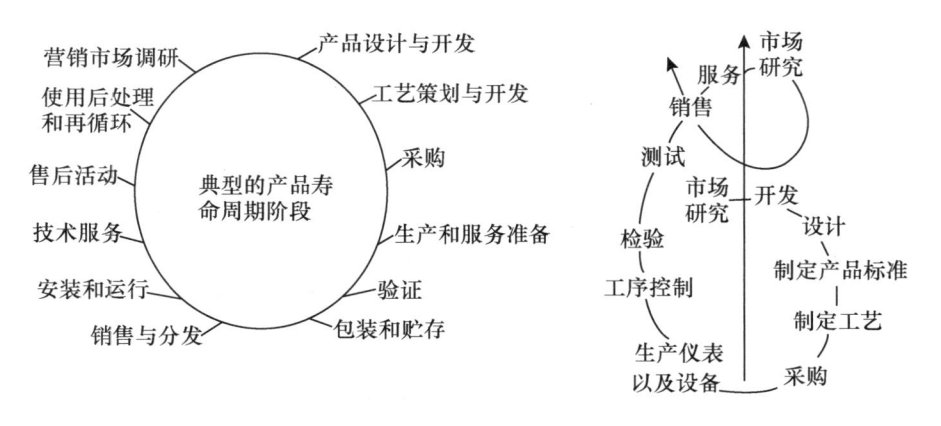

图2-1 质量环模式

取得满意的商品质量涉及质量环中的所有阶段。从商品质量管理角度来看，可以将商品质量形成过程概括为开发设计质量、制造质量、检验质量和使用质量等几方面。这四者应该完全统一和一致，但由于技术上、管理上的种种原因，却经常发生矛盾，往往设计质量符合要求，而制造质量却不符合设计质量。检验质量又难以真正地反映制造质量，因而最终影响使用质量。为了保证商品使用质量，就要在设计质量、制造质量、检验质量上下功夫，达到商品质量的统一要求。使用质量则是由商品的社会效应来决定的，它涉及诸多社会因素的影响。

四、不同群体对商品质量的同一要求

不同群体对商品质量的要求多种多样，是因为不同的使用目的（用途）会产生不同的使用要求（需要），即使对于同一用途的商品，不同的消费者也会提出不同的要求。但是，在特殊中总是会有一般，不同群体从自身的需求出发，确实对商品质量的要求也不一样，可是有些要求却是不同群体对商品质量的共同要求，即商品适用性、商品寿命、可靠性、安全性、经济性、艺术性和智能性七个方面。

1. 商品适用性

商品适用性是指满足这种商品的主要用途所必须具备的性能，是为实现预定使用目的或规定用途，商品所必须具备的各种性能（或功能），它是构成商品使用价值的基础。

2. 商品寿命

商品寿命通常指商品的使用寿命，有时也包括储存寿命。使用寿命是指工业品商品在规定的使用条件下，保持正常使用性能的工作总时间。

3. 可靠性[①]

任何产品都是为了满足用户的使用要求而设计制造的。可靠性是产品的内在质量特性，它是在产品设计制造过程中体现的（包括选择原材料）。国家标准 GB/T3187—1994 中将可靠性定义为商品在规定条件下和规定时间内完成规定功能的能力。它是与商品在使用过程中的稳定性和无故障性联系在一起的一种质量特性，是评价机电类商品质量的重要指标之一。现在人们常常混淆产品质量和可靠性这两个概念，它们在许多场合都被当作同义词来用，但是事实上它们之间是有区别的。产品质量代表一个更大的概念，而可靠性只是产品质量特性的一个组成部分。

根据定义，可靠性有三个关联指标，即规定的条件、规定的时间和规定的功能。

（1）规定的条件。

规定的条件包括产品所处的环境条件、维护条件和适用条件。规定的条件不同，产品设计制造的依据就不一样，因此，产品的可靠性也不同。如果都按最恶劣的条件进行设计，必然会造成浪费，导致产品成本增加，也不是成功的设计。例如，工业用控制计算机与办公室用的计算机相比，前者要求的可靠性要高得多，因为它所处的工作环境要恶劣得多。

（2）规定的时间。

规定的时间一般是指产品的工作期限或使用寿命，也可以指产品的无故障工作时间。两者的单位多用时间来表示，也可以使用其他物理单位，如动作次数、工作周期、运动距离等。例如，一辆汽车的"规定的时间"就有好几种：可以是使用寿命 15 年，可以是报废里程数 30 万千米，可以是无故障运行里程数 5 万千米等。应该明确的是，可靠性设计除研究如何延长产品的寿命外，人们还往往追求"总体寿命的均衡"，即达到规定的时间期限，所有零件的寿命均告结束。如果能达到这样的效果，就可避免巨大的资源浪费。由于产品的种类和使用目的的不同，"规定的时间"是有很大区别的。

---

① 张根宝，何桢，刘英．质量管理与可靠性：修订版．北京：中国科学技术出版社，2005：267-269．

（3）规定的功能。

规定的功能是指产品应该具备的使用效果，例如，汽车的功能包括能够载人或物在公路上行驶，能够刹车、变速、倒车，具有空调、音响、照明灯、行李箱和安全气囊等。性能是指实现功能的程度，例如汽车跑起来要平稳、转弯半径小、噪声小、油耗少、空调制冷制热效果好、行李箱足够大等。

与产品的可靠性密切相关的概念有可信性、可用性、维修性、维修保证性等。

4. 安全性

安全性是指商品在储存和使用过程中对环境无污染、对人体无损害的能力。环境要求包括两个方面：一方面要求商品在生产、流通直至消费以及废弃阶段，均不致对社会和人类生存环境造成危害；另一方面要求提供能使商品正常发挥效用的环境条件，如规定的温度、电压等。

5. 经济性

经济性是指商品的生产者、经营者、消费者都能用尽可能少的费用获得较高的商品质量，从而使企业获得最大的经济效益，消费者也会感到物美价廉。经济性反映了商品合理的寿命周期费用及商品质量的最佳水平。

6. 艺术性

艺术性是指商品符合时代审美特点，具有一定的艺术创造性。它已成为提高商品市场竞争能力的重要手段之一。

商品质量的各项基本要求，并不是独立的、静止的、绝对的，特别是对某种商品提出具体质量要求时，不仅要根据不同的用途进行具体分析，而且必须与社会生产力的发展、国民经济水平以及人们的消费习惯相适应。

7. 智能性

智能性是近几年发展起来的新的要求。智能性是指商品具有高度模仿人的智慧和能力的特性，这种特性使商品极大地方便了人的生产和生活，是现代商品质量的核心内容之一。

知识点 2　商品质量的影响因素

一、"人"对商品质量的影响

1. 人的质量意识是决定商品质量的关键因素

质量意识既是商品质量、服务质量和工作质量等在人们头脑中的反映，又是人的思想意识和专业素质的具体体现。

进行商品质量管理时，对于与商品质量有关联的"人"如何使其增强质量意识是难题，但是如果做到以下几点，也并不是不能解决。

（1）大力开展质量教育。

质量意识的形成、巩固和发展都有赖于质量教育。质量教育的目的就是促进员工质量意识的形成，也就是说，质量意识的建设依赖于质量教育，质量教育就是为了质量意识建设。当然，这里所说的质量教育是广义的，不仅包括了办班上课、进行各种培训，更重要的是平时通过开展质量活动对员工进行潜移默化的教育。

（2）推行严格的质量责任制，奖罚分明。

质量责任制是指保证产品或服务质量的一种责任制度，是搞好质量管理的一项重要的基础工作。在质量责任制中，应明确规定企业中的每个人在质量工作上的责任、权限与物质利益。对企业中的每一个部门、每一个职工都应明确规定他们的具体任务、应承担的责任和权利范围，做到事事有人管，人人有专责，办事有标准，考核有依据。把同质量有关的各项工作同广大职工的积极性和责任心结合起来，形成一个严密的质量管理工作系统，一旦发现产品质量问题，可以迅速进行质量跟踪，查清质量责任，总结经验教训，更好地保证和提高产品质量。

（3）加强质量法制建设。

产品责任立法的目的是使受害人因产品缺陷导致的损害能够从负有责任的生产方或销售方那里得到补偿，同时促使生产方和销售方加强产品安全和质量意识。目前，世界上许多国家和地区都建立了基于严格责任的产品责任立法。我国没有专门的产品责任立法，但是我国《民法通则》《产品质量法》《消费者权益保护法》等法律法规中对产品责任都有规定。在这种前提下，当前我国需要加强质量法制建设。

2. 企业员工的技术水平和质量管理水平是保证和提高商品质量的必要前提

企业员工的技术水平和质量管理水平不同，对商品质量的影响程度也会不同。

（1）企业员工的技术水平对商品质量的影响。

有企业提出"有德有才，破格重用；有德无才，培养使用；有才无德，限制录用；无德无才，坚决不用"，该观点一经提出，各企业纷纷效仿，希望自己企业的员工德才兼备，尤其将"德"提到一个很高的高度上。这是管理理论，但是从技术商品学角度讲，"才"也是一个不可忽略并应该给予足够重视的部分。这里所说的"才"，就是指员工的技术水平，一个企业的员工的技术水平的高低与企业所生产出来的商品质量好坏息息相关，技术水平高的员工，除了能够按照商品设计质量生产出符合要求的商品，还能发现设计质量的某些弊端，并给予改正，及早遏制劣质商品流入市场；而技术水平很低的企业员工不但根本无法及时在生产中找到产品的缺陷，而且即使严格按照商品设计质量进行生产，仍然会由于个人操作失误等造成商品质量劣变。所以为了保证和提高商品质量要从企业员工的技术水平抓起。

（2）企业员工的质量管理水平对商品质量的影响。

企业员工的质量管理水平包括企业员工具备的质量管理知识、质量管理方法和员工自身具备的组织协调能力。

目前，越来越多的企业开始认识到质量是企业的生命，认识到质量管理在企业运行过程中的重要性。尤其是在产品设计、开发、生产以及供应商管理、物流和销售等环节，企业若稍有不慎或疏于管理，都会导致企业的商品质量出现问题，所以企业认识到应该努力加强商品质量管理。而对上述这些过程的管理是由企业的管理人员来执行的，那么在进行商品质量管理过程中就需要企业员工的质量管理知识、方法和组织协调能力。只有具有丰富的质量管理知识、科学的质量管理方法，同时其自身组织协调能力很强的员工才能更好地保证和提高商品质量。

二、产品设计环节对商品质量的影响

产品设计的主要关注点是顾客满意。因此，设计人员必须了解顾客的需求，并以此为设计依据。营销部门是顾客需求信息的主要提供者。设计、生产或运作以及营销部门必须紧密合作，以确保相互之间能及时沟通，使顾客的需要和需求得到充分考虑。在具体进行产品设计时，企业的产品设计人员必须要考虑以下一些问题：法规、道德和环境问题，产品的生命周期问题，产品标准化问题，产品的大规模定制问题以及产品的可靠性问题。

产品设计对商品质量的影响主要在于商品质量的社会属性，即使生产出自然属性完全无瑕疵的产品，但是不被消费者所接受的话，那么这个商品的质量也是不过关的，应该说这个商品在襁褓中就被抛弃了。

为保证所生产商品的质量，必须进行全面的市场调查与分析，认真研究该商品的市场需求和基本技术要求，这样才能设计出结构合理、式样新颖，既能够满足消费者的需求，又便于加工、使用和修理的商品。

▶案例点击

产品外观设计怎样才能满足消费者需求

如今的市场变化迅速，产品外观设计的需求和过去也不一样了，正如人生有瓶颈和迷茫的时期，产品设计也有瓶颈和迷茫时期，产品的外观设计如何能够满足消费者？我想这是所有设计师共同面对的一个问题，所以，设计师一定要有卓越的逻辑能力，如果没有，就要试着慢慢去培养，当发现一个切入点的时候，就要去尝试着梳理自己的逻辑思维。

设计师在动手设计产品之前必须要认真调研市场和其他同系列的产品，紧密关注市场的变化，周密思考，预测今后的发展趋势，真正做到以人为本，使设计的产品被公司和社会所接受。设计了一个产品之后，被公司和社会所接受是远远不够的，必须还要继续再成功地做出其他的产品设计。

使设计的产品造型统一，利用造型统一的印象使消费者一眼就能识别该产品是哪家厂家所生产，以提高产品在市场的竞争力，这时候产品本身就具备了宣传的作用。充分利用每件产品的统一特点，互相带动销售，来扩展市场。任何一件产品，如果一直没有新颖创意的产品外观设计，产品也会随着时间慢慢被人们所遗忘。

产品外观设计最主要的其实还是创意产品，如何让新技术产品在第一时间内服务于大众，而且使用起来简单、便捷，是产品设计师的追求。也可以说设计表现为三个层次：解决问题，发现需求，创造需求。而设计正在悄无声息地渗透到我们生活的各个细节，不知不觉中，我们的生活变得越来越方便，越来越美好。

三、原材料供应环节对商品质量的影响

原材料是构成商品的原始物质，或是形成商品的基础物料。在其他条件相同的情况下，原材料对商品质量起着决定性的作用。原材料的质量特性是商品质量特性的基础，原

材料质量的优劣直接影响半成品或成品的质量等级。

原材料的成分、结构、性质对商品质量的高低起着决定性的作用。例如，用含硅量高的石英砂制成的玻璃制品，透明度和色泽均好；而用含铁量高的石英砂制成的玻璃制品，透明度和色泽均较差。

原材料的成分、结构、性质也受到原材料的产地、品种等多种因素的影响。因此，要想从原材料这个环节保证并提高商品质量，不仅要考虑原材料本身的优劣，还要考虑原材料在其产生过程中的一些影响环境。如棉制品的原材料是棉花，而对于棉花，产于我国长江流域的中熟陆地棉（细绒棉），单产高、纤维长，但在收摘季节多雨潮湿，棉花色泽偏暗，品级偏低，用其生产的棉织品质量也会受到影响；相反，产于黄河流域的中熟陆地棉纤维色泽好，品级较高，用其生产的棉织品质量也会相对较高。

一般情况下，了解商品原材料的成分、结构、性质或熟悉原材料的产地、品种和性能，就可能预测商品的性能特点和质量水平[①]。

四、生产环节对商品质量的影响

生产过程是商品质量的形成过程。虽然原材料的质量相同，但不同的生产工艺、不同的设备、生产工人的不同操作方法、不同的生产环境等，都会对商品质量产生不同的影响。

1. 生产工艺对商品质量的影响

不同生产工艺可以生产出不同质量的产品，即使有时原材料质量出现变化，如果预先进行必要的工艺处理，选用适合的生产工艺，也可能不会使商品质量发生劣变。因此在研究生产工艺时，必须紧密地结合对商品质量的要求，研究影响商品质量的因素，为稳定和改进商品质量提供理论依据。

2. 设备和操作方法对商品质量的影响

设备水平和质量对商品质量也有重要影响。设备的故障常常是出现不合格品的重要原因。当今社会，大多数大中型企业都采用流水线进行生产，设备水平达到自动化和高速化，这又可能使设备发生故障的机会有所增加，特别是故障一旦发生将会波及较大范围。因此，加强设备管理与保养，防止故障发生和降低故障率，是保证商品质量的必要前提。

而设备的操作方法不同，质量也会不同。同样的原材料，之所以有的班次生产的产品质量好，有的班次生产的产品质量差，恰恰是由于操作方法的差异造成的。为此，一些对操作方法要求严格的商品，必须制定生产的操作方法标准，以此为依据进行操作并加强管理，则可保证加工产品的质量和稳定度。

五、检验环节对商品质量的影响

质量检验是保证商品质量的重要手段，对生产出的产成品进行质检属于事后把关。对生产过程中的原材料、半成品进行检验属于事前控制。把事前控制和事后把关都处理好

---

① 谢瑞玲. 商品学基础. 北京：高等教育出版社，2004：3-4.

了，商品质量就有了可靠保证。

事后把关也称为成品检验，是根据商品标准和其他技术文件的规定判断成品及其包装质量是否合格的工作。质量检验是保证商品质量的重要手段，对大批的商品来说，质量特征、安全性及外观等重要项目要全数检验，其他项目可以采用分批抽样或连续抽样的检验方法。对于不合格返修的商品仍需要重新检验，检验出的问题要及时反馈给相关部门。事前控制也叫作质量控制，是指从原材料到制成品整个生产过程的质量控制，如对原材料的筛选、调配，设备的维修检验，保持各项工艺参数的稳定等。质量控制的目的在于事前及时消除不正常因素对商品质量的影响，保证商品的制造质量达到设计质量的要求[①]。

六、流通环节对商品质量的影响

商品在流通过程中，运输、储存、分装和销售等环节对商品质量都有影响。

1. 运输对商品质量的影响

商品从生产地向消费者转移的过程中，商品体在运输工具上处于空间运动状态，运输工具、运输条件、运输中的注意事项都对商品质量有直接的影响，必须选择和控制好。

2. 储存对商品质量的影响

商品储存是解决商品生产和商品消费时间矛盾，促进商品流通正常进行的必要保证。商品储存场所、储存条件、储存放置方法和储存期限等都可能对商品质量产生影响，也必须选择和控制好。

3. 分装对商品质量的影响

分装是指将商品由运输大包装装入销售小包装中，从而便于销售和使用。分装所用的包装材料和容器必须符合商品性质，否则商品质量将会发生变化。

4. 销售及售后服务对商品质量的影响

销售条件和售后服务等也会对商品质量产生影响。商品销售条件好，商品售后服务到位，商品质量才能得到保证，商品使用价值才能得到充分发挥。

知识点 3　商品质量管理

一、商品质量管理的概念与发展阶段

商品质量是商品生产者、经营者和消费者都关心的问题，加强商品质量管理对于提高商品质量、保护商品使用价值、防止伪劣商品流入市场、维护消费者利益、增强企业在国内外市场的竞争力都有十分积极的作用。

1994年，朱兰博士在第七届世界质量大会上说："21世纪是质量的世纪。"这句话反映了质量问题将是一个国家、一个企业应认真对待的永恒主题。事实上，自从人类开始制造产品以来，质量就一直是人们关注的焦点。特别是20世纪80年代以来，人们更是将质量提到一个前所未有的高度来对待，认为质量是影响企业生存和发展的核心要素之一。朱兰博士曾经形象地把质量比拟为人们在现代社会赖以生存的大堤，社会成员就像生活在大

---

① 陈明华. 商品学. 北京：北京理工大学出版社，2011：25.

堤外面的居民那样，依靠坚实的大堤做保护，过着安居乐业的生活。这个质量大堤一旦决口，将给人们、企业和社会造成无法估量的损失，造成巨大的危害和灾难。因此提高质量管理水平和商品质量对国家、对社会、对企业都具有极其重大的意义。

1. 商品质量管理的概念

商品质量管理是在商品生产和流通过程中对商品质量依法进行管理的活动，商品质量管理是决定商品质量优劣的关键因素。

2. 商品质量管理的发展阶段[①]

自从20世纪20年代初提出质量管理的概念以来，质量管理理论伴随着企业管理的实践而不断发展和完善，到现在已成为一门独立的学科。概括起来，质量管理的发展大致经历了四个阶段：

（1）质量检验阶段。

质量检验阶段又称事后检验阶段，人们认为质量管理仅仅是对成品的质量检验。质量检验所使用的手段是各种检测仪器，方式是全数检验。这一阶段是从20世纪初到20世纪30年代，质量检验阶段的代表人物是美国工程师泰勒（Talor），他总结了工业革命以来的经验，根据机器大生产管理实践，提出了一套科学管理的理论，其中一条就是主张将产品的检验从制造中分离出来，成为一个独立的工序。起初，人们非常强调工长在保证质量方面的作用，将质量管理的责任由操作者转移到工长，故被人称为"工长的质量管理"。后来，这一职能又由工长转移到专职检验人员，由专职检验部门实施质量检验，称为"检验员的质量管理"，即在企业管理中产生了一支专职检验队伍，并成立了专职检验部门，这样，质量检验机构就被独立出来了。

质量检验是在成品中挑出废品，以保证出厂产品质量。但这种事后检验把关，无法在生产过程中起到预防、控制的作用。废品已成事实，很难补救；且质量检验要求全数检验，会增加检验费用，同时在技术上也是不可能的（如大批量生产和破坏性检验），当生产规模进一步扩大，在大批量生产的情况下，其弊端就凸显出来；再有，质量检验容易导致企业质量管理的"三权"分立现象，即质量标准的制定部门、产品制造部门和检验部门各管一方，只强调相互制约的一面，忽视相互配合、促进和协调的一面，缺乏系统的观念。当出现质量问题时，容易造成互相扯皮、推诿和责任不明。

（2）统计质量控制阶段。

统计质量控制阶段是从20世纪40年代到50年代末，这一阶段的特征是数理统计方法与质量管理的结合。这方面的先驱是美国贝尔实验室的工程师休哈特（Shewhart）。他在1924年提出了控制和预防缺陷的概念，后来他又将数理统计的原理运用到质量管理中，并发明了控制图。他认为质量管理不仅要搞事后检验，而且要在发现有废品生产的先兆时就进行分析改进，从而预防废品的产生。控制图就是运用数理统计原理进行这种预防的工具。因此，控制图的出现，是质量管理从单纯事后检验转入检验加预防的标志，也是质量管理形成一门独立学科的开始。第一本正式出版的质量管理科学专著就是1931年休哈特的《工业产品质量经济控制》。在休哈特创造控制图以后，他的同事在1929年发表了《抽

---

① 张根宝，何桢，刘英. 质量管理与可靠性：修订版. 北京：中国科学技术出版社，2005：9-13.

样检查方法》。他们都是最早将数理统计方法引入质量管理的人，为质量管理科学做出了贡献。然而，休哈特等人的创见除了他们所在的贝尔系统以外，只有少数美国企业采用。特别是由于资本主义的工业生产受到了20世纪20年代开始的经济危机的严重影响，先进的质量管理思想和方法没有能够广泛推广。

第二次世界大战开始以后，统计质量管理才得到了广泛应用。由于战争的需要，美国军工生产急剧发展，检验人员大量增加，产品积压待检的情况日趋严重，有时又不得不进行无科学根据的检查，结果不仅废品损失惊人，而且在战场上经常发生武器弹药的质量事故，比如炮弹炸膛事件等，对士气产生极坏的影响。在这种情况下，美国军政部门随即组织一批专家和工程技术人员，于1941—1942年间先后制定并公布了《质量管理指南》《数据分析用控制图》《生产过程中质量管理控制图法》，强制生产武器弹药的厂商推行，这使军品质量明显提高。从此，很多厂商才开始应用统计质量管理的方法，统计质量管理的效果也得到了广泛的承认。第二次世界大战结束后，美国许多企业扩大了生产规模，除原来生产军火的工厂继续推行质量管理的条件方法以外，许多民用工业企业也纷纷采用这一方法，美国以外的许多国家，如加拿大、法国、德国、意大利、墨西哥、日本，也都陆续推行了统计质量管理，并取得了成效。

但是，统计质量管理也存在着缺陷，它过分强调质量控制的统计方法，使人们误认为"质量管理就是统计方法"，"质量管理是统计专家的事"，使多数人感到高不可攀、望而生畏。同时，它对质量的控制和管理只局限于制造和检验部门，忽视了其他部门的工作对质量的影响。这样，就不能充分发挥各个部门和广大员工的积极性，制约了它的推广和运用。

（3）全面质量管理阶段。

全面质量管理阶段大约从20世纪60年代开始，一直延续到今天。从统计质量控制阶段发展到全面质量管理阶段，是质量管理发展史上的又一个里程碑。统计质量控制着重于应用数理统计方法去控制生产过程的质量，预防废次品的产生，保证产品质量。但是产品质量的形成过程不仅与生产过程密切相关，而且还与其他一些过程、环节和因素密切相关，不是单纯应用统计质量控制方法所能够解决的。全面质量管理更能适应现代市场竞争和现代化大生产对质量管理多方位、整体性、综合性的客观要求，它从以前局部性的管理向全面性、系统性的管理方向发展，是生产、科技以及市场发展的必然结果。

全面质量管理概念是由质量管理专家朱兰和美国通用电气公司质量总经理费根堡姆（Fengenbaum）等人先后提出来的。1961年，费根堡姆正式发表了一本著作——《全面质量管理》。该书强调执行质量职能是公司全体人员的责任，提出："全面质量管理是为了能够在最经济的水平上并在考虑到充分满足用户要求的条件下进行市场研究、设计、生产和服务，把企业各部门的研制质量、维持质量和提高质量活动构成为一体的有效体系。"当时提出的全面质量管理概念主要包括以下几个方面的内容：

1）产品质量单纯依靠数理统计方法控制生产过程和事后检验是不够的，强调解决质量问题的方法和手段应是多种多样的，应综合运用。除此以外，还需要有一系列的组织工作。

2）将质量控制向管理领域扩展，要管理好质量形成的全过程，要实现整体化的质量管理。

3）产品质量是同成本连在一起的，离开成本谈质量是没有任何意义的，应强调质量成本的重要性。

4）提高产品质量是公司全体成员的责任，应当使全体人员都具有质量意识和承担质量责任的精神，这意味着质量管理并不仅仅是少数专职质量管理人员的事。

20世纪60年代以来，费根堡姆的全面质量管理概念逐步被世界各国所接受，在运用时各有所长，在日本叫全公司的质量管理（CWQC）。我国自1978年推行全面质量管理（TQC）以来，在实践上、理论上都有所发展，也有待于进一步探索、总结、提高。

（4）标准化质量管理阶段。

1987年前，人们更多的是从产品的角度去谈论质量，尽管有时也强调从系统的角度看质量管理，但是还是缺少一套标准化的运作模式。事实上，产品质量的形成与企业生产经营的方方面面都有关系，只有把与质量形成的各个环节都严格控制起来，才能从根本上确保每一件产品的质量。为此需要从标准化的角度去着手，利用标准化技术去建立企业的质量管理体系，规范企业生产经营的各个环节，并通过专门的机构去监控质量体系的运行有效性。于是，国际标准化组织（ISO）于1987年正式发布了ISO9000系列质量标准，使质量管理进入了标准化阶段。1994年，ISO又发布了ISO9000：1994版，在世界范围内掀起了一股实施ISO9000质量管理标准的热潮。截止到2005年，建立ISO9000质量管理体系并通过认证仍然是企业实施质量管理的核心内容。在总结ISO9000：1994版的实施经验和教训的基础上，2000年，ISO又发布了ISO9000：2000版标准。由于该标准吸收了国际上先进的质量管理理念，采用PDCA循环的质量哲学思想，对于产品和服务的供需双方具有很强的实践性和指导性，所以一经问世，立即得到世界各国普遍欢迎。ISO组织于2008年颁布了ISO9000：2008系列标准，这个标准中有四个核心标准：

ISO9000：2008 质量管理体系基础和术语；

ISO9001：2008 质量管理体系要求；

ISO9004：2008 质量管理体系业绩改进指南；

ISO19011：2002 质量和（或）环境管理体系审核指南。

其中《ISO9001：2008质量管理体系要求》是认证机构审核的依据标准，也是想进行认证的企业需要满足的标准。

目前，ISO9000的最新版标准为ISO9000：2015。新版标准与ISO9000：2008相比发生了一些变化，如新增风险管理、在策划时应考虑风险和机会等内容。

二、商品质量管理的数据分析方法

1. 调查表法

调查表法是为了调查事物的客观情况而按照可能出现的情况及其分类预先设计的表格，可用来收集关于某些具体事件出现的频率数据。按照使用目的和统计对象的不同，调查表可分为检查单、缺陷类别调查表、缺陷原因检查单、缺陷位置检查表、工序分布调查表、工件抽样表等。在实际运用中，只需在对应的栏目中填上数字或符号，对这些数字或符号进行整理和分析之后就可以一目了然地发现问题。

2. 分层法

分层法就是把收集到的数据进行合理的分类，将相同性质或同一生产条件下的数据归纳为一个组，从而找出根本影响因素的方法。分层的方法包括按生产线、按材料、按班组或工人、按时间、按作业方法分层等。

3. 排列图法

排列图也称巴雷特图，是意大利早期经济学家巴雷特在研究社会财富分布状况时采用的方法，他发现20%的人拥有超过80%的社会财富，即著名的20/80原则。这一原则在很多方面都是适用的，例如在质量管理方面，往往80%的质量问题是由20%的原因引起的。美国质量学家朱兰将这个理论应用到质量管理中来，他认为过程中80%的变异源于大约20%的主要变量因素，这些变量被称为"关键的少数"，而那些在过程中影响较小的主要变量则合称为"次要的多数"。

4. 因果分析图法

因果分析图法是利用因果分析图来系统整理并分析某个质量问题（结果）与其产生原因之间关系的有效方法。

5. 直方图法

直方图法是将收集到的质量数据进行分组整理，绘制成频数分布直方图，用以描述质量分布状态的一种分析方法。

6. 散布图法

散布图法是通过分析两种变量之间的关系来控制影响商品质量相关因素的一种有效方法。

7. 流程图法

流程图是一种借助特定的符号展示过程步骤和决策点的图表。借助流程图可以帮助团队成员对过程所涉及的内容有一个全面的了解。另外，流程图还可以指出缺失、冗余或者错误的步骤。

三、商品质量管理的基本方法——PDCA 循环

PDCA 是最早由美国质量统计控制之父休哈特提出的 PDS（Plan Do See）演化而来的，由美国质量管理专家戴明改进成为 PDCA 模式，所以又称为"戴明环"。PDCA 循环实际上是有效进行任何一项工作的合乎逻辑的工作程序。在质量管理中，有人称其为质量管理的基本方法。

1. PDCA 循环的含义

PDCA 是英语单词 Plan、Do、Check 和 Action 的第一个字母的组合，PDCA 循环就是按照这样的顺序进行质量管理，并且循环不止地进行下去的科学程序。其对总结检查的结果进行处理，对成功的经验加以肯定并适当推广、标准化；对失败的教训加以总结，将未解决的问题放到下一个 PDCA 循环里。以上四个过程不是运行一次就结束，而是周而复始地进行，一个循环完了，解决一些问题，未解决的问题进入下一个循环，这样阶梯式上升。

2. P、D、C、A四个英文字母所代表的意义

(1) P（Plan）——计划。包括方针和目标的确定以及活动计划的制订。

(2) D（Do）——执行。执行就是具体运作，实现计划中的内容。

(3) C（Check）——检查。就是要总结执行计划的结果，分清哪些对了，哪些错了，明确效果，找出问题。

(4) A（Action）——行动（或处理）。对总结检查的结果进行处理，成功的经验加以肯定，并予以标准化，或制定作业指导书，便于以后工作时遵循；对于失败的教训也要总结，以免重现。对于没有解决的问题，应提给下一个PDCA循环去解决。PDCA循环过程如图2-2所示。

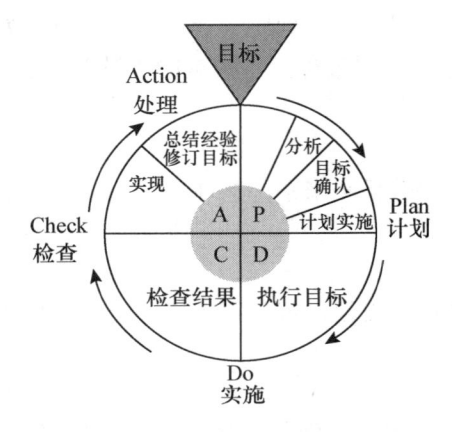

图2-2 PDCA循环过程

全面质量管理活动的运转，离不开管理循环的转动，这就是说，改进与解决质量问题，赶超先进水平的各项工作，都要运用PDCA循环的科学程序。不论是提高产品质量，还是减少不合格品，都要先提出目标，即对质量提高到什么程度、不合格品率降低多少，要有个计划；这个计划不仅包括目标，而且也包括实现这个目标需要采取的措施；计划制订之后，就要按照计划进行检查，看是否实现了预期效果，有没有达到预期的目标；通过检查找出问题和原因；最后就要进行处理，将经验和教训制定成标准、形成制度。

PDCA循环作为全面质量管理体系运转的基本方法，其实施需要搜集大量数据资料，并综合运用各种管理技术和方法。

四、商品质量管理常用的方法——6σ管理[①]

企业运营千头万绪，管理与质量是永远不变的真理。随着市场竞争的日趋激烈，质量管理工作也日益受到人们的重视，但是，传统的质量管理模式已很难适应现代市场经济的要求。在经济全球化的背景下，一项全新的质量管理模式开始推行并取得立竿见影的效果，引起了欧美各国企业的高度重视，这便是6σ管理。

---

① 韩福荣. 现代质量管理学. 北京：机械工业出版社，2004：334-359.

6σ管理是20世纪80年代，由美国摩托罗拉（Motorola）公司创立的一种在提高顾客满意程度的同时降低经营成本的过程革新方法。它是通过提高核心过程的运行质量，使组织盈利能力提升的管理方式。自从创立以来，6σ管理在摩托罗拉、通用电气、联合信号等著名企业中得到了成功的应用。当今在世界范围内，越来越多的组织开始了6σ管理的实践。6σ管理起源于美国摩托罗拉公司，但真正使其名声大噪的是美国通用电气公司。

1. 6σ管理的概念

"σ"在统计学上用来表示数据的分散程度。对连续可计量的质量特性，用"σ"度量质量特性总体上对目标值的偏离程度。"σ"前的系数在统计学中表示概率度，即σ水平。σ水平是将系统中质量特性的平均值、标准差与系统的目标值、允许波动范围联系起来并进行比较。其中，系统的目标值为顾客要求的理想值，允许波动的范围是指顾客允许的质量特性的波动范围，其界限由上、下规格限表示。直观地说，σ水平就是当过程输出质量特性服从正态分布而分布中心和目标值重合时，规格界限内所包含的2σ（±σ）的个数。σ越小即过程质量特性的分布越集中于目标值，则σ水平越高。此时过程输出质量特性落到上、下规格限以外的概率就越小，这就意味着出现缺陷的可能性就越小。实际上，过程输出质量特性的分布中心与目标值完全重合只是理想状态。根据调查研究，在目前的科技水平下，过程平均值与目标值存在的偏移平均为±1.5σ，偏移可引起过程输出缺陷率的增大。不同σ水平下的缺陷率如表2-1所示。

表2-1   不同σ水平下的缺陷率

σ水平	缺陷率（$\times 10^{-4} \times 100\%$）	
	无偏移	1.5σ偏移
1	317 400	697 700
2	45 400	308 733
3	2 700	66 803
4	63	6 210
5	0.57	233
6	0.002	3.4

6σ管理是通过对组织过程的持续改进、不断提高顾客的满意程度、降低经营成本来提升组织盈利能力和竞争水平的。之所以将这种管理模式命名为"6σ管理"，目的是要体现其核心理念，即以"最高的质量、最快的速度、最低的价格"向顾客或市场提供产品和服务。组织是否具备这种能力取决于自身核心业务的过程能力，它表现为过程的输出与顾客要求的吻合程度。而过程的σ水平反映了这一吻合的程度。6σ质量管理水平是一个很高的标准。在6σ管理中，不断寻求提高过程能力的机会，通过过程改进和再造使其不断优化，逐步提高过程输出结果与顾客要求和期望的接近程度，在提升顾客满意度的同时大量减少由于补救缺陷引起的浪费，使组织与顾客双赢。

2. 6σ管理的基本原则

（1）真正关注顾客。

在6σ管理中，以关注顾客最为重要。例如，对6σ管理业绩的测量从顾客开始，通过对 SIPOC（供方、输入、过程、输出、顾客）模型分析，来确定 6σ 项目。因此，6σ 改进和设计是以对顾客满意所产生的影响来确定的，如果企业不是真正关注顾客，就无法推进 6σ 管理。

（2）基于事实的管理。

6σ 管理从识别影响经营业绩的关键指标开始，收集数据并分析关键变量，可以更加有效地发现、分析和解决问题，使基于事实的管理更具可操作性。

（3）对流程的关注管理和改进。

无论把重点放在产品和服务的设计、业绩的测量、效率和顾客满意的提高上，还是把重点放在业务经营上，6σ 管理都把过程视为成功的关键载体。6σ 活动的最显著突破之一是使得领导们和管理者确信"过程是构建向顾客传递价值的途径"。

（4）主动性的管理。

6σ 管理主张在问题发生之前采取积极措施防止问题的发生，而不是事后补救。在 6σ 管理中主动性的管理意味着制定明确的目标，并经常进行评审，设定明确的优先次序，重视问题的预防而非事后补救，探求做事的理由而不是因为惯例就盲目地遵循。6σ 管理综合利用各种工具和方法，以动态、积极、预防性的管理风格取代被动应付的管理习惯。

（5）无边界合作。

推行 6σ 管理需要加强自上而下、自下而上和跨部门的团队工作，改善公司内部的协作，并与供应商、顾客密切合作，达到共同为顾客创造价值的目的。这就要求组织打破部门间的界限甚至组织间的界限，实现无边界合作。

（6）追求完美，容忍失败。

组织不断追求卓越的业绩，勇于设定 6 倍 σ 的质量目标，并在运营中全力实践。但在追求完美的过程中，难免有失败，这就要求组织有鼓励创新、容忍失败的文化氛围。

3. 6σ 管理体系中各岗位的职责

（1）倡导者。

倡导者一般由企业高级管理层组成，大多数为兼职。通常由分管质量的副总经理或质量总监担任。倡导者的工作通常都是战略性的，他全面负责整个组织内 6σ 管理的组织和推行，其主要职责是部属 6σ 管理的实施战略，确立 6σ 管理的实现目标，配置和调动企业内、外部的各项资源，对 6σ 管理的实施过程进行监控，确认并支持 6σ 管理的全面推行。

（2）黑带大师。

黑带大师是 6σ 项目的技术指导。该岗位人员为专职 6σ 管理人员，其主要职责是选择、批准 6σ 项目，并组织、协调项目实施；挑选、培训和指导黑带；熟练掌握统计技术和工具以及其他相关技术，在 6σ 管理运行中提供支持。

（3）黑带。

黑带是企业全面负责推行 6σ 管理的中坚力量。该岗位人员为专职 6σ 管理人员，其主要职责为：负责 6σ 改进项目的具体执行和推广；为绿带和员工提供管理工具和技术培训；对改进项目提供一对一的技术支持。

（4）绿带。

绿带为兼职人员，通常由组织中各基层部门的骨干或负责人担任。他们在6σ管理中负责组织推行基层改进项目，侧重于将6σ管理应用于每天的工作中。

6σ管理的全面推行要求整个组织从上而下使用同样的6σ管理语言和采用同样的6σ管理工具。因此，要建立一支符合项目开展要求的6σ管理专业队伍。国外资料表明，一般来说，每100名员工配备1名黑带，每10名黑带需配备1名黑带大师。

4. 6σ改进模式——DMAIC

DMAIC代表了6σ改进的五个阶段：

（1）界定阶段（Define）。

确认顾客的关键需求并识别需要改进的产品或流程，决定要进行测量、分析、改进和控制的关键质量因素，将改进项目界定在合理范围内。

（2）测量阶段（Measure）。

通过对现有过程的测量和评估，制定期望达到的目标及业绩衡量标准，识别影响过程输出Y和X因子，并验证测量系统的有效性。

（3）分析阶段（Analyze）。

通过数据分析确定影响输出的Y的关键X因子，即确定过程的关键影响因素。

（4）改进阶段（Improve）。

寻找最优改进方案，优化过程输出Y并消除或减小造成波动的因子，使过程的缺陷或变异降至最低。

（5）控制阶段（Control）。

使改进成果体制化。通过修订文件使成功经验制度化，通过有效的监测方法维持过程改进的成果并寻求进一步提高改进效果的持续改进方法。

5. 6σ设计

6σ设计就是按照合理的流程、运用科学的方法准确理解和把握顾客的需求，对新产品或流程进行稳健设计，使产品或流程本身具有抵抗各种干扰的能力，从而在低成本的条件下实现较高的质量水平。与6σ改进比较而言，6σ改进注重的是简化生产和业务流程，以消除错误、提高效率、节约资金。而6σ设计则是提前一步对流程本身进行设计，从而把问题消灭在初始阶段，从体制上防止后面各个环节中可能出现的错误。6σ设计有自己的流程，常用的模式有DMADV模式、IDDOV模式、DMEDI模式、DMADOV模式。这里重点说一下DMADV模式和IDDOV模式。

（1）DMADV模式。

该模式主要适用于流程的重新设计和对现有产品的突破性改进，其阶段为：界定（Define）、测量（Measure）、分析（Analyze）、设计（Design）、验证（Verify）。

（2）IDDOV模式。

ASI的质量管理专家乔杜里提出了6σ设计的一个被称为IDDOV的流程，是大家公认的适用于制造业的6σ设计流程。其阶段为：识别（Identify）、定义（Define）、制定（Develop）、优化设计（Optimize）及验证（Verify）。

单元 2　商品分类管理

知识点 1　商品分类的原则和方法

商品的种类繁多，据不完全统计，在市场上流通的商品有 25 万种以上。为了方便消费者购买，有利于商业部门组织商品流通，提高企业经营管理水平，必须对众多的商品进行科学的分类。

一、商品分类的概念

商品分类是指根据一定的管理目的，为满足商品生产、流通、消费活动的全部或部分需要，将管理范围内的商品集合总体，以所选择的适当的商品基本特征作为分类标志，逐次归纳为若干个范围更小、特质更趋一致的子集合体（类目），例如大类、中类、小类、细类，直至品种、细目等，从而使该范围内所有商品得以明确区分与体系化的过程。

二、商品分类的层次

1. 大类

商品大类一般按照商品生产和流通领域的行业来划分，体现商品生产和流通的领域及行业分工，如五金类、化工类、百货类、食品类、文化用品等。

2. 中类（商品品类）

中类体现具有若干共同性质或特征商品的总称，如食品类商品又可分为蔬菜和水果、肉和肉制品、乳和乳制品、蛋和蛋制品等。

3. 小类（商品品种）

小类是对中类商品的进一步划分，体现具体的商品名称，如酒类商品分为白酒、啤酒、葡萄酒、果酒等。

4. 商品细目

商品细目是对商品品种的详尽区分，包括商品的规格、花色、等级等，更具体地体现商品的特征，如 60°高杯牌五粮液。

商品分类的类目及应用实例如表 2-2 所示。

表2-2　　　　　　　　　　　　商品分类的类目及应用实例

大类	大类名	中类	中类名	小类	小类名
生鲜熟食	部门代码10				
1000	生鲜类	100001	水果	10000101	进口水果
				10000102	南果
				10000103	北果
				10000104	水果拼盘
				10000105	鲜榨果汁
				10000106	水果礼篮盒
				10000107	减价水果
		100002	菜类	10000201	叶花菜
				10000202	瓜果菜
				10000203	根茎菜
				10000204	豆类
				10000205	菌菇类
				10000206	散装酱菜
				10000207	干菜
				10000208	调味菜类
				10000209	海藻类
				10000210	精品菜系列
		100003	肉类	10000301	鲜肉
				10000302	三鸟
				10000303	生配菜
				10000304	汤煲
				10000305	鲜肉冻品
				10000306	腊味（生）腊味风味肉
		100004	水产	10000401	淡水活鲜
				10000402	咸水活鲜
				10000403	冰鲜
				10000404	干鲜
		100005	蛋类	10000501	鲜蛋
				10000502	皮蛋
				10000503	咸蛋
		100006	杂粮	10000601	散装大米
				10000602	五谷
				10000603	豆类
				10000604	粥料
				10000605	汤料
				10000606	药材

由于国情和经济发展水平的不同，各国商品分类的层次并不统一。同时，由于各部门、各系统对商品进行分类的目的不同，商品类目的划分也是多种多样的。

国际商品分类（International Classification of Goods Law Panel）是在1957年6月15日，由一些发达国家在法国尼斯外交会议上正式签订的《商标注册用商品和服务国际分类尼斯协定》确定的，于1961年4月8日生效。尼斯联盟成员，采用《商标注册用商品和服务国际分类尼斯协定》（即尼斯分类）。现行尼斯分类将商品和服务分成45个大类，其中商品为1~34类，服务为35~45类。尼斯分类每年修订一次，2018年1月1日起正式使用尼斯分类第十一版。

三、商品分类的意义

商品分类是商品学的研究内容之一，也是商品经济管理和商品经营管理的一种手段。随着科学技术的进步以及商品经济的不断发展，商品的种类日趋增多，商品分类的意义也就越大。

1. 科学的分类是实施商品管理活动以及实现管理现代化的基础

商品的种类繁多、特征多样、价值不等、用途各异，只有将商品进行科学的分类，从生产到流通领域的各种计划、统计、核算、物价、运输、仓储等各项日常管理工作才能顺利进行，来自各部门、企业、环节的统计数据和商品信息才具有可比性和实用价值。

电子计算机和网络技术的广泛应用，促进了商品生产和流通的现代化，连锁经营、电子商务走进现实生活中。这些现代化的经营管理方式不仅与传统的经营方式一样离不开科学的商品分类，而且还对商品分类及其编码技术提出了更高的要求。

2. 科学的分类有利于开展商品研究

由于商品的种类繁多，商品特征及性能各异，它们对包装、运输、储存的要求也各不相同。只有通过对商品的科学分类，将研究对象从个别商品的特征归纳总结为某类商品的特征，才能深入分析和了解商品的性质和使用性能，全面分析和评价商品质量以及研究商品质量变化规律，从而有助于商品质量的改进和提高，有利于商品检验、包装、运输、保管和科学养护，以及加强流通领域的商品质量保证和防止商品损失、损耗。对商品进行科学的分类，还有利于对商品品种和品种结构进行研究，从而为商品品种发展和新品种开发提出科学的依据。

3. 科学的分类有助于推行标准化活动

对商品进行科学的分类，可以使商品规格、型号、等级、计量单位、包装、标签等特征实现统一化、标准化，从而避免同一商品在不同部门由于上述特征不统一而造成管理上的困难，便于安排生产和流通。制定各种商品标准时，必须明确商品的分类方法、商品质量指标和对各类商品的具体要求等，所有这些都应建立在对商品进行科学分类的基础上。

4. 科学的分类有助于消费者选购商品

在销售环节中，通过科学的商品分类和编制商品目录，能有序地安排好市场供给，合理地安排货架分区和商品陈列，正确引导消费者识别和挑选，从而方便消费者选购商品。

四、商品分类的原则

商品分类的原则是建立科学的商品分类体系的重要依据。为了使商品分类能满足特定的目的和需要，在分类时必须遵循以下原则。

1. 明确拟分类的商品集合体所包括的范围

在不同的国家、不同的历史阶段，商品集合体所包括的范围并不完全相同，各行业、各部门所管理的商品范围也不完全相同，因此商品分类的对象也不尽相同。因此，在进行商品分类时，首先必须明确拟分类的商品集合体所包括的范围，这样，商品分类才有实用意义。

2. 商品分类的目的明确

由于各行业、各部门和各企业进行商品分类的目的和要求不同，商品分类所形成的体系也多种多样，不同的商品分类体系有各自特定的分类目的。因此，对商品进行分类时必须明确商品分类的目的。

3. 选择的分类标志要适当

对商品进行分类时，选择分类标志至关重要。只有分类标志满足分类的目的和要求，才能保证分类清楚，具有科学性和系统性。分类标志要能划分规定范围内的所有商品，并保证分类清楚，类别间区分明显，能实现每个品种在分类系统中只占一个位置，而且留有不断补充新商品的余地。

五、商品分类的方法

商品分类的基本方法有线分类法和面分类法两种。在实际运用中，常常将两种方法结合起来对商品进行分类或编制商品分类目录。

1. 线分类法

线分类法又称层级分类法，它是将拟分类的商品集合总体，按选定的属性或特征逐次地分成相应的若干个层级类目，并编制成一个有层级的、逐级展开的分类体系。线分类法的结构如图 2-3 所示。

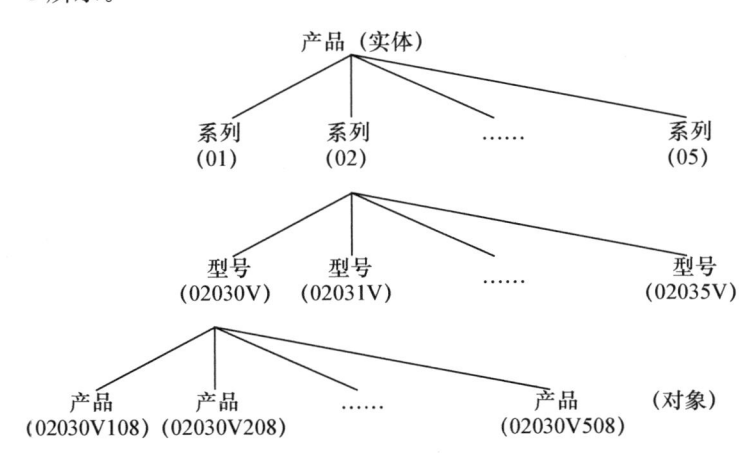

图 2-3 线分类法的结构

在线分类体系中，大类、中类、小类、细类等级别不同的类目逐级展开，各层级所选用的标志不同，各个类目之间构成并列或隶属关系。由一个类目直接划分出来的下一级各类目之间存在着并列关系，不重复，不交叉。线分类法实例如表 2-3 所示。

表 2-3　　　　　　　　　　　　　　线分类法实例

大类	中类	小类	细类
纺织纤维	天然纤维	植物纤维	棉花、麻类等
		动物纤维	羊毛、蚕丝等
	化学纤维	人造纤维	粘胶纤维、富强纤维、醋酸纤维等
		合成纤维	锦纶、涤纶、腈纶、维纶、丙纶等

线分类法属于传统的分类方法，使用范围最为广泛，在国际贸易和国内商品流通领域，许多商品的分类都采用线分类法。其优点是信息容量大，层次清楚，逻辑性强，符合传统应用的习惯，既适用于手工操作，又便于计算机处理；缺点是一旦分类完成，其分类体系结构便不能再改动，因而弹性较差。所以，采用线分类法编制商品分类体系时，必须预先留有足够的后备容量。

2. 面分类法

面分类法又称平行分类法，它是将拟分类的商品集合总体，根据其本身的属性或特征，分成相互之间没有隶属关系的面，每个面都包含一组类目。将每个面中的一种类目与另一个面中的一种类目组合在一起，即组成一个复合类目。面分类法的结构如图 2-4 所示。

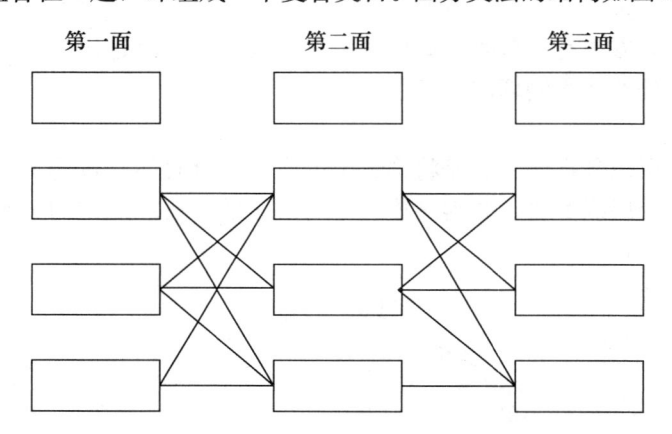

图 2-4　面分类法的结构

例如，服装的分类就可以按面分类法组配。把服装用的面料、款式、穿着用途分为三个互相之间没有隶属关系的"面"，每个"面"又分成若干个类目。使用时，将有关类目组配起来。面分类法实例如表 2-4 所示。

表 2-4　　　　　　　　　面分类法实例——螺钉选用面分类

材料	螺钉直径	螺钉头形状	表面处理
1—不锈钢	1—直径 0.5	1—圆头	1—未处理
2—黄铜	2—直径 1.0	2—平头	2—镀铬
3—铜	3—直径 1.5	3—六角形头	3—镀锌
		4—方形头	4—上漆

(1) 面分类法的基本原则。

在选用面分类法时，应遵循以下几条基本原则：

1) 根据需要，选择分类对象本质的属性或特征作为分类对象的各个"面"；
2) 不同"面"的类目不应相互交叉，也不能重复出现；
3) 每个"面"有严格的固定位置；
4) "面"的选择以及位置的确定，应根据实际需要而定。

(2) 面分类法的主要优缺点。

优点是分类结构上具有较大的柔性，即分类体系中任何一个"面"内类目的变动，不会影响其他"面"，而且可以对"面"进行增删。再有，"面"的分类结构可根据任意"面"的组合方式进行检索，这有利于计算机的信息处理。

缺点是不能充分利用编码空间。例如，在服装分类中，纯毛男式连衣裙的搭配是毫无意义的。在实际编制代码体系时，到底采用哪一种分类方法，要根据需要解决的问题而定。有时，还可根据事物的特征，在一个分类体系中，同时运用线分类法和面分类法。

案例点击

华联超市的商品分类

华联超市经营的商品种类可以达到上万种，如何对这些商品进行管理，使其既适应陈列及顾客购买的需要，又能提高企业的管理效率呢？这就需要超市对其经营的商品进行细致的分类编组。管理人员对所经营的商品分类编组如下：

第一大类：冷冻食品类。

具体包括以下商品：冷冻家禽、冷冻肉类、冷冻水产品、速冻蔬菜、冷冻制品、熟肉制品、冷饮等。

第二大类：饮料食品类。

具体包括以下商品：碳酸饮料、果汁、茶饮料、饮用水、纯奶、奶制品饮料、其他饮料、咖啡类、麦片、胶囊、片类、冲剂、酸奶、其他饮料补品。

第三大类：糖果糕点类。

具体包括以下商品：奶糖、夹心糖、礼盒装糖果、巧克力、果冻、布丁、饼干、夹心饼干、巧克力饼干、膨化食品、薯片、锅巴、微波食品、中式糕点、西式糕点、蛋糕、面包、汉堡包、奶油、黄油、自产糕点等。

第四大类：炒货蜜饯类。

具体包括以下商品：香瓜子、葵花子、开心果、杏仁、豆子、果仁、松子、榛子、核桃、核桃仁、山楂、陈皮、梅、葡萄干、芒果、水果干及片、蜜饯类糕饼等。

第五大类：调味品类。

具体包括以下商品：盐、糖、酱油、火锅调料底料、味精、鸡精、醋、炝料、蘸料、淀粉、汤羹料、色拉酱、花生酱、辣酱、麻油、辣油、蚝豉油、沙司、芥末、油等。

第六大类：烟酒茶类。

具体包括以下商品：茶叶、白酒、黄酒、啤酒、米酒、葡萄酒、洋酒、果酒、补酒，以及其他烟、酒、茶类等。

第七大类：软包装食品。

具体包括以下商品：肉干类、鱼干类、海苔类、油面筋、肉松、火腿肠、豆腐干、粽子、即食海带、海蜇、其他软包装食品等。

第八大类：酱菜罐头类。

具体包括以下商品：酱菜类、果酱、果泥、八宝粥、腐乳、肉制罐头、猫狗粮、水果罐头、素制罐头、其他罐头类等。

第九大类：南北货腌腊制品。

具体包括以下商品：桂圆、枣类、枸杞、木耳、银耳、菇类、笋类、莲心、百合、虾皮、鱼制品类、豆类、仁类、海蜇、海带、紫菜、其他南北货、散装南北货、咸蛋、皮蛋、腌腊制品、散装腌腊制品、其他腌腊制品。

第十大类：洗涤、化妆类。

具体包括以下商品：洗衣粉、洗衣液、柔顺剂、专用衣物洗涤剂、洗洁精、消毒液、玻璃清洁剂、厨房清洁剂、浴室清洁剂、地面（板）清洁剂、多用途清洁剂、洁厕用品、家具护理剂（蜡）、皮革护理剂（蜡）、地板蜡、鞋面护理用品、空气清香剂、固体空气清香剂、防霉防蛀用品、蚊香及辅助用品、灭虫及杀虫剂、灭虫害片（固体）、洗发露、洗发膏、护发用品、发型定型用品、染发及焗油剂、沐浴露、洗衣皂、香皂、特殊用途皂、洗手液、脸部清洁用品、化妆水、润肤霜、润肤露、润肤膏、润肤蜜、润肤油（包括甘油等）、防晒用品、护手（足）霜、花露水（防蚊水）、爽身粉、护理卫生用品、宠物洗涤用品、唇膏、彩妆、礼品组合装、其他洗涤化妆类。

点评：零售企业对商品进行合理的分类，提高了企业的管理效率，方便顾客购买。

知识点 2　商品分类的标志

商品分类的标志是进行商品分类的基础和前提，也是编制商品分类体系和商品目录的重要依据，因此，商品分类的标志在商品分类中占有重要的地位。

一、选择商品分类标志的原则

商品分类可供选择的依据有很多，依据不同的标志分类也会有不同的结果，为了使商品分类体系满足科学研究和生产实践的需要，取得良好的分类效果，在确定商品分类的标志时应该遵循以下基本原则。

1. 目的性

商品分类标志必须满足分类的目的和要求，否则便没有实用价值。这是商品分类中的关键问题。

2. 科学性

商品命名要统一、科学、准确；要选择商品最稳定的本质属性作为分类的基础；要规定统一的归类原则；分类层级的划分要客观、合理。

3. 区分性

商品分类标志要保证商品分类清楚，能从本质上反映出每类商品的特性。在同一层级范围内只能采用一种分类标志，不能同时采用几种分类标志。分类标志的选择最终要保证每个商品只能出现在一个类别里，不得在分类中重复出现。

4. 包容性

商品分类标志的选择必须保证建立起的分类体系能够包容拟分类的全部商品，并为不断纳入新商品留有余地。

5. 唯一性

商品分类标志的选择必须保证每个商品只能在体系内的一个类别中出现，不得在不同类别中反复出现；体系内的同一层级范围只能采用同一种分类标志，不得同时采用几种分类标志。

6. 逻辑性

在唯一性原则得到强调的同时，还要兼顾到分类标志的选择必须保证使商品分类体系中的下一层级分类标志成为上一层级分类标志的合乎逻辑的继续和具体的自然延伸，从而使体系中不同商品类目间并列或隶属的逻辑关系明晰了然。

7. 先进性

商品分类要科学实用，也就是说，商品分类的结果在实际运用中应简便易行，有利于采用数字编码和运用电子计算机进行处理。

二、常用的商品分类标志

商品分类标志的实质是商品本身固有的种种属性。因商品的种类繁多，其集合体构成复杂，加上分类目的的要求不同，目前还未发现一种能贯穿商品分类体系始终，对所有商品类目直到品种和细目都适用的分类标志。实际中常用的分类标志多种多样，按其适用程度可分为普遍适用的分类标志和局部适用的分类标志两大类。

1. 普遍适用的分类标志

普遍适用的分类标志是指所有种类商品都具有的性质特征和功能等，如商品的物态、体积、产地、原材料、生产加工方法、用途等。这些分类标志常用作划分商品大类、中类、小类、品类等高层次类目。

（1）按商品的用途分类。

一切商品都是为了满足社会上的一定用途而生产的，因此商品的用途是体现商品使用价值的标志，也是探讨商品质量的重要依据。按商品的用途分类，不仅适合对商品大类的划分，也适用于对商品种类、品种的进一步详细划分。

以商品用途作为分类标志，便于比较相同用途的各种商品的质量水平和产销情况、性能特点、效用，能促使生产者提高质量、增加品种，并且能方便消费者对比选购，有利于生产、销售和消费的有机衔接。但对多用途的商品，一般不宜采用此分类标志。请看图2-5。

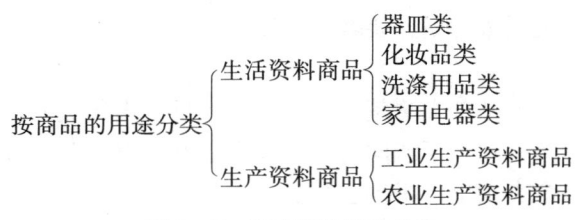

```
                    ┌ 生活资料商品 ┬ 器皿类
                    │              ├ 化妆品类
                    │              ├ 洗涤用品类
按商品的用途分类 ┤              └ 家用电器类
                    │
                    └ 生产资料商品 ┬ 工业生产资料商品
                                   └ 农业生产资料商品
```

图 2-5　按商品的用途分类

（2）按商品的原材料分类。

商品的原材料是决定商品质量和性能的重要因素，原材料的种类和质量不同，因而成分、性质、结构不同，使商品具有截然不同的特征。选择以原材料为标志的分类方法是商品的重要分类方法之一。此种分类方法适用那些原材料来源较多且对商品性能起决定作用的商品。

按原材料来源的不同，食品可分为植物性食品、动物性食品和矿物性食品，它们的化学成分和营养价值有明显的差别；纺织品也可以根据原材料的不同划分为棉织品、毛织品、丝织品、化纤织品和混纺织品五大类；食糖可分为甘蔗糖和甜菜糖。

按原材料分类的方法优点很多，它分类清楚，还能从本质上反映出各类商品的性能、特点，为确定销售、运输、储存条件提供了依据，有利于保证商品流通中的质量。但对那些用多种原材料组成的商品如汽车、电视机、洗衣机、电冰箱等不宜用原材料作为分类标志。请看图 2-6。

```
        ┌ 植物性食品 ┬ 绿色植物性食品
        │            └ 蓝色植物性食品
食品 ┤  动物性食品 ┬ 遗传性动物食品
        │            └ 转基因动物食品
        └ 矿物性食品
```

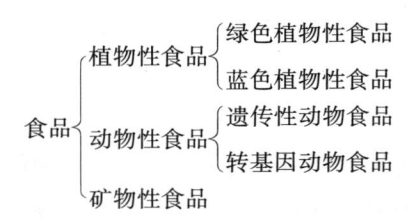

图 2-6　按商品的原材料分类

（3）按商品的生产加工方法分类。

商品的生产加工方法，决定了商品质量的形成过程。很多商品即便采用相同的原材料，由于生产加工方法的不同，也会使商品具有不同的质量特征，从而形成不同的品种。

按生产加工的方法分类，特别适用于原料相同，但可选用多种工艺生产的商品，能够直接说明商品的质量特征及风格。例如，茶叶按制造方法的不同，分为全发酵茶（红茶）、半发酵茶（乌龙茶）、后发酵茶（黑茶）和不发酵茶（绿茶）；酒按酿造方法的不同，分成蒸馏酒、发酵酒和配制酒；纺织品按生产工艺的不同，分成机织品、针织品和无纺布。

按商品的生产加工方法分类能够体现生产方法、生产工艺的不同，突出了商品的个性，有利于销售和工艺的革新。但对于那些虽生产方法有差别但商品性能、特征没实质性区别的商品不宜采用。

（4）按商品的产地分类。

商品的产地与商品的质量和特色密切相关，某些商品由于生产地区的自然条件、原料质量、工艺加工或饲养方法等的不同，往往具有不同的品质特征。例如，工夫红茶习惯上以产地命名，分为祁红、滇红、闽红、川红和胡红等。

2. 局部适用的分类标志

局部适用的分类标志又称为特殊分类标志，是指只有部分商品共有的特征，如化学成分、包装形式、加工程度、动植物的部位、外观形态、生产季节以及特殊的物理化学性质、功率、效率等。这些分类标志的概念清楚、特征具体，容易区分，常用于某些商品种类和品种以及花色、规格、型号、品级等细目的划分。常见标志如下：

（1）按商品的化学成分分类。

商品的化学成分是形成商品质量和性能、影响商品质量变化的最基本因素。在很多情况下，商品的主要化学成分可以决定其性能、用途、质量或储运条件，对这类商品进行分类时应以主要化学成分作为分类标志。如化学肥料分为氮肥、磷肥、复合肥和微量元素肥。而有些商品的主要化学成分虽然相似，但所含有的特殊成分却会影响商品的质量、特征、性质和用途等，对这些商品进行分类时，应以特殊成分作为分类标志。如玻璃的主要成分是二氧化硅，但可以根据其所含特殊成分分为钠玻璃、钾玻璃、铝玻璃、硼硅玻璃和铝硅玻璃等。

按商品的化学成分分类，便于研究某类商品的特征及使用方法等。这种分类方法适用于化学成分对商品性能影响较大的商品。但对那些化学成分复杂且对商品性能影响不大的商品，不适宜采用化学成分这种分类标志。

（2）按商品的加工程度分类。

商品的加工程度可以体现商品的加工精度，这是决定商品质量和商品品种的重要因素。总的看来可将全部商品分为原材料、半成品和成品。许多商品都采用此种分类标志进行分类，如植物油脂按加工程度分为毛油、脱胶油、半精炼油和精炼油。

按商品的加工程度进行分类，对于研究商品质量和商品新品种有重要意义。这种分类方法适用于加工过程对其有明显影响的商品，而在加工过程中对其没有明显影响的商品，一般不适宜采用。

（3）按商品的外观形态分类。

商品的外观形态可以反映出许多商品的质量，这也是决定商品品种和用途的重要因素。例如，钢材依形状分为型钢、钢板和钢管等。型钢按形状又分为圆钢、方钢、扁钢、工字钢、槽钢、角钢、三角钢、半圆钢、六角钢、八角钢和丁字钢等。

按商品的外观形态分类，可以反映出各类商品在质量特征、性能和用途等方面的差别。这种分类方法一般适用于商品形态与商品质量特征、性能、用途等密切相关的商品，否则没有必要采用。

（4）按商品的生产季节分类。

某些农产品和畜产品由于生产季节不同，质量亦有所不同。对于这些商品来说，生产季节可以反映该种商品质量上的差别。如羊毛按生产季节分为春毛、秋毛和伏毛；茶叶按鲜叶采摘季节分为春茶、夏茶、秋茶和冬茶等。

按商品的生产季节分类，一般只适用于生产季节与质量密切相关的农产品和畜产品，而其他商品，特别是工业产品，一般都不适用。

除上述分类标志外，另有一些商品本身的属性、特征也在一些特殊场合下作为分类标志。例如，工业制成品以花色、规格、型号作为分类标志；畜产品中的肉类可以采集部位作为分类标志；蜂蜜以花粉来源作为分类标志等，在此不一一列举。

可见，商品分类可以采用的标志很多。但在实际分类中，很难选择出一种能贯穿商品分类体系始终的分类标志。因此，在一个分类体系中常采用几种分类标志，往往是每一个层次用一个适宜的分类标志。

知识点 3 商品分类体系

由于选择的分类标志不同，商品集合体最终会形成不同的商品分类体系。商品分类体系不同，其用途明显不同。为了满足分类的目的与要求，必须建立起适用的科学商品分类体系。

一、商品分类体系的概念

商品分类体系是指将一定范围内的商品总体，选择适宜的标志划分为大类、中类、小类、品种、细目等所形成的一个完整的、具有内在联系的分类系统。

为了达到商品分类的目的，必须建立起科学的商品分类体系，以体现商品集合体分类的具体情况，从而便于编制商品目录和商品代码。

商品分类的目的不同和选择分类标志的多样性，会导致在商品的实际分类中形成不同的商品分类体系。尽管商品分类标志很多，形成的商品分类体系各异，但从适用的范围看，可分为基本分类体系和应用分类体系两大类。一般来说，采用普遍适用分类标志建立起的分类体系属于基本分类体系，采用局部适用分类标志建立起来的分类体系属于应用分类体系。

二、建立商品分类体系的基本原则

商品分类体系的建立，是根据客观实际需要进行的，一般应遵循如下基本原则。

1. 科学性原则

商品分类必须制定统一和严格的科学分类原则。商品分类层次的划分不应过多或过少，要恰当合理。每一个层次只能采用一个分类标志，而不能同时采用两个或两个以上的分类标志。商品命名必须统一、科学、准确。

2. 系统性原则

商品分类体系中的任何分类段都应连贯使用所制定的分类原则，以商品的基本特征作为分类标志分门别类，顺序排列，把相同的集合在一起，把不同的区别开来，形成一个包括若干个子系统的大系统，并用数字代码表示它们的内在有机联系。

3. 可延性原则

商品分类体系要有足够的容量，保证能囊括拟分类商品集合体范围内的所有商品，并为将来补充新商品留有余地，以避免由于新商品的出现而导致分类体系的推倒重来。通常，应在分类体系中设置收容项目，以便为下级子系统的延拓和细化创造条件。

4. 兼容性原则

兼容性原则，是指分类体系与其他分类体系之间的协调性，即新编制的商品分类体系要尽可能与原有的商品分类体系保持一定的连续性，使相关的商品分类系统之间相互衔接和协调，使国际、国内的通用商品分类体系能够协调，以利于推广应用和便于商品信息的查询、对比和交流。如我国的 SB/T10135—1992《社会商业商品分类与代码》和 GB/T7635—2002《全国主要产品分类与代码》标准之间就是兼容的。

5. 实用性原则

实用性原则，是指分类体系的建立要从系统工程角度出发，把所有局部问题放在系统整体中处理，达到系统最优化，最终使分类体系有较广泛的适用性。与此同时，分类结构要紧密，眉目清晰，一目了然，使编码方法以及代码形式简单明了，以便于代码的实际应用。

三、主要的商品分类体系

由于采用的商品分类目的及要求和选择的分类标志不同，可建立起多种商品分类体系。目前采用的商品分类体系可以概括为基本分类体系、国家标准分类体系、应用分类体系三大体系。

基本分类体系以商品用途作为分类标志，将商品分为生活资料商品（供吃、穿、住、行、用等的商品）和消费资料商品（工业生产资料商品、农业生产资料商品）两大部类。基本分类体系对于生产积累和消费水平的宏观调控具有重要作用。

国家标准分类体系是为了适应现代化经济管理的需要，以国家标准形式对商品进行科学的、系统的分类编码所建立的商品分类体系，即国家标准 GB/T7635—2002《全国主要产品分类与代码》，该体系把我国生产的全部工农业产品、商品、物资划分为 99 个大类，总计 36 万多个品种。

应用分类体系是以实用性为基本原则，为满足使用者的需要进行分类所形成的分类体系。此类分类体系较多，包括各种贸易商品分类体系，如《社会商业商品分类与代码》《对外贸易进出口业务统一商品目录》《国际贸易标准分类》等。

商品的分类体系很多，在这里仅简要介绍几种。

1. 国家标准商品分类体系

目前，世界上许多国家都建立了国家标准商品分类体系。它便于国民经济计划、统计及各项业务活动的进行；有利于实行商品分类编码标准化；有助于建立统一的、现代化的商品信息系统，实现管理现代化，提高经济管理水平。

我国所建立的国家标准商品分类体系就是 GB/T7635—2002 标准，它是国民经济统一核算和国家经济信息系统的重要基础，是各部门、各地区进行计划、统计、会计、业务等工作时必须遵循的准则和依据，是信息交流和资源共享的保证。

资料链接

《全国主要产品分类与代码》国家标准发布实施
——粮食行业相关代码介绍

中华人民共和国国家标准《全国主要产品分类与代码 第 1 部分：可运输产品》

(GB/T7635.1—2002)（以下简称"可运输产品代码"标准）经中华人民共和国国家质量监督检验检疫总局发布，于 2003 年 4 月 1 日开始实施。

"可运输产品代码"标准是一项大型的基础性标准，是与国际通行产品目录协调一致的国家产品分类编码标准体系，规定了全国可运输产品的分类原则与方法、代码结构、编码方法、分类与代码。主要用于信息处理和信息交换。

一、《全国主要产品分类与代码》的组成

《全国主要产品分类与代码》由相对独立的两个部分组成，第一部分为可运输产品，第二部分为不可运输产品。第一部分由五大部类组成，与联合国统计委员会制定的《主要产品分类》（CPC）1998 年 10 版的第 1 部分相对应，一致性程度为非等效。

"可运输产品代码"标准是对《全国工农业产品（商品、物资）分类与代码》（GB/T 7635—1987）的修订。主要变化有：

（1）对 GB/T7635—1987 标准名称进行了修改。

（2）对代码结构和编码方法进行了修改。GB/T7635—1987 代码结构是四层 8 位数字码，每层 2 位码，采用了平均分配代码的方法。"可运输产品代码"标准代码结构是六层 8 位数字码，前五层是一层 1 位码，第六层是 3 位码，采用了非平均分配代码方法。

（3）产品分类和类目的设置进行了较大幅度的调整。

（4）采用了 GB/T10113—1988《分类编码通用术语》中确立的术语；产品类目采用了规范的产品名称。

二、我国主要粮食产品分类代码介绍

在"可运输产品代码"标准中，与粮食行业相关的产品分类代码涉及我国原粮、米面油产品和粮油加工机械产品等三个方面。摘录如表 2-5 所示：

表 2-5　"可运输产品代码"标准中与粮食行业相关的产品分类代码

代码	产品名称	说明
0	农林（牧）渔业产品；中药	
01	种植业产品	包括农产品、园艺和供应市场的菜果园产品等，即包括农业种植业产品和林业种植业产品，如花卉、水果和林木种子、苗等
011	谷物、杂粮等及其种子	薯类、杂豆类（干的去荚的豆），见代码 0121、0122；薯类根茎、块茎见代码 01213
0111	小麦及混合麦	用 GB1351—1999 的产品名称和分类
01111	小麦	
01111·010	冬小麦	
—·099		
01111·011	白色硬质冬小麦	种皮为白色或黄色的麦粒不低于 90%，角质率不低于 70% 的冬小麦
01111·012	白色软质冬小麦	种皮为白色或黄色的麦粒不低于 90%，粉质率不低于 70% 的冬小麦
01111·013	红色硬质冬小麦	种皮为深红色或红褐色的麦粒不低于 90%，角质率不低于 70% 的冬小麦

续前表

代码	产品名称	说明
01111·014	红色软质冬小麦	种皮为深红色或红褐色的麦粒不低于90%，粉质率不低于70%的冬小麦
01111·100	春小麦	
—·199		
01111·101	白色硬质春小麦	种皮为白色或黄色的麦粒不低于90%，角质率不低于70%的春小麦
01111·102	白色软质春小麦	种皮为白色或黄色的麦粒不低于90%，粉质率不低于70%的春小麦
01111·103	红色硬质春小麦	种皮为深红色或红褐色的麦粒不低于90%，角质率不低于70%的春小麦
01111·104	红色软质春小麦	种皮为深红色或红褐色的麦粒不低于90%，粉质率不低于70%的春小麦
01112	混合麦	
0112	玉米（指谷类）	用GB1353—1999的产品名称和分类；菜玉米、笋玉米除外，见代码01239·011、·012
01121	黄玉米	种皮为黄色，并包括略带红色的黄色玉米；专用玉米除外
01121·011	黄马齿型玉米	
01121·012	黄硬粒型玉米	
01122	白玉米	种皮为白色，并包括略带淡黄色或粉红色的白色玉米；专用玉米除外
01122·011	白马齿型玉米	
01122·012	白硬粒型玉米	
01123	混合玉米	指混入本类以外玉米超过5.0%的玉米
01124	专用玉米	甜玉米、笋玉米除外，见代码01239·011、·012
01124·011	爆裂玉米	
01124·012	糯玉米	
01124·013	高油玉米	
01124·014	高淀粉玉米	
01124·015	优质蛋白玉米	
0113	稻谷、谷子和高粱	
01131	稻谷	用GB1350—1999的产品名称和分类

2. 行业商品分类体系[①]

行业商品分类体系，是指某行业对所生产、经营的商品（产品、物资）进行科学的系统的分类所建立起来的商品分类体系。建立行业商品分类体系，既便于本行业计划、统计

---

① 谢瑞玲，等．商品学基础．北京：高等教育出版社，2001：7．

和各种业务活动的开展,也有助于本行业信息交流和资源共享,提高经营管理水平。原商业部编制的《商业行业商品分类与代码》不设门类,将商业和行业经营的商品划分为 61 个大类、约 400 个种类,还有若干小类和品种。大类排列主要按照国民经济分类中的商业行业的顺序(即吃、穿、用、燃料、农业原料、农业生产资料、废旧物资、物资等)排列。商品大类的具体划分如下:

(1) 粮食;
(2) 植物油脂、油料;
(3) 食用家畜、畜肉及其制品;
(4) 食用禽肉、蛋及其制品;
(5) 水产品;
(6) 糖及糖果;
(7) 糕点、罐头;
(8) 烟;
(9) 饮料;
(10) 干鲜果品;
(11) 干鲜菜及调味品;
(12) 纺织品;
(13) 针织品;
(14) 服装;
(15) 鞋帽;
(16) 日用化工品;
(17) 保温瓶、杯及日用玻璃制品;
(18) 日用搪瓷制品及金属制品;
(19) 钟表及眼镜;
(20) 日用塑料及人造革制品;
(21) 儿童玩具;
(22) 日用百货;
(23) 日用杂品;
(24) 家具;
(25) 机制纸及纸制品;
(26) 文教办公用品;
(27) 照相器材;
(28) 体育及文娱用品;
(29) 印刷品;
(30) 建筑用金属制品及卫生器材;
(31) 五金工具;
(32) 机械配件;
(33) 五金杂品;

(34) 交通器材；
(35) 电工器材；
(36) 电子音像器材及家用电器；
(37) 电信器材及电子元器件；
(38) 化工原料；
(39) 燃料、涂料、颜料；
(40) 煤炭及石油制品；
(41) 西药；
(42) 医疗器械；
(43) 化学试剂；
(44) 中药材；
(45) 中成药；
(46) 棉、麻、烟料；
(47) 土产品；
(48) 畜产品；
(49) 化学肥料；
(50) 化学农药；
(51) 饲料；
(52) 其他农业生产资料；
(53) 工艺美术及古玩珍藏品（一）；
(54) 工艺美术及古玩珍藏品（二）；
(55) 工艺美术及古玩珍藏品（三）；
(56) 工艺美术及古玩珍藏品（四）；
(57) 废旧物资；
(58) 机电产品；
(59) 原材料；
(60) 辅助材料；
(61) 其他商品。

3. 国际贸易商品分类体系

1950年7月12日联合国经社理事会正式通过《国际贸易标准分类》，将其作为国际贸易统计、对比的标准分类。经社理事会建议各国政府采纳这种分类体系。《国际贸易标准分类》第二修订本把所有国际贸易商品分为10类、63章、233组、786个分组，其中在435个分组里又细分了1 573个子目，其余351个分组不分子目，合计共有1 924个统计基本项目，各国可以根据需要增设子目。《国际贸易标准分类》的前二位数字表示类、章次，第三位数字表示组别，第四位数字表示分组别，如果该分组下设子目，则为五位数，分组前有一圆点。《国际贸易标准分类》商品分类有其独特的优点，它主要是按照商品的加工程度由低级到高级编排的，同时也适当考虑商品的自然属性。1976年联合国开始按照《国际贸易标准分类》编制国际贸易的统计资料。我国的《国际贸易标准分类》主要分成两大类：初级产品和工业制成品，初级产品又细分为五小类、工业制成品细分为八小类。下面介绍 HS 分类法和 BEC 分类法。

(1) HS 分类法。

《商品名称及编码协调制度的国际公约》（International Convention for Harmonized Commodity Description and Coding System）简称协调制度（Harmonized System，HS），是 1983 年 6 月海关合作理事会（现名世界海关组织）主持制定的一部供海关、统计、进出口管理及与国际贸易有关各方共同使用的商品分类编码体系。HS 编码"协调"涵盖了《海关合作理事会税则商品分类目录》（CCCN）和联合国的《国际贸易标准分类》（SITC）两大分类编码体系，是系统的、多用途的国际贸易商品分类体系。它除了用于海关税则和贸易统计外，对运输商品的计费、统计、计算机数据传递、国际贸易单证简化以及普遍优惠制税号的利用等方面，都提供了一套可使用的国际贸易商品分类体系。HS 于 1988 年 1 月 1 日正式实施，每 4 年修订 1 次。世界上已有 150 多个国家使用 HS，全球贸易总量 90% 以上的货物都是以 HS 分类的。

HS 的总体结构包括三大部分：归类规则；类、章及子目注释；按顺序编排的目与子目编码及条文。这三部分是 HS 的法律性条文，具有严格的法律效力和严密的逻辑性。HS 首先列明 6 条归类总规则，规定了使用 HS 对商品进行分类时必须遵守的分类原则和方法。HS 的许多类和章在开头均列有注释（类注、章注或子目注释），严格界定了归入该类或该章中的商品范围，阐述 HS 中专用术语的定义或区分某些商品的技术标准及界限。

HS 采用六位数编码，把全部国际贸易商品分为 21 类、97 章。章以下再分为目和子目。商品编码第一、二位数码代表"章"，第三、四位数码代表"目"（Heading），第五、六位数码代表"子目"（Subheading）。前 6 位数是 HS 国际标准编码，HS 有 1 241 个四位数的税目、5 113 个六位数子目。有的国家根据本国的实际，已分出第七、八、九位数码。

在 HS 中，"类"基本上是按经济部门划分的，如食品、饮料和烟酒在第四类，化学工业及其相关工业产品在第六类，纺织原料及制品在第十一类，机电设备在第十六类，运输设备在第十七类，武器、弹药在第十九类等。HS"章"分类基本采取两种办法：一是按商品原材料的属性分类，相同原料的产品一般归入同一章。章内按产品的加工程度从原料到成品顺序排列。如 52 章棉花，按原棉—已梳棉—棉纱—棉布顺序排列。二是按商品的用途或性能分类。制造业的许多产品很难按原料分类，尤其是可用多种材料制作的产品或由混合材料制成的产品（如第 64 章鞋、第 65 章帽、第 95 章玩具等）及机电仪产品等。HS 按其功能或用途分为不同的章，而不考虑其使用何种原料，章内再按原料或加工程序排列出目或子目。HS 的各章均列有一个起"兜底"作用，名为"其他"的子目，使任何进出口商品都能在这个分类体系中找到自己适当的位置。

(2) BEC 分类法。

大类经济类别分类（Classification by Broad Economic Categories，BEC），是国际贸易商品统计的一种商品分类体系，是按照国际贸易商品的最终用途，把《国际贸易标准分类》（SITC）的基本编号重新组合排列编制而成。BEC 分类采用 3 位数编码结构。第三次修订本把全部国际贸易商品分为 7 大类。人们经常按 5 阶段分类：初级产品、半成品、零件及部件、资本货物、消费货物。

知识点 4　商品目录与商品编码

商品分类不仅能形成科学系统的商品分类体系，还可形成商品目录和商品代码，因此编制商品目录和商品代码也属于商品分类的范围。与此同时，商品目录和商品代码的编制也会促进商品分类的研究和进展。

一、商品目录

1. 商品目录的概念

商品目录又称商品分类目录，是指将所经营管理的全部商品品种，按一定标志进行系统分类编制成的商品细目表，是在商品分类的基础上，用表格、符号、文字全面记录商品分类系统和排列顺序的书本式工具。

编制商品目录，便于国家、部门和企业对其经营范围内的商品进行科学管理；便于对商品生产和经营动态的了解和把握，为市场经济发展提供商品信息；便于消费者对市场商品供求情况的了解，更好地满足消费者的需求。所以，编制好商品目录是搞好生产、经营及管理的一种重要手段。

各类商品的生产、经营、管理单位都有各自的商品目录。商品目录也是企业进行商品交易的重要手段。

为了充分发挥商品目录在商品流通中的作用，还应随着商品生产的发展和商品经营的变化适时地对商品目录予以修订。

2. 商品目录的种类

商品目录的种类很多，如按编制对象可分为工业生产目录、贸易商品目录和进出口商品目录；按商品用途不同编制的目录有食品商品目录、纺织品商品目录、交电商品目录、化工原料商品目录等；按管理权限不同编制的目录有一类商品目录、二类商品目录、三类商品目录；按适用范围不同编制的目录有国际商品目录、国家商品目录、部门商品目录、企业商品目录等。

（1）国际商品目录。

国际商品目录是指由国际上有权威的各国际组织或地区性集团编制的商品目录，如联合国编制的《国际贸易标准分类》、国际关税合作委员会编制的《商品、关税率分类目录》、原海关合作理事会编制的《海关合作理事会商品分类目录》和《商品名称及编码协调制度》。

（2）国家商品目录。

国家商品目录是指由国家指定专门机构编制，在国民经济各部门、各地区进行计划、统计、财务、税收、物价、核算等工作时必须一致遵守的全国性统一商品目录，如由国家质检总局发布的《全国主要产品分类与代码　第1部分：可运输产品》等。

（3）部门商品目录。

部门商品目录是指由行业主管部门即国务院直属各部委或局根据本部门业务工作需要所编制并发布的，仅在本部门、本行业统一使用的商品目录，如国家统计局编制发布的

《综合统计商品目录》、原商业部编制发布的《商业行业商品分类与代码》等。部门商品目录的编制原则应与国家商品目录保持一致。

（4）企业商品目录。

企业商品目录是指由企业在兼顾国家和部门商品目录分类原则基础上，为充分满足本企业工作需要，而对本企业生产或经营的商品所编制的商品目录。企业商品目录的编制，必须符合国家和部门商品目录的分类原则，并在此基础上结合本企业的业务需要，进行适当的归并、细分和补充。如营业柜组经营商品目录、仓库保管商品经营目录等，都具有分类类别少、对品种划分更详细的特点。

以上四种商品目录之间，存在着极其密切的关系。国家商品目录要与国际商品目录协调；部门或企业、单位编制的商品目录既要符合国家商品目录提出的分类原则，又要满足本部门或本企业、单位的需要。因此，一般来说，部门或企业单位商品目录常比国家商品目录包括的商品类型少，但是品种的划分更细。

制定必备商品目录，是为了保证消费者的基本需要，也是为了保证企业进行市场定位，突出经营特色的需要。该商品目录的内容，一般包括商品的大类、中类、小类、品种、小品种和规格、花色式样等七个项目，主要是控制小品种，以及规格、花色式样。

二、商品编码

1. 商品编码的概念

商品编码又称商品代码、商品代号，是指用一组有序的代表符号来标识分类体系中不同类目商品的过程。编码中所使用的标识性的代表符号即称商品代码，其符号可以由数字、字母和特殊标记组成。

商品编码往往是商品目录的组成部分，也是商品分类的有机组成部分。因此，商品编码与商品分类密切相关，在实践中也称为商品分类代码；商品分类和商品代码共同构成了商品目录的完整内容，所以商品目录也称商品分类与代码集。

2. 商品编码的作用

（1）可以使多种多样、品名繁多的商品便于记忆。

商品编码的编制都有一定的规律性，而且表现形式简单，容易掌握并记住。

（2）可以简化手续，提高工作的效率和可靠性。

商品代码易于书写，一目了然，在商品流通各个环节的交接工作中，能够节省时间，减少差错。

（3）有利于管理，促进销售。

商品代码有利于应用计算机管理商品，促进商品销售和信息交流，提高企业的经营能力和经济效益。

（4）有利于建立统一的商品分类代码系统。

商品代码有利于建立全国统一的现代化商品分类代码系统和产、供、销信息系统，为进行现代化科学管理、发展经济奠定了基础。

3. 商品编码的种类

目前，商品代码主要有数字型代码、字母型代码、混合型代码和条码四类。

(1) 数字型代码。

数字型代码是用阿拉伯数字对商品进行编码形成的代码符号。数字型代码是世界各国普遍采用的方法之一，这种类型的代码更便于国家之间的经济往来，其特点是结构简单、使用方便、易于推广、便于计算机管理。

数字型代码是将每个商品的类别、品目、品种等排列成一个数字或一组数字。GB/T7635—2002 和 SB/T10135—1992 标准，采用的就是数字型代码。

(2) 字母型代码。

字母型代码，是用一个或若干个字母表示分类对象的代码。按字母顺序对商品进行分类编码时，一般用大写字母表示商品大类，用小写字母表示其他类目。字母型代码便于记忆，可提供便于人们识别的信息，但当分类对象数目较多时，往往会出现重复现象，因此，在商品分类编码中很少使用。

(3) 混合型代码。

混合型代码又称数字、字母混合型代码，是由数字和字母混合组成的代码。字母常用于表示商品的产地、性质等特征，可放在数字前边或后边，用于辅助数字代码。如"H1226"代表浙江产的杭罗。

(4) 条码。

条码是由条形符号构成的图形表示分类对象的代码。它是数字型代码、字母型代码和混合型代码的另一种表现形式。

商品条码是一种自动识别技术，已成为商品进入国际市场的"通行证"。在商品上采用条码标志已被各国普遍关注，现已在商品采购、销售、储存和运输等各个环节的管理中广泛应用。

4. 商品代码的编制

在商品分类代码中，普遍采用的是数字型代码、条码和二维码三类。

(1) 数字型代码。

数字型代码通常采用层次编码、平行编码、混合编码三种编制方法。

1) 层次编码法。是使代码的层次与分类层级相一致的编制方法，按商品类目在分类体系中的层级顺序，依次赋予各层级对应的数字代码。层次编码法主要用于线分类（层级分类）体系。

层次编码法的优点是代码较简单，信息容量大，逻辑性较强，能够明确地反映出分类编码对象的属性或特征及其相互关系，便于机器汇总数据；缺点是结构弹性较差，需要预留出相当数量的备用号而使代码延长。因此，层次编码法最适用于编码对象变化不大的情况。

2) 平行编码法。是对每一个分类面确定一定数量的码位，代码标志各组数列之间是并列平行关系的代码编制方法。平行编码法多用于面分类体系。

平行编码法的优点是代码结构有较好的弹性，可以比较简单地增加分类面的数目，必要时还可更换个别的类面；缺点是代码过长，不便于计算机管理。

3) 混合编码法。是层次编码法和平行编码法的合成。即把分类对象的各种属性或特征分类出来后，其中某些属性或特征用层次编码法表示，其余的属性或特征用平行编码法表示。这种代码编制方法吸取了两者的优点，效果往往比较理想。

(2) 条码。

条码又称条形码，是由一组宽窄不同、黑白（彩色）相间的平行线段按照一定的规则排列组合，用以表示一定信息的商品标识图形。一条完整的商品条码包含商品原产国、制造国、产地、商品类别、商品名称等商品信息。条形码技术是随着计算机与信息技术的发展和应用而诞生的，它是集编码、印刷、识别、数据采集和处理于一身的新型技术。条码实际是一种专为计算机处理而编制的特殊的商品代码，可以由专用的光电扫描设备迅速识别并读入计算机。为了便于人们识别条码所代表的字符，通常在条形码符号的下部印刷其所代表的数字、字母或专用符号。

商品条码的诞生极大地方便了商品流通，现代社会已离不开商品条码，据统计，目前我国已有50万种产品使用了国际通用的商品条码。因此，企业对条码技术必须认真掌握，以适应国际市场的需要。

(3) 二维码。

二维码又称二维条码，最早起源于日本，它是特定的几何图形按一定规律在平面（二维方向）上分布的黑白相间的图形，是所有信息数据的一把钥匙。在现代商业活动中，可实现的应用十分广泛，如产品防伪、产品溯源、广告推送、网站链接、数据下载、商品交易、定位、导航、电子凭证、车辆管理等。

二维码比一维码更高级。一维码只能在一个方向（一般是水平方向）上表达信息，而二维码在水平和垂直方向都可以存储信息。一维码只能由数字和字母组成，而二维码能存储汉字、数字和图片等信息，因此二维码的应用领域要广泛得多。

二维码具有条形码技术的一些共性：每种码制有其特定的字符集；每个字符占有一定的宽度；具有一定的校验功能；具有对不同行的信息自动识别功能及处理图形旋转变化等特点。

案例点击

条形码在商品防伪中的应用

假冒伪劣产品使国家、企业和消费者都蒙受了严重的损失。打假是保护国家、企业与消费者利益，是正当、有序竞争的必然要求。一个名牌的产品如果不采用有效的防伪手段，可能会受到大量伪造产品的冲击，大大破坏产品的形象。

随着企业经营从粗放型向集约型的转变，在分销渠道管理方面，囿于技术和手段的限制，大多数企业沿用的仍是经营初期传统的模式和管理方式，这些方式在效率、成本以及可控性等方面的劣势日益突出。因此，市场环境的变化对企业的渠道管理方式提出了新的要求。

产品条码防伪管理可帮助企业对关键商品在分销网络中的有序流动实现严格的监督和控制，提高企业的渠道管理水平，降低和规避渠道风险。系统通过应用加密型二维条码技术，对关键商品进行精确和保密的标识。通过外地分支机构的商品核查职能，可有效杜绝产品跨区销售和窜货，防范假冒伪劣的冲击。

1. 创建唯一标识码

企业在每个产品上面贴上一个唯一标志的条码，该条码可以是加密一维码或者加密二维码等形式，含有产品的品种信息、生产信息、序列号、销售信息等，特别是，二维条码可以记录更详细的商品的销售区域、销售负责人、关键配件序列号等数据和信息，从而为商品添加了一个唯一、完整、保密的身份和属性标识符。

2. 出入库管理

有了条形码标签后，企业便可对商品的出库、入库、物流等环节通过快速阅读条码实现严格监控，并使分销网络中的各个业务网点具备了强大的商品核查功能，业务网点可根据需要对商品销售区域、产品属性等进行核查和匹配，核查功能具体将通过便携式条码扫描终端，或通过笔记本电脑加条码扫描器来实现。

3. 销售管理

分销企业通过将二维条码技术与进销存软件、企业广域网络的结合，便可对商品分销的全流程实现全面、有效、安全的管理和监控，并进一步得到宝贵的商品仓储、物流、销售、回款等数据，为企业总部的经营决策提供宝贵的统计信息、数据和报表。具体的功能将包括分销区域管理（地区管理、负责人管理）、区域业绩管理、个人业绩管理、报表管理等。

4. 商品防伪

系统首先通过一维、二维条码实现防伪功能。经过企业加密后的一维、二维条码，在无法得到密钥的情况下，其他人员是无法获取二维条码中的数据和信息的。此外，由于每件商品的二维条码各不相同，且与部件及序列号等唯一特定信息相关，其他人员难以伪造，也无法采用光学方法来复制。并且在数据库中记录了每一条条码的物流情况，伪造的条码没有数据库记录，很容易被系统检查处理，自动报警。

系统也支持电码防伪，企业在打印标签的同时生成一个串号，并粘贴在商品上，最终用户可以通过拨打服务热线查核该串号的合法性。此外，企业还可建立防伪查询网站，供客户登录查询商品串号。

5. 售后服务

售后服务部门通过扫描加密型二维条码，获得条码中所保存的商品来源和属性等信息，从而对待维修商品进行全面、严格的身份识别和确认，保证公司的利益不受损害，并有效提高客户服务质量。

当商品出现质量问题，或者最终用户反馈意见时，系统可提供电话、电子邮件、WEB等信息反馈渠道，售后服务中心接到报告后记录并进行相应处理。具体将采用计算机电话集成技术CTI、客户关系管理、产品质量管理等技术。

1) 条码的分类。

按可供选择的分类标志，大致有以下几种分类：

a. 按码制分类，包括UPC码、EAN码、交叉25码、39码、库德巴码、128码、93码、49码等。

b. 按维数分类，包括普通的一维条码、二维条码、多维条码等。

c. 按照条码的应用领域不同，可以分为消费单元条码和物流单元条码，消费单元条码有UPC码和EAN码，物流单元条码有DUN-14条码、DUN-16条码、ITF-14条码、ITF-16条码以及EAN-128条码等。

d. 按照输入时的识别起点不同，可分为双向条码和单向条码。

e. 按照字符个数，可分为定长条码和非定长条形码。

2) 条码的优点。

条码是迄今为止最为经济、实用的一种自动识别技术。条码技术具有以下几个方面的优点：

a. 可靠准确。

键盘输入数据的出错率为三百分之一，利用光学字符识别技术的出错率为万分之一，而采用条形码技术的误码率低于百万分之一。

b. 数据输入速度快。

与键盘输入相比，条形码输入的速度是键盘输入的五倍，并且能实现"即时数据输入"。

c. 经济便宜。

与其他自动化识别技术相比较，推广应用条形码技术所需的费用较低。

d. 灵活、实用。

条形码符号作为一种识别手段可以单独使用，也可以和有关设备组成识别系统实现自动化识别，还可和其他控制设备联系起来实现整个系统的自动化管理。同时，在没有自动识别设备时，也可实现手工键盘输入。

e. 自由度大。

识别装置与条形标签的相对位置的自由度要比 OCR（光学字符识别）大得多。条形码通常只在一维方向上表达信息，而同一条形码上所表示的信息完全相同并且连续，这样即使是标签有部分缺欠，仍可以从正常部分输入正确的信息。

f. 设备简单。

条形码符号识别设备结构简单，操作容易，无须专门训练。

g. 易于制作。

可印刷，被称作"可印刷的计算机语言"。条形码标签易于制作，对印刷技术设备和材料无特殊要求，且设备也相对便宜。

3) EAN 码。

目前世界上常用的码制有 EAN 码、UPC 码、25 码、交叉 25 码、库德巴码、39 码和 128 码等，而商品上最常使用的就是 EAN 商品条码。

EAN 商品条码亦称"通用商品条码"，是国际通用的商品代码，是以直接向消费者销售的商品为对象，以单个商品为单位使用的条码。该条码由国际物品编码协会制定，通用于各地，是目前国际上使用最广泛的一种商品条码。我国目前在国内推行使用的也是这种商品条码。

EAN 商品条码分为 EAN-13（标准版）和 EAN-8（缩短版）两种（见图 2-7）。两种版本的编码方式可参考国标 GB12094—1998。

图 2-7　EAN 商品条码

a. EAN-13（标准版）。

EAN-13（标准版）一般由前缀码、制造厂商代码、商品代码和校验码组成。其条码结构如图 2-8 所示。

图 2-8　EAN-13 条码结构

商品条码中的前缀码由最前面的三位数组成，表示国家或地区。前缀码是用来标识国家或地区的代码，赋码权在国际物品编码协会。中国的前缀码现在不仅仅是 690、691，已经扩展到 682、693 和 694。部分国家或地区的前缀码参见表 2-6。

表 2-6　　　　　　　　　　部分国家或地区的前缀码

代码	国家（或地区）	代码	国家（或地区）
00～09	美国、加拿大	50	英国、爱尔兰
30～37	法国	690～691	中国大陆
40～44	德国	88	韩国
471	中国台湾	888	新加坡
49	日本	955	马来西亚

制造厂商代码由第 4 位数到第 7 位数组成，一厂一码。制造厂商代码的赋码权在各个国家或地区的物品编码组织，我国由国家物品编码中心赋予制造厂商代码。

商品代码由第 8 位数到第 12 位数组成，表示商品品种。商品代码是用来标识商品的代码，赋码权由产品生产企业自己行使，生产企业按照条件自己决定在自己的何种商品上使用哪些阿拉伯数字为商品条码。

商品条码最后用 1 位校验码来校验商品条码中左起第 1～12 数字代码的正确性。

校验码的计算步骤如下：

步骤一，从代码位置序号 2 开始，所有偶数位的数字代码求和。

步骤二，将步骤一的和乘以 3。

步骤三，从代码位置序号 3 开始，所有奇数位的数字代码求和。

步骤四，将步骤二与步骤三的结果相加。

步骤五，用大于或等于步骤四所得结果且为 10 最小整数倍的数减去步骤四所得结果，其差即为所求校验码的值。

注意：代码位置序号是从右至左。

示例：代码 690123456789X 校验码的计算如表 2-7 所示。

表 2-7　　　　　　　　　　　校验码的计算方法

步骤	举例说明
1. 自右向左顺序编号	位置序号 13 12 11 10 9 8 7 6 5 4 3 2 1 代码　　 6 9 0 1 2 3 4 5 6 7 8 9 X
2. 从序号 2 开始求出偶数位上数字之和①	9+7+5+3+1+9=34 ①
3. ①×3=②	34×3=102 ②
4. 从序号 3 开始求出奇数位上数字之和③	8+6+4+2+0+6=26 ③
5. ②+③=④	102+26=128 ④
6. 用大于或等于结果④且为 10 最小整数倍的数减去④，其差即为所求校验码的值	130-128=2 校验码 X=2

　　b. EAN-8（缩短版）。

EAN-8（缩短版）是数字代码为 8 位的商品条码，由 7 位数字表示的商品项目代码和一位数字表示的校验符组成。当包装面积小于 120 平方厘米无法使用标准码时，可以申请使用缩短码，统一由国际物品编码协会在各国（地区）的分支机构分配。如在我国使用的 EAN-8 条码中的商品项目代码，由中国物品编码中心统一编码。其条码结构如图 2-9 所示。

图 2-9　EAN-8 条码结构

条码的八位数字可分为三个码段，第一码段前缀码（国家或地区代码）以及第三码段校验码的计算方法均与 EAN-13 条码相同。

在编制商品项目代码时，厂商必须遵守商品编码的基本原则：对同一商品项目的商品必须编制相同的商品项目代码；对不同的商品项目必须编制不同的商品项目代码。保证商品项目与其标识代码一一对应，即一个商品项目只有一个代码，一个代码只标识一个商品项目。如听装健力宝饮料的条码为 6901010101098，其中 690 代表我国 EAN 组织，1010 代表广东健力宝公司，10109 是听装饮料的商品代码。这样的编码方式就保证了无论在何时何地，6901010101098 就唯一对应该种商品。

4) UPC 码。

UPC 条形码是由美国和加拿大共同组织的"统一编码委员会"（Universal Code Council，UCC）以 IBM 公司提出的 Dalta-Distance 为基础而选定的。UPC 码是最早大规模应用的条码，其特性是一种长度固定、连续性的条码，目前主要在美国和加拿大使用，由于其应用范围广泛，故又被称为万用条码。

UPC 码有标准版和缩短版两种形式。

a. UPC 标准版又称 UPC-A 条码，是由条、空及下面对应的 12 位阿拉伯数字组成的。12 位数字中，第一位数字是前缀码，最后一位数字是校验码，中间十位数字是编码数字，其中前五位数字是厂商代码，后五位数字是商品代码。

前缀码为编码系统字符，以 0～9 表示。其中，"0"标识规定数量包装的商品，"2"标识不规则重量商品，"3"标识医药卫生商品，"4"为零售商专用，"5"标识用信用卡销售的商品，"7"为中国申报的美国统一代码委员会会员专用，"1、6、8、9"为备用码。

b. UPC 缩短版又称 UPC-E 条码，是由条、空及下面对应的 8 位数字组成的。这 8 位数字中，第一位数字是前缀码，最后一位数字是校验码，中间六位数字是商品信息代码。只要当商品小到无法印刷有 12 位数字的 UPC 标准版时，才允许使用 UPC-E 条码。而且，只有前缀码为"0"时，才可以使用 UPC-E 条码。

UPC 码结构如图 2-10 所示。

图 2-10 UPC 码结构

单元 3 商品品种管理

知识点 1 商品品种概述

商品品种是商品学研究的中心内容，又是从事商品经营和管理工作必须把握的基本问题，也是商品能否适销对路、充分满足市场需求的关键。对商品品种进行合理的管理，才能使社会资料得到合理配置，生产出符合消费者需求的适销对路的产品。

一、商品品种的概念

商品品种是指按某种相同特征划分的商品群体，或者是指具有某种（或某些）共同属性和特征的商品群体，反映一定商品群体的整体使用价值或社会使用价值。例如，所有供人食用、具有人体所需的营养成分或能满足人们某种嗜好的天然产物及其加工制成品称为食品。

商品品种是一个宏观范畴，它反映的是一定商品群体的整体使用价值或社会使用价值。不同的消费结构要求有不同水平的使用价值及不同的品种规格。从全社会来说，大类商品的品种及其结构应与全社会的消费需求和消费结构相符合，各类商品中的商品品种应与社会的不同人群、不同的消费群体相吻合。

商品品种是一个庞大的、复杂的、敞开的、动态的、可控制的物质系统，其运动和发展受一定的客观规律所限制，如技术学规律、经济学规律、一般品种规律、特殊品种规律等，同时涉及工程技术问题、经济学、法律学和商品学问题，因此，需要多门学科共同研究来解决。

商品学主要研究决定商品品种发展和变化的规律，包括一般品种规律和特殊品种规律。一般品种规律，是指对所有商品都适合的品种规律，如商品品种最佳扩大规律、商品品种更新规律。特殊品种规律，是指只适用于某类商品或一些类似商品种类规律，如食品、纺织品、服装、化妆品、洗涤用品等各类商品中的品种最佳构成规律；区域商品品种最佳构成的规律；等等。商品品种规律与技术学规律、经济学规律等相结合，才能控制商品品种的发展和变化，实现商品品种的最佳构成，使商品品种与消费需求的相符程度达到最佳化，从而促进商品使用价值的实现，获得最佳的经济效益。

二、商品品种的类别

商品品种繁多，特征各异，商品品种的类别也必然多种多样。不同的商品品种类别表明其特有的品种特征，商品特有的品种特征正是划分商品类别的依据。划分商品品种类别的标准很多，常见的类别划分如下所述。

1. 按商品品种形成的领域划分

按照商品品种形成的领域，可划分为生产品种和经营品种。生产品种，是指工业或农业生产者提供给批发商业企业的商品品种，可通过生产规划、计划和产品目录体现出来。经营品种，是指批发商业企业和零售商业企业销售的商品品种，可通过经营规划、计划和商品目录体现出来。

工业、农业生产的商品品种和商业经营的商品品种，一方面取决于特定经济形势下的资源状况和生产技术能力；另一方面则取决于消费需求的结构及其变化。为充分满足市场需要和获得好的经济效益，生产部门必须有合理的产品结构、商品品种和高水平的商品质量，并根据市场需求不断调整生产品种和开发新品种；商业部门必须客观确定和调整企业发展战略中的品种计划，重视商品品种的构成、完善和策略等问题。

商品品种计划是指商业企业计划或规划其经营品种的组合。商业企业在确定和调整品种计划时，要考虑消费需求、消费水平、购买能力、商品的质量和价格水平、品种范围、竞争状况、盈利情况等。商品品种构成是指各大类商品及每类商品中不同品种规格商品的数量比例。影响商品品种构成的主要因素是年龄和性别的组成、职业、民族和风俗习惯等。商品品种策略是指零售商业部门根据消费需求的变化不断改变或调整商品品种所采取的策略。

2. 按商品品种的横向广度或商品品种结构划分

按照该标志商品品种的广度可分为简单商品品种和复杂商品品种。商品品种的广度是指具体商品类别的品种数目。简单商品品种，是指具体商品类中只有很少的变化数目，如铅笔、办公桌、锤子等。复杂商品品种，是指具体商品类中具有相当多的变化数目，如服装、鞋类、图书等。图书品种有：中国哲学、外国哲学、美学、心理学、伦理学、宗教书、数学、天文学、物理、化学、地质矿物学、生物学、动物学、植物学、生理学、解剖学、医学、交通、工程、家政、统计、教育、礼俗、经济、财政、政治、法律、军事、中国史、外国史、中国地理、游记、传记、考古学、外交史、诗歌、戏剧、东方文学、西洋文学、小说文集、语言学、新闻学、音乐、建筑、雕刻、中国诗画、摄影、游艺、印刷、绘画、小说、漫画、视听教材、视听音乐带、智力测验、拼图、劳作、剪贴、彩色书等。

简单商品品种和复杂商品品种，主要取决于消费者对其需求的广度及其变化。消费者对其消费需求具有多样性且变化大则成为复杂商品品种，否则为简单商品品种。简单商品品种和复杂商品品种是相对的，在商品经营中一定要从实际出发，特别应该注意复杂商品品种，使其能真正满足消费的需要。

3. 按照商品品种的纵向深度划分

按照商品品种的纵向深度可划分为粗的商品品种和细的商品品种。商品品种的纵向深度是指每一产品所包含的不同花色、规格、尺码、型号、功能、配方等数目的多少。产品的规格、品种越多，产品品种的深度越大；反之，产品种类越少，深度就越小。

所谓粗的商品品种也就是深度小的商品，是指不包括规格、颜色、式样、包装装潢等特性值的商品品种，如顶针、缝纫机梭芯、量衣尺、挖耳勺、压力锅用减压阀和安全阀等；所谓细的商品品种，是指包括规格、颜色、式样和包装装潢等特性值的商品品种，如服装包括各种款式、颜色等类别。

粗的商品品种和细的商品品种的区别，取决于消费需求的深度及其变化。消费者对其需求更加具体化，且变化较大则成为细的商品品种；反之，为粗的商品品种。制订商品规划和计划时，一般是指粗的商品品种。在订立供货合同时，要详细规定商品的所有特性值，这时就涉及细的商品品种。细的商品品种和粗的商品品种，可通过商业企业必备的商品目录体现出来。

4. 按照商品品种的重要程度划分

按照商品品种的重要程度，可分为日常用商品品种和美化、丰富生活用商品品种，主要商品品种和次要商品品种。日常用商品品种，是指日常必备的商品品种，如食品、服装、住房、水、食盐等类商品中的品种。美化、丰富生活用商品品种，是指美化和丰富生活用的日常必备的商品品种，如饰品、化妆品、各种奢侈品等品种。主要商品品种，是指与国计民生密切相关的商品品种，如粮食、食油、蔬菜、食糖、食盐、肉类等类别商品中的商品品种。次要商品品种，是指与国计民生无关紧要的商品品种，如畜产品、五金工具、装饰材料、工艺美术品等类别商品中的商品品种。

5. 按照消费者的经济差别划分

按照消费者的经济差别划分，可分为高档商品品种、中档商品品种和低档商品品种。所谓高档商品品种，是指质量和价格水平较高的商品品种；所谓低档商品品种，是指质量和价格水平较低的商品品种；所谓中档商品品种，是指质量和价格水平介于高档和低档之间的商品品种。

6. 按照经销商品品种的行业划分

按照经销商品品种的行业，可划分为很多商品品种，如食品、杂货、医药品、五金制品、家用器皿、玻璃制品、瓷器、壁纸和地面铺设用品、电子电器商品、玩具、体育用品、文具纸张、书、钟表、首饰、乐器、照相器材等。具有这些行业特征的商品品种大多由不同的专营商品或百货公司的各商品部来经销。

7. 按照消费者的某方面需要划分

按照消费者生活范围的需要，可分为卧室用品、儿童用品、家用纺织品、家用电器、园艺用品、洗涤用品、装饰品、办公用品、文化用品和厨房用品等商品品种；按照消费者活动范围的需要，又分为野营用品、旅行用品、休闲用品等商品品种。按照消费者的某方面的需要来划分商品品种，打破了传统行业，出现了许多专门商店，有利于商品销售和消费者选购。

案例点击

沃尔玛成功经营的发展模式

最传统的产业——零售行业，最简单的战略——低价制胜，最辉煌的成就——世界第一，沃尔玛以朴实的身份，凭借精妙的谋略和坚韧的奋斗演变成为高不可攀的商界巨人。沃尔玛的成功有很多方面，仅从商品结构策略上看：沃尔玛在经营商品品种选择上以销售量大、周转速度快、购买频次多的中档商品为主，适度兼顾高低档商品。商品销售量大、周转速度快是沃尔玛经营利润来源的前提条件，因为沃尔玛在商品销售中利润率很低（在1.7%左右，而行业平均利润在5%以上），其主要靠年销售规模优势向生产厂家收取商品上架费、商品折扣、年底退佣及资金占用费等。

沃尔玛在商品组合上采取"二八原则"，用20%的主力消费产品创造80%的销售额，根据零售业态的不同形式采取不同的商品组合。例如山姆会员店向消费者提供"一站式购物"服务，商品结构宽度广、深度中，也就是商品的种类齐全但单一商品类别适度齐全，商品品种在3万~6万种，而且50%以上的商品为食品类；家居商店商品的结构宽度广而深，商品品种大约在8万种，产品品种非常齐全；折扣店商品的结构为窄而浅；购物广场的商品结构则适宜窄而深，主要是日用生活品。

知识点 2　商品品种的名称

商品是市场中的客体之一，商品经销者天天在跟商品打交道，为区别不同使用价值的商品，最根本的问题是要把握每个种类商品的名称，特别是商品品种名称。

一、商品名称的概念和规范商品名称的意义

1. 商品名称的概念

商品名称是商品整体概念中一个重要的组成部分，是消费者识别商品的重要标志。商品名称与商品品种具有非常密切的关系，有些商品名称形成了商品品种名称的基础，还有的商品名称本身就是商品品种的名称。

商品名称即商品的名字，是能在一定程度上概括地反映商品某种特性的特定的语言文字符号，如电视机、计算机、桌子、衣服、二锅头酒、燕京啤酒、DVD等。仔细推敲，上述几个商品名称所覆盖商品的范围却明显不同。有的覆盖范围很大，是整个大类的商品；有的覆盖范围很小，甚至只是一个商品品种。为此，拟通过分类加以进一步研究。

商品名称可分为通用名称和特定名称。商品的通用名称，指为公众所熟知的商品的一般名称，如电视机、计算机、桌子、衣服等。通用名称只是指同一类商品的名称，不能用来区别同一种类的不同商品。例如：计算机这一通用名称是无法用来区别"联想"公司生产的计算机与"长城"公司生产的计算机的。商品的特定名称，是指对特定商品的称呼，如加饭酒、茅台酒、21金维他、两面针牙膏等。商品的特定名称只要不违反《商标法》的规定，大多可以注册成为商标。

商品名称按照商品分类的层次，可分为大类商品名称、中类商品名称、小类商品名称和细类商品名称等。大类商品名称，是指大类商品采用的名称，如食品、饰品、办公用品，其特点是名称短，覆盖面大；中类商品名称，是指中类商品采用的名称，如面食、米类和首饰等，其特点是名称较短，覆盖面较大；小类商品名称，是指小类商品采用的名称，如康师傅方便面、五常香米、金首饰等，其特点是名称较长，覆盖面较小；细类商品名称，是指商品品种的具体名称，如康师傅红烧牛肉面、白金项链、罗浮山消炎利胆片等，其特点是名称长而具体。

商品名称按其繁简程度分，可分为简单商品名称和复杂商品名称。所谓简单商品名称，是指构成商品名称的文字少而短，包含的商品属性或特征内容少，主要适用于大类和中类商品名称，如电器、食品、服装、首饰等；所谓复杂商品名称，是指构成商品名称的文字多而长，包含的商品属性或特征内容多，主要适用于细类商品名称和小类商品名称，如卡西欧女士甜美防水石英表、男士拉链加厚抓绒衫、惠普全能版彩色多功能一体机等。

2. 规范商品名称的意义

商品名称看起来简单，但若不加以规范则会造成经营管理的混乱以及经济纠纷。规范商品名称至少有如下意义：

（1）有统一的命名准则可循。规范商品名称，可使商品名称有统一的衡量准则和尺

度，不仅使现有商品得到正确命名，也是适应科学技术飞速发展、满足命名新商品的需求。

（2）促进市场经济的发展。规范商品名称是搞好商品经营管理的基础，可避免商品名称混乱所造成的经济纠纷，确保商品流通的最佳秩序，促进社会主义市场经济的发展。

（3）确保名优商品的信誉。规范商品名称，可使名优商品的名称扎根于广大消费者的心目中，有助于企业树立良好的形象，提高商品竞争能力，创名优商品和保名优商品。

（4）维护广大消费者的利益。规范商品名称，可避免商品名实不符，防止冒牌货以假充真坑害用户，从而维护广大消费者的利益。

二、商品命名的原则

商品命名，是指赋予一类功能上相同的商品或某一种商品明确并便于区别的名字。主要应遵循如下原则。

1. 合法原则

合法是指能够在法律上得到保护，这是品牌命名的首要前提。

2. 易读易记、便于记忆原则

商品名称只有易读易记才能高效地发挥它的识别功能和传播功能。商品命名要简洁、独特、新颖、响亮等，如红豆、动感地带、上好佳等。

3. 尊重文化与跨越地理限制原则

不同国家、不同地区、不同民族的社会文化传统不同，使得消费者的习惯、偏好、禁忌也有所不同，因此商品命名要适应消费者的文化价值观念和潜在市场的文化观念。

4. 名实相符原则

商品名称要与商品的实体特征相适应，使消费者能够通过名称迅速了解商品的基本效用和主要特征。

5. 引人注意、激发联想原则

商品名称应该能在众多同类商品名称中脱颖而出，迅速引起消费者的注意。同时，通过名称的文字和发音能使消费者产生恰当、良好的联想，如金六福酒、永久自行车。

6. 可延伸原则

一个无具体意义而又不带任何负面效应的品牌名，较适合于今后的品牌延伸。如索尼（SONY），不论是中文名还是英文名，都没有具体的内涵，仅从名称上，不会联想到任何类型的产品，这样，品牌可以扩展到任何产品领域。

三、商品品种名称及命名方法

商品品种名称直接表示出一种具体的商品，商品品种是商品购销涉及的具体对象，为此在商品购销活动中对其名称必须高度重视。

1. 商品品种名称的概念

如前所述，商品品种名称，属于商品名称的细类层级，是指商品品种的具体名称。商品品种名称是从事商品购销活动签订和执行合同条款的内容之一，是商业企业制定商品品种计划所涉及的具体对象，是商品购销统计和商品信息涉及的具体内容，它也反映了广大消费者对商品的具体需求。

商品品种名称也可分为简单商品品种名称和复杂商品品种名称两类。简单商品品种名称的主要对象有粮食、油脂、畜类及其制品、水产品及其制品、茶叶、干鲜果等大类商品范围内的商品品种名称，如糯米、豆油、祁红、带鱼、红橘、油菜等。复杂商品品种名称的主要对象是糖果、糕点、罐头、饮料酒、纺织品、针棉织品、服装、鞋帽、照相器材、电子音像器材及家用电器、钟表、石油制品、交通材料和化工原料等大类商品范围内的商品品种名称。

2. 商品品种命名的方法

在实际生活中，商品品种的名称是直接作用于消费者的因素，会被消费者首先感知，因此商品品种的名称一般基于消费者的心理进行命名。

（1）以商品的主要效用命名。其特点是名称直接反映商品的主要性能和用途，使消费者能迅速了解商品的功效，加快对商品的认知过程，多用于日用工业品、化妆品和医药品。比如"气滞胃痛冲剂"，一看便知是治疗胃病的药物；"金鱼洗涤灵"，是洗涤餐具或水果的洗涤剂；还有"玉兰油防晒霜""美加净护手霜"等均可直接从名称上了解商品的用途和功效。这种开门见山的命名方法迎合了消费者追求商品实用价值的心理。

（2）以商品的主要成分命名。这样的命名方法可使消费者从名称上直接了解商品的原料构成，以便根据自己的实际情况选择商品。比如"螺旋藻麦片"可以看出麦片中加入了螺旋藻；"复方甘草合剂"的主要成分是止咳的甘草；"靓妃珍珠面膜"的原料里有养颜增白的珍珠。这些商品名称或强调货真价实，或突出原料名贵，都起到了吸引消费者的作用。

（3）以商品的外形命名。这种命名方法多用于食品、工艺品类的商品命名。它的特点是形象化，能突出商品造型新奇、优美的特点，引起消费者的注意和兴趣。比如有的首饰用"繁星满天"命名，有的食品命名为"佛手酥""猫耳朵"等。不过采用这种方法，应注意名称和形象的统一，否则会弄巧成拙，达不到让消费者从名称联想到商品实体，从而加深对商品印象和记忆的目的。

（4）以制作工艺或制造过程命名。这种方法多用于具有独特制作工艺或有纪念意义的研制过程的商品，是一种经常被采用的方法。如"二锅头"酒在制作过程中要经过两次换水蒸酒，且只取第二锅酒液的中段，酒质纯正、醇厚。以此命名能使消费者了解该酒不同寻常的酿制工艺，从而提高商品声望。

（5）以商品的产地命名。以产地命名主要是由于产品具有悠久的历史，尤以产地的商品最具特色，享誉盛名，冠以产地名称可以突出该商品的地方风情、特点，使其独具魅力。例如"金华火腿""云南白药""汾酒""北京醇""青岛啤酒"等。这种命名方法符合消费者求名、求特、求新的心理，可以增加商品的名贵感和知名度，同时使消费者感到商品体现了地域的文化性，从而产生亲切感和偏好。

（6）以人名命名。即以发明者、制造者和历史人物等名字给商品命名的方法。这种方法将特定的商品和特定的人联系起来，使消费者睹物思人，引起丰富的联想、追忆和敬慕之情，从而使商品在消费者心目中留下深刻的印象，如"章光101毛发再生精"、"李宁"牌运动服等。以人名命名还可以体现商品悠久的历史和文化，表明商品系出名门、正宗独特，以此诱发消费者的购买欲望。

（7）以外来词命名。在进口商品的命名时常见用外来语命名，主要是满足消费者的求新、求奇、求异的心理，还可以克服翻译上的困难。但这要求读起来朗朗上口、寓意良好。最好的例子就是"Coca Cola"，其中文译名选定为"可口可乐"，让人们联想到可口的饮料带来的舒畅感觉，以及由此产生的愉悦心情。

（8）以吉祥物或美好事物命名。有些商品为迎合人们图吉利、盼发财的心理，起名为"百合"被、"熊猫"电视机、"吉利"汽车等。而我国的一些中药，由于其成分原来的名字会使消费者感到畏惧，所以常用能使人产生良好联想的名称来代替原有名称，如"地龙"原指蚯蚓、"天龙"原指壁虎。

（9）以色彩命名。这种方法适用于食品类商品。如"黑巧克力"原料中巧克力的成分比较高，黑色突出了纯度；"白玉豆腐"突出豆腐形态的白嫩细腻；"白加黑感冒片"则突出了白片与黑片的不同效果。以色彩命名突出了消费者的视觉感受，使之对商品留下深刻印象。

知识点3　商品品种的发展规律

商品品种及其结构的变化和消费需求及其结构变化之间的关系是以一定相符的形式存在的，因此商品品种的发展也具有一定的规律。了解商品品种的发展规律，找出消费者收入水平高低与商品品种发展规律之间的关系，进而根据经济的发展状况来发展商品品种，满足消费者的需要，是提高企业经济效益的关键。

一、商品品种的多样性

商品品种的多样性，是指商品类别、品种和花色齐全。商品是为了满足人们的需要，需要的差异性和多样性决定了商品品种的多样性。商品品种、类别、花色齐全，能满足消费者全方位的需要，购买者有宽阔的选择余地，易买到称心如意的商品，也就是说，凡是商品消费所需要的都应该齐备，不应缺门断档，这样才能满足消费者多种多样的需要，才能给购买者以宽阔的选择余地，买到尽可能称心如意的商品。

但是，对品种齐全也应该有正确理解：商品品种齐全是相对而言的，应以大致能满足消费需要为准则，不应拘泥于样样齐备，以免造成不必要的积压；商品类别、品种、花色的数量并非固定不变，而应随着消费需求的发展和变化进行调整；要集中精力保证人们需要的日常用商品品种和主要商品品种；商品品种和消费需求之间、商品品种花色和类别之间都存在着一定的比例关系，这是由消费结构、购买水平和投向决定的。在满足消费者需要的同时，商品的每单位生产成本和现实成本获得最大利润时，以保持商品品种的多样性为最佳。

二、商品品种日益丰富的趋势

经济发展水平越高,商品的品种就越繁多,人们选择商品的范围和自由度越大。随着人类社会的进步,生产力水平的不断提高,经济的增长速度越来越快,商品日益丰富、品种日益繁多,这是商品品种发展的客观趋势。

商品的品种越繁多,就意味着市场越广阔、越繁荣,因此,一定要保持和增加商品品种,这是商品经济发展的客观要求。商品的品种越多,消费者选择的范围和自由程度越大,越能满足人们不断增长的需要,同时也意味着市场的广阔和繁荣。为此,商品经营者一定要认识到保持和增加商品品种的重要意义,通过一定的措施使商品品种不断增加并保持结构最佳化,这样才能充分满足市场需要和消费需求。但不能盲目发展和增多,一定要建立在市场需要的基础上。

三、商品品种与消费需要的统一性

商品品种的多样性及商品品种的日益丰富,更好地满足了消费者需求,但是,商品品种的多少不是随意的,它必须以消费需求为基础,保证商品品种规格系列与消费需要的使用特性相统一。这是使商品的规格和质量满足社会需要的一种保证,是产需之间的利益协调一致的方式。

四、商品品种新陈代谢的规律

商品品种存在着新陈代谢的规律。这是因为消费需求的结构会因经济的发展而变化,特别是因购买力的提高和投向的变化而发生变化,使原来一些适应市场需要的品种成为不适应的品种而被淘汰;同时,为适应市场需要会不断地涌现出一些新的品种,这就是商品品种新陈代谢的规律。

商品都有寿命周期。商品上市以后经过一个或长或短的时期从增长至兴旺乃至萎缩,最后退出市场。商品品种只有新陈代谢,才能提高满足消费需要的程度,不断地克服积压或脱销等问题,提高生产和流通的经济效益。

然而,对新陈代谢的认识必须客观。新陈代谢并不意味着一切老商品都要被淘汰,所淘汰的是没有需要的商品,一些品质优良、为消费者所喜爱的传统商品和名牌商品不仅不会被淘汰,相反要保持和发扬。同时,新陈代谢也不意味着一切新商品都能替代老商品。新商品要经过市场考验和评价,在竞争中显示出比老商品优越,才能适应市场需要并取而代之。

对商品品种新陈代谢的认识也应具有全面发展的观点,新陈代谢并不意味着从类别、品种到花色多层分类同步更新,可能上一层次变动,也可能上一层次不变,而下一层次以新代旧。新陈代谢中被淘汰的商品并不意味着一旦被淘汰就永远被淘汰,有的商品品种在特定的情况下可能再生,如服装在花色、款式上由于消费需要再现,发生复古与怀旧所形成的循环再生。但是,这种循环并不是完全重复的,往往伴有对原来品种的改进。

五、流行性商品的形成

流行性商品，是指极短暂时间内在市场上非常畅销、风靡一时、流行四方的商品。这类商品往往具有特别的花色和新颖的款式。当某些具有特别花色和新颖款式的商品出现后，被某种特殊消费人群所青睐，并从这种特殊消费人群扩及若干个乃至覆盖面更广、更多的消费人群。

流行性商品有其本身的特点和规律。这类商品在地区间往往是从商品经济和市场发达、消费水平高处向商品经济和市场较不发达、消费水平较低处扩及，从大城市流向中小城市，甚至从城市流向农村，在不同空间的流行存在着时间差；这类商品的形成既具有不可预料性和爆发性，又具有潜在的规律性，是值得商品生产者和经营者认真研究和总结的。

案例点击

产品设计的未来发展方向

目前国际上的发展趋势大致可分为以下几类：

（1）现代型：受"少就是多"的简约主义影响，简洁、舒畅，运用有力的直线条和曲线，透出理性主义光芒。

（2）后现代型：人机工程学、空气动力学、仿生学与设计相结合的综合运用，多使用自然的弧线、弧面，形成人机亲和性，代表人物为德国设计师考拉尼。

（3）异向思维（求变）型：提倡新工艺、新材料、新使用方式的介入，鼓励革新，富创意激情，采用求异向的思维方法，通过颠倒、代替、交换、旋转、移情、联想等手法，可满足现代人厌倦千篇一律的设计而追求个人风格的心理。

（4）轻、薄、短、小依然是主题，由于电子工业的革命，许多产品粗笨的机械零件正由微小的电子计算机的集成电路芯片取代，内部结构对外部形式的支配力极大减少，人们努力追求极限。

（5）绿色设计，环保主题，可持续发展日益成为一项重要的评价手段及促销策略。

（6）自然设计，天然材料的粗加工的引入使用，倡导回归自然的人文情结。

（7）运用产品语意学，最高效率地掌握和操作产品是当今设计的关键，尽可能以简洁的形式，赋予其使用者一看即知的设计。

综合来说，在设计上要以人为本，体现现代、体现绿色、体现个性，从而不断满足不同人群的消费需求。

具体来说，首先是环保，设计的产品要可回收，材料要使用无污染的，功耗要尽量低，最好是使用绿色能源。在这样的思路下，我们的设计才能良性发展下去，才能在市场上占有位置。

其次，在使用上，我们设计的产品必须操作简单、使用便捷、功能多样化。这里强调的是设计的平民化，要让大众都用上我们设计的产品，即以人为本，从消费者的角度考虑。

最后就是样式，生活水平的提高使人们早已不只是满足于产品的使用和功能了，样式必须独特，可以夸张点，可以简单点，可以仿生，可以复古，很多很多，总之要消费者对其感到喜欢。

知识点 4　商品品种的结构及其优化

研究商品品种，不仅要研究商品品种类别和商品品种的发展规律，更应该研究商品品种结构及其优化原则，只有这样才能达到研究商品品种的最终目的。

一、商品品种结构的概念

商品品种结构是指各大类商品及每类商品中不同品种的组合比例，即在全部商品总量中，按经济用途或按满足不同层次需求，各大类商品及每类商品中不同品种规格的数量所占的比例。简单地说，就是一种商品的结构情况。食品的品种结构如图 2-11 所示。

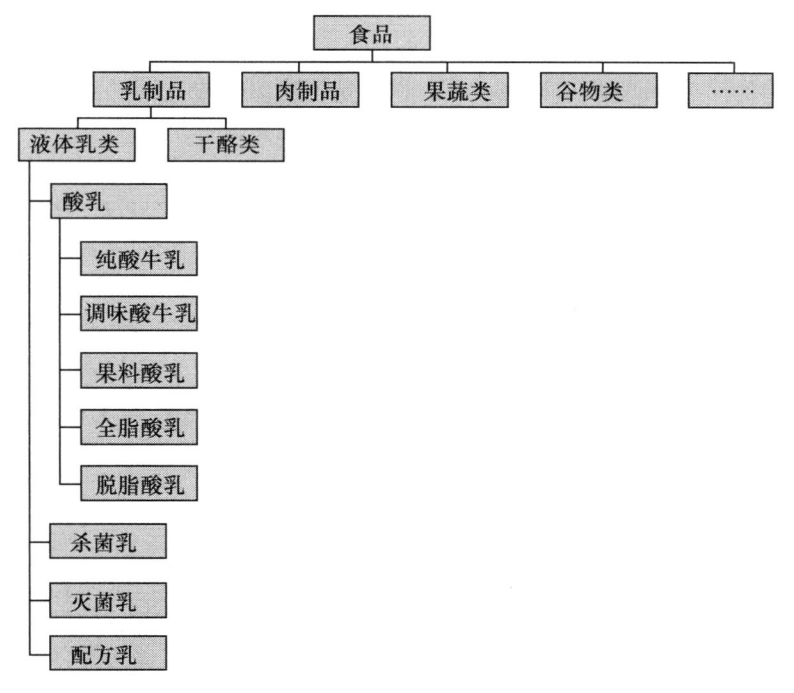

图 2-11　食品的品种结构

从食品的品种结构图可以看出，商品品种结构是呈金字塔形排列的，由商品品种组合而成。从图中还可以形象地看出，商品品种是消费者对商品广度的需求，它是商品结构（商品品种组合）状况的反映，也是消费需求结构的反映。总体来看，商品品种的结构应适应消费需求结构及其变化。具体商品品种的构成应考虑市场需要和消费需求。商品品种结构是否合理，实质上是商品能否满足广大消费者多样化、多层次、专业化、特殊化、个性化的消费需要的问题，也是人们对商品的不同需要在质的方面满足的问题。

影响商品品种构成的主要因素包括年龄、性别的组成；职业、居民的民族及地方风俗习惯；等等。消费需求和消费结构不是一成不变的，它会随着科学技术水平、人口构成、社会经济发展水平等的变化而变化。消费需求和消费结构的变化也有一定的规律，一般呈现上升的趋势，对花色及款式新颖、质量上乘、高新技术含量高的品种的需求所占比例越来越大，因而商品品种结构在客观上必然是一个动态的高级化过程，这就要求企业、部门和整个国家必须随着消费需求和消费结构的变化，不断地对商品品种结构进行调整使其得到优化。

二、商品品种结构优化的原则

商品品种结构优化，实质上是生产或经营的商品品种能满足广大消费者多样化、多层次、专业化、特殊化、个性化等多方面的消费需要，还可避免不必要的积压。因此，商品品种结构优化的总原则是商品品种结构必须与人们的实际需要和消费结构及其变化相适应。具体包括如下方面。

1. 商品品种结构与消费需求相符合

商品品种结构与消费需求结构相一致，这就是说所生产或经营的商品品种必须适应不同社会阶层、不同社会集团、不同人群的消费水平和消费爱好。

2. 符合社会需要与供给能力的客观实际

社会需要状况反映的是市场对商品的引力，供给能力的大小反映的是供给商品的实力，只有对两者进行全面而客观的分析，才能使商品品种结构与消费需求结构相符合。

3. 商品品种结构与消费需求变化相适应

商品品种结构与消费需求变化相适应，这是从动态的角度看必须遵循的原则。因为随着社会的发展和时间的推移，人们的需要和消费需求结构会发生变化，商品品种的结构也应随之变化和调整，以保证商品品种及其结构与消费需求及其结构的相符程度达到最佳化。

三、商业企业商品品种结构的优化

商业企业商品品种结构优化，是指商业企业所经营的商品品种既能充分满足其供应范围内各种对象、各个层次多方面的消费需要，又不存在不必要的商品积压。商业企业进行商品品种结构优化，主要是充分利用商品品种发展规律，掌握市场需求及其变化，重视新产品开发，把握被淘汰商品的变化趋势，科学制订商品品种规划和计划，合理调整所经营的商品品种。

1. 充分利用商品品种的发展规律

前面提及的商品品种发展规律，使我们知道了商品品种的发展状况到底是什么样的，但更重要的是要明确它究竟应该是怎样的。商品品种的增加和多样化，虽然是商品经济发展的客观趋势，但必须认真考虑市场需要、生产成本以及商业企业经营能力的实际，如果盲目发展，虽然商品品种可一时增加，也会因销路不行而缩小。面对商品品种新陈代谢的问题，必须对各个商品品种进行客观的具体分析，看看哪些老商品可被立即淘汰，哪些老商品被逐步淘汰或自然淘汰，哪些老商品将被保持化发扬；哪些新商品可马上上市，哪些新商品陆续上市。对流行性商品，必须有敏锐的反应，特别是对花色、款式需求变化大的服装、鞋帽等商品品种，更应看得准，抓住时机。

2. 高度重视和抓好新商品开发

商业企业只有重视新商品开发，才能了解已上市的新商品以及正在和即将开发的新商品，才能制订商品品种规划和计划，组织新商品上市。与此同时，才能把市场需求反馈给生产部门和生产企业，不断研究和开发新商品。

所谓新商品，是指在成分、结构、性质、功能、用途等方面与老商品具有本质不同或显著差异的商品。如石英电子表与机械表相比、电磁炉与电炉相比就是新商品。相对于老商品而言，新商品既应包括采用新技术、新原理和新结构而发展的新商品，又应包括对老商品的改进。

新商品的开发办法很多，商业企业应为生产部门和生产企业提供开发新商品的信息和建议，本身也应积极利用有关开发方法。如通过对销售对象、市场占有率、产品性能、用途、质量和价值等方面的分析，采用市场空缺法去寻求市场、产品、技术等方面的空白；通过搜集和分析现有商品的不足之处，采用缺点列举法研制和开拓新商品；将两种以上的新技术结合在一起或将两种以上新材料组合在一起开发新的商品；在分析原有商品规格、用途、功能的基础上，使商品形成不同系列，向更深、更广的范围开发新商品；通过样品，模仿国内外同类商品开发新商品；通过对消费者审美需要变化的分析，不断变换商品外形、颜色、图案等方式开拓所需的商品；等等。

新商品的开发程序，大体可划分为搜集构思方案、方案筛选、研制、试销和正式投产五个环节。对于商业企业来说，最重要的是搜集构思方案和试销。构思方案是研制开发新商品的关键，搜集构思方案又是获得好的构思方案的重要环节，商业企业对消费者的意见了解得最直接、最全面，为此绝不应忽视构思方案的搜集；试销的重要方法之一是把新商品卖给消费者，在销售中和销售后必须做好记录，进行动态分析，得出客观结论，即应抓紧投产上市，或改进，或提高商品的知名度，或放弃。与此同时，对方案筛选、研制和正式投产也应高度重视。只有这样才能掌握生产部门和生产企业开发新商品的动态，及时调整好本企业经营的商品品种结构。

3. 客观把握被淘汰商品的动态

商品品种更新一方面要开发新商品，另一方面要淘汰老商品，但并不是淘汰所有的老商品，仅仅是淘汰那些不适销对路，消费者不欢迎并且不能带来良好经济效益和环境、社会效益的疲软商品。对于到底哪些商品是疲软商品，这些商品的需求动态怎样，最清楚的还应该是商业企业。

总结以前的实践，被淘汰的老商品主要是在功能、技术、质量、观念和营销手段等方面落后。商业企业只有不断地观察和分析老商品适应消费需求的情况，才能对将要淘汰的商品品种做到胸中有数，及时将这种信息反馈给生产部门或生产企业。与此同时，商业企业本身也可及时对商品品种结构规划和计划进行调整。

4. 科学制订和实施商品品种计划

制订和实施商品品种规划和计划是商业企业调整商品品种结构的重要手段。商业企业对商品品种计划的制订和实施尤为重要。在制订和调整商品品种计划时，应着重考虑消费需求、消费水平、消费者购买力、商品的档次、品种范围、竞争状况、盈利基准点和资本等因素。

5. 优化商品品种结构

商品品种构成,是指各大类商品及每类商品中不同品种规格商品的数量比例。影响商品品种构成的主要因素是消费者年龄和性别构成、职业、民族和地方风俗习惯等。消费者年龄和性别构成及其比例,对商品品种的构成及其比例有极为重要的影响,特别是对化妆品、服装、鞋帽等商品的品种要求,幼、少、青、中、老、男、女截然不同。职业、民族和地方风俗习惯不同,对各种商品的品种要求也截然不同。

6. 适时调整商品品种策略

商品品种策略是指商业企业根据消费需求的变化不断改变或调整商品品种所采取的措施。一般的商品品种策略有以下几种:

(1) 广而深的商品品种策略。

所谓广而深的商品品种策略,是指选择经营的商品种类多,而且每类商品经营的品种也多的策略,一般为较大型的综合性商场所采用。由于大型的综合商场的目标市场是多元化的,常需要向消费者提供一揽子购物,因而必须备齐广泛的商品类别和品种。

所谓商品的广度是指经营的商品系列的数量,即具有相似的物理性质、相同用途的商品种类的数量,如化妆品类、食品类、服装类、衣料类等。所谓商品的深度是指商品品种的数量,即同一类商品中,不同的质量、不同尺寸、不同花色品种的数量。保持合理的商品结构,对商店的发展有着重要的作用。由于商品广度和深度的不同组合,形成了目前商店商品结构的不同配置策略,这些策略各有利弊。

广而深的商品品种策略的优点是目标市场广阔,商品种类繁多,商圈范围大,选择性强,能吸引较远的顾客前来购买,顾客流量大,基本上满足顾客一次进店购齐一切的愿望,能培养顾客对商店的忠诚感,易于稳定老顾客。其缺点是商品占用资金较多,而且很多商品周转率较低,导致资金利用率较低;这种商品结构广泛而分散,试图无所不包,但也因主力商品过多而无法突出特色,容易形成企业形象一般化;同时,企业必须耗费大量的人力用于商品采购上,由于商品比较容易老化,企业也不得不花大量的精力用于商品开发研究上。广而深的商品结构如表2-8所示。

表2-8　　　　　　　　　　　　广而深的商品结构

	家用电器	服装	鞋	食品
广度	电视机 电冰箱 洗衣机 微波炉 空调机 音响 消毒碗柜 电热水器 影碟机 摄像机	女士服装 男士服装 童装 中老年人服装 针织内衣 睡衣	女士皮鞋 男士皮鞋 童鞋 凉鞋 布鞋 雨鞋	糕点 速冻食品 面包 奶粉 软饮料 糖果

续前表

	家用电器	服装	鞋	食品
深度	电视机： 其中：品牌 8 个 （长虹、TCL、康佳、海尔、创维、松下、索尼、菲利普） 规格 6 个：（34 英寸、29 英寸、25 英寸、21 英寸、18 英寸、14 英寸） ……	……	……	……

（2）广而浅的商品品种策略。

这种策略是指企业选择经营的商品种类多，但在每一种类中经营的商品品种少的策略。在这种策略中，企业提供广泛的商品种类供消费者购买，但对每类商品的品牌、规格、式样等给予限制。这种策略通常被廉价商店、杂货店、折扣店等零售企业所采用。

这种策略的优点是目标市场比较广泛，经营面较广，能形成较大商圈，便于顾客购齐基本所需的商品，便于商品管理，可控制资金占用。缺点是由于这种结构模式花色品种相对较少，满足需要能力差，顾客的挑选性有限，很容易导致失望情绪，不易稳定长期客源，商品无特色。

（3）窄而深的商品品种策略。

这种策略是指企业选择较少的商品经营种类，而在每一类中经营的商品品种很丰富。这种策略体现了企业专业化经营的宗旨，主要为专业商店、专卖店所采用。一些专业商店通过提供精心选择的一两种商品种类，配有大量的商品品种，吸引偏好选择的消费群。目前国内一些大型百货商店和超级市场也开始注重引入这种策略。

这种策略的优点是专业商品种类充分，品种齐全，能满足顾客较强的选购愿望，不会因品种不齐全而丢失顾客；能稳定顾客，增加重复购买的可能性；易形成商店经营特色，突出企业形象；便于企业专业化管理。其缺点是种类有限，不利于满足消费者的多种需要；市场有限，风险大。

（4）窄而浅的商品品种策略。

这种策略是指企业选择较少的商品种类和在每一类中选择较少的商品品种。这种策略主要被一些小型商店，尤其是便利点所采用，也被售货机出售商品和人员登门销售的零售商所采用。自动售货机往往只出售有限的饮料、香烟等商品；而人员上门销售的商品种类和品种也极其有限。这种策略要成功使用，有两个关键因素，即地点和时间。在消费者想得到商品的地点和时间内，采取这种策略可以成功。

这种策略的优点是投资少、见效快；商品占用资金不大，经营的商品大多为周转迅速的日常用品，便于顾客就近购买。缺点是种类有限，花色品种少，挑选性不强，易使顾客产生失望情绪，商圈较小，吸引力不大，难以形成商店的经营特色。

单元 4　商品包装管理

知识点 1　商品包装及其分类

在不同的历史时代和经济发展水平下，包装具有不同的内涵。过去人们认为，包装是用器具去容纳物品，或对物品进行裹包、捆扎等的操作。而今天的包装，不仅仅是将商品包好而已，还需要它保护和保存商品，具有运输、携带、使用方便的性能，同时还能促进产品的销售，满足人们的社会需要。

一、包装的概念

世界各国关于包装概念的表述各不相同，但基本内容是一致的，都是将包装的功能作为核心内容，以保护商品、维持商品价值和使用价值为出发点，最终达到销售商品的目的。

国家标准《包装术语　第 1 部分：基础》（GB/T4122.1—2008）中对包装的定义为：包装是为在流通过程中保护产品，方便运输，促进销售，按一定的技术方法而采用的容器、材料及辅助物等的总体名称。也指为了达到上述目的而在采用容器、材料和辅助的过程中施加一定技术方法的操作活动。

从包装的定义来看，包含着两层含义：若静态地理解，包装就是指容器、材料及辅助物等，也就是包装企业部门可提供的产品，即包装商品所用的物料；若动态地理解，是指包装操作活动。

商品的包装是构成商品的重要组成部分，是采用特殊的包装材料和技术方法，按照设计要求创造出来的具有独特结构、造型和外观装潢的实体，具有一定的技术性和艺术性，因而包装的价值应包含在商品的价值中，在出售时应给予补偿，而且有时商品的包装的特殊功能还能得到超额的补偿。

二、包装的基本功能

1. 容纳功能

许多商品本身没有一定的集合形态，如液体、气体和粉状商品，这类商品只有依靠包装的容纳才具有特定的商品形态，没有包装就无法运输、储存、携带和销售。对于一般结构的商品，包装的容纳增加了商品的保护层，有利于商品质量稳定，例如牛奶在无菌的封闭包装内常温下可储存 6 个月，没有了包装，同样的牛奶在相同的环境中在 48

小时内就会变质；对于食品、药品、化妆品、消毒品、卫生用品等，包装的容纳功能还能保证商品卫生，例如纸巾、餐馆提供的打包餐具；对于复杂结构的商品，包装的容纳结合合理的压缩，可充分利用包装容积，节约包装费用，节省储运空间。成组化功能是容纳的延伸，它是指包装能把许多个体或个别的包装物统一组合起来，化零为整，化分散为集中，这种成组的容纳可大大方便运输，同时可以减少流通费用，例如很多瓶装饮料产品24瓶为一箱。

2. 保护功能

保护商品的使用价值是包装最基本的功能，也是最重要的功能。商品在运输、储存和销售过程中，会受到各种因素的影响，可能发生物理、机械、化学、生物等变化，造成商品损失、损耗。例如，运输、装卸过程中的颠簸、冲击、震动、碰撞、跌落以及储存过程中的堆码、承重，可能造成包装破损和商品变形、损伤、失散等；流通和储存过程中外界温度、湿度、光线、气体等条件的变化，可能造成商品干裂、脱水、潮解、溶化、腐烂、氧化、变色、老化、锈蚀等；微生物、害虫侵入会导致商品的霉烂、变质、虫蛀等。因此，必须依据商品的特性、运输和储运条件，选择适当的包装材料、包装容器和包装方法，对商品进行科学的防护包装，以防止商品受损，也防止商品对周围的环境和人及动物造成伤害，达到保护商品及人和环境的目的，使商品完好无损地到达消费者手中，最大限度地减小商品劣变损耗。

3. 便利功能

商品包装的便利功能，是指包装为商品从生产领域向流通领域和消费领域转移，以及在消费者使用过程中提供的一切方便。包装的便利功能包括的范围较广，涉及几个领域。诸如在生产领域有方便操作、方便自动化生产等。在物流领域有方便运输、方便装卸、方便储运、方便统计、方便开箱等。在消费领域有方便陈列、方便销售、方便计价、方便计数等。在环保领域有方便回收、方便处理、方便操作等。包装的便利功能的延伸又发展成复用功能和改用功能。复用功能是指商品包装用完以后，销售包装仍可重复使用；改用功能是指包装商品用完以后，销售包装可做其他用途。例如一些品牌的啤酒瓶被回收后再次被使用，一些包装在其包装功能完成后可当收纳盒来用，一些废旧的饮料瓶可回收加工成其他商品。

4. 促销功能

俗话说"人靠衣裳，马靠鞍"，"三分长相，七分打扮"，这些都非常形象地说明，外在形象的重要性。对于商品而言，商品包装特别是销售包装，是无声的推销员，在商品和消费者之间起媒介作用。商品包装可以美化商品和宣传商品，使商品具有吸引消费者的魅力，引起消费者对商品的购买欲，从而促进销售。

5. 信息传递功能

信息传递功能是指通过包装上的文字说明，向消费者介绍商品的名称、品牌、产地、特性、规格、用途、使用方法、价格、注意事项等。包装还能依靠包装上的图案、照片及开窗包装所显露的商品实物，把商品的外貌展现给消费者，使消费者对商品有感性的认识，加强其购买的信心。随着市场经济的发展，包装的促销功能在商品的销售过程中将得到更加广泛的应用。

6. 提高商品的附加值功能

包装通过优美的造型、色彩、图案来美化商品，把物质的东西与文化的、精神的内涵结合起来，通过包装表现出来，不仅能够满足人的物质需要，还能满足人的精神需要。例如内蒙古的皮酒壶，既是盛酒的包装，又体现了蒙古族的民俗文化，有些制作精美的酒壶还成为旅游者的收藏品。

案例点击

伊利牛奶的包装

伊利牛奶的包装主要包括用于超高温灭菌奶包装的百利包和用于超高温瞬间灭菌奶包装的利乐枕。百利包是由纸、铝、塑组成的无菌复合包装，能有效地把牛奶与空气、光线和细菌隔绝，其中铝箔对于隔绝光线和空气起到了非常重要的作用。百利包不含防腐剂，可以在常温下存放，而且保质期较长。牛奶在流通过程中，要经过仓储、运输批发、零售等多次搬运和周转，而纸箱的销售包装则为货架展示和家庭的使用提供方便。

伊利牛奶的标志性图片包含蓝、绿、红三大基本色以及字体拼写方式等元素，由三道"月牙形"组成的动态的椭圆形围绕着红色的汉字伊利。此外，在象征蓝色的天空和绿色草原的部分增加了阳光的元素，灿烂的阳光在蓝色的晴空中，滋养着万物，也滋养着生命的活力，这与伊利潜在品牌主张相吻合。整个标识给人一种耳目一新的感觉，生动而富有活力，同时，伊利的标识也表达了一种动态的平衡，即伊利所倡导的"绿色产业链"中人与自然的和谐共生。

三、包装的分类

1. 按照包装的目的划分

（1）运输包装。

它是用于安全运输、保护商品的较大单元的包装形式，又称为外包装或大包装。例如，纸箱、木箱、桶、集合包装、托盘包装等。运输包装一般不包括公路、铁路、船舶、航空运输的集装箱。运输包装一般体积较大，外形尺寸标准化程度高，坚固耐用，广泛采用集合包装，表面印有明显的识别标志，主要功能是保护商品，方便运输、装卸和储存。

（2）销售包装。

销售包装是指一个商品为一个销售单元的包装形式，或若干个单体商品组成一个小的整体的包装，亦称为个包装或小包装。销售包装的特点一般是包装件小，要求美观、安全、卫生、新颖、易于携带，印刷装潢要求较高。销售包装一般随商品销售给顾客，起着直接保护商品、宣传和促进商品销售的作用。同时，也起着保护优质名牌商品以防假冒的作用。

2. 按照包装材料划分

（1）纸质包装。

它是以纸与纸板为原料制成的包装，包括纸箱、瓦楞纸箱、纸盒、纸袋、纸管、纸桶等。在现代商品包装中，纸制包装仍占有很重要的地位。从环境保护和资源回收利用的观点来看，纸制包装有广阔的发展前景。

（2）木质包装。

它是以木材、木材制品和人造板材（如胶合板、纤维板等）制成的包装。主要有：木箱、木桶、胶合板箱、纤维板箱和桶、木制托盘等。

（3）金属包装。

金属包装是指以黑铁皮、白铁皮、马口铁、铝箔、铝合金等制成的各种包装。主要有：金属桶、金属盒、马口铁及铝罐头盒、油罐、钢瓶等。

（4）塑料包装。

塑料包装是指以人工合成树脂为主要原料的高分子材料制成的包装。主要的塑料包装材料有聚乙烯（PE）、聚氯乙烯（PVC）、聚丙烯（PP）、聚苯乙烯（PS）、聚酯（PET）等。塑料包装主要有：全塑箱、钙塑箱、塑料桶、塑料盒、塑料瓶、塑料袋、塑料编织袋等。从环境保护的观点来看，应注意塑料薄膜袋、泡沫塑料盒造成的白色污染问题。

（5）玻璃与陶瓷包装。

玻璃与陶瓷包装是指以硅酸盐材料玻璃与陶瓷制成的包装。这类包装主要有：玻璃瓶、玻璃罐、陶瓷罐、陶瓷瓶、陶瓷坛、陶瓷缸等，主要适用于液态商品的包装。

（6）纤维制品包装。

纤维制品包装是指以棉、麻、丝、毛等天然纤维和以人造纤维、合成纤维的织品制成的包装，主要有麻袋、布袋、编织袋等。

（7）复合材料包装。

复合材料包装是指以两种或两种以上材料黏合制成的包装，亦称为复合包装。主要有纸与塑料、塑料与铝箔和纸、塑料与铝箔、塑料与木材、塑料与玻璃等材料制成的包装。

（8）其他天然材料包装。

这类包装主要是指竹类、藤条、柳条、草类等编织物包装，如竹筐、草袋。采用这类包装不仅价格低廉、造型独特，而且还带有一定的乡土特色，比较适合一些农产品和旅游商品的包装。

3. 按照包装内的商品内容划分

商品包装可按包装内商品的内容不同进行划分，可分成建材商品包装、农牧水产品商品包装、食品和饮料商品包装、轻工日用品商品包装、纺织品和服装商品包装、化工商品包装、医药商品包装、机电商品包装、电子商品包装等。

4. 按照包装技术划分

根据包装所采用的不同技术方法，商品包装可以分为防水包装、防潮包装、防虫包装、灭菌包装、真空包装、充气包装、防燃包装等。

四、包装的基本要求

1. 商品包装的总体要求

（1）适应各种流通条件的需要。

要确保商品在流通过程中的安全，商品包装应具有一定的强度、坚实、牢固、耐用。要适用于不同运输方式和运输工具，要适应流通领域中的储存运输条件和强度要求。

（2）适应商品特性。

商品包装必须根据商品的特性，分别采用相应的材料与技术，使包装完全符合商品理化性质的要求。

（3）适应标准化的要求。

商品包装必须推行标准化，即对商品包装的包装容（重）量、包装材料、结构造型、规格尺寸、印刷标志、名词术语、封装方法等加以统一规定，逐步形成系列化和通用化，以便有利于包装容器的生产，提高包装生产效率，简化包装容器的规格，节约原材料，降低成本，易于识别和计量，有利于保证包装质量和商品安全。

（4）包装要"适量、适度"。

包装容器的大小和包装的费用要与包装商品的规格和价值相适宜，预留空间过大或过小，不利于商品的保护和运输，而且还会增加成本，有损消费者利益。误导消费者的"过分包装"，包装的价值远远超过商品的价值更是不可取。

（5）商品包装要做到绿色、环保。

商品包装的绿色、环保要求要从两个方面认识：首先，材料、容器、技术本身对商品、对消费者而言，应是安全的和卫生的。其次，包装的技法、材料容器等对环境而言，应是安全的和绿色的，在选材料和制作上，遵循可持续发展原则、节能、低耗、高功能、防污染，可以持续性回收利用，或废弃之后能安全降解。

2. 商品包装的技术要求

商品包装防护技术针对影响商品质量的内、外物理、化学、生物等因素而采取具体防范措施。

知识点 2　商品包装材料

一、包装材料

包装材料是指用于制造包装容器和用于包装运输、包装装潢、包装印刷的材料、辅助材料以及与包装有关材料的总称。

包装材料在整个包装工业中占有重要地位，是发展包装技术、提高包装质量和降低包装成本的重要基础。因此了解包装材料的性能、应用范围和发展趋势，对于合理地使用包装、创新包装都具有重要意义。

二、包装材料的性能

1. 安全性能

即与内装商品特别是食品直接接触的包装材料，应该不会给商品尤其是食品带来污染或损坏，甚至危害使用者的健康。食品包装材料本身应该是无毒、无异味、无菌甚至具有杀菌作用的。有些食品包装本身无毒，但在一定条件（高温、溶剂、长时间储存）下，会将包装中的有害物质扩散到食品中，危害人的健康，因此在食品包装的选择上和使用上要更加注意。

2. 保护性能

包装材料对内装商品要有一定的保护功能，防止其变质、损坏和污染，应根据不同商品的特性选择适当的包装材料。涉及包装功能的材料性能主要有：机械强度、防潮防水、耐酸碱、耐热、耐寒、避光、防紫外线等。

3. 易加工操作性能

包装材料应该具有易加工、易定型、易填充、易封合以及适应自动包装机械操作且生产效率高等特点。

4. 外观装饰性能

包装材料在色彩、纹理、光泽度、形状等方面要具有一定的美观性，要符合消费者对包装的审美需要，对内装商品起到一定的美化的作用，这样既能提高商品的价值又能激发消费者的购买欲望。

5. 生态环保性能

按照可持续发展的原则，包装材料要有利于生态环境的保护，有利于资源节约。这就要求生产原料要尽量选择可再生的、可被回收利用的。

三、主要包装材料的特点及应用

1. 纸和纸板

纸和纸板是传统的包装材料，仍是现在包装材料的主要支柱，它在众多领域被广泛应用。这种包装材料具有适宜的强度、耐冲击性和耐磨性；无毒、无异味，容易达到卫生要求；具有良好的成型性和折叠性，对于机械化、自动化的包装生产具有良好的适应性；具有可印刷性，便于介绍和美化商品；价格低廉，可节约成本；较轻便，方便运输；可回收利用，有利于环保。

这种包装材料也有一定的弱点，例如气密性、防潮性、透明性差，从而使得某些商品包装不适宜选择该材料。

用纸和纸板制成的包装容器主要有纸箱、纸盒、纸桶、纸袋、纸杯、纸盘等，在纸质包装容器中被应用得最为广泛的是瓦楞纸箱，尤其在日用百货、家用电器、蔬菜水果、服装鞋帽领域。瓦楞纸箱主要由两个平行的平面纸页作为外面纸和内面纸，中间夹着通过瓦楞辊加工成的波形瓦楞芯纸，各个纸页上涂到瓦楞楞峰的黏合剂黏合到一起。瓦楞板主要用于制作外包装箱，用以在流通环节中保护商品，也有较细的瓦楞纸可以用作商品的销售包装材料。其他纸质包装多用于销售包装，纸桶结实耐用，可以盛装颗粒状、粉末状商品；纸杯、纸盘可作为一次性使用的食品包装；纸盒包装可以做成多种形式，能够很好地展示商品和美化商品。

2. 塑料

塑料材料自从20世纪初问世以来，已逐步发展成为使用非常广泛的一种包装材料，在很多领域塑料取代了传统的包装材料，节省了大量的资源。

塑料是一种人工合成的高分子材料，与天然纤维构成的高分子材料，如纸和纸板等不同。塑料高分子聚合时根据聚合方式和成分的不同，会形成不同的形式，也会因为高分子材料加热或冷却的加工环境、条件和加工方法的不同使结晶状态不同，而产生不同的结果，因此最终形成了诸多材料以及性能不同的产品。主要的塑料包装材料如表2-9所示。

表2-9　　　　　　　　　　　　　主要的塑料包装材料

材料名称	特点	用途
聚乙烯（PE）	柔软、无毒无味、化学稳定性强、绝缘性好	多用于药品和食品包装
聚氯乙烯（PVC）	可塑性强，具有良好的装饰性和印刷性能、较高的透光率、较好的化学稳定性和机械性	轻质的聚氯乙烯多用于制造薄膜和包装袋；硬质的聚氯乙烯多用于制造瓶、杯、盒等包装容器，不适宜做食品包装
聚丙烯（PP）	无毒无味、耐冲击、耐腐蚀、耐摩擦、重量轻、绝缘性好	可用于吹塑和真空成型制造各种包装容器和包装材料，不适宜用作香味浓郁商品的包装，不适宜用作长期存放植物油和矿物油
聚苯乙烯（PS）	无毒无味、耐腐蚀、高强度、质量轻	利用改性的聚苯乙烯制作各种包装容器，制作缓冲包装材料
聚酰胺（PA）	无毒、具有良好的冲击韧性和优异的耐磨性、强度大、耐光性好、耐蒸汽加热、气密性好、有较好的印刷和装饰性	主要用于食品的软包装，特别适用于油腻食物的包装，可制作打包带
聚乙烯醇（PVA）	耐水性好、耐油、透气率低	其薄膜能够对食物有较好的保鲜效果，还适用于制作某些化工材料的包装

塑料具有机械性能良好、化学稳定性好、比重较小、加工容易成型、透明度好、生产成本低廉、适用范围广等优点，但是塑料也有一些缺点，如在长期外界因素的作用下容易发生老化，在高温条件下会软化，在低温条件下会变脆，有些塑料还带有异味，某些有害成分可能渗透到商品中，其废弃物处理不当会对环境造成污染。

3. 金属材料

金属材料的包装在19世纪初期开始得到应用，起初是为了满足军队远征时长期保存食物的需要。随着工业化的发展，制造技术的进步，金属包装逐渐成为深受人们喜爱的包装形式。它可以隔绝空气、光线、水汽的进入和香气的散出，密闭性好，抗撞击，可以长时间保存食品。并且，随着印铁技术的发展，外观也越来越漂亮。金属材料的成本较高，一些金属材料如钢铁的化学稳定性差，在潮湿的条件下会生锈，容易受到酸碱的腐蚀，但是在应用的过程中我们可以通过一些技术处理，例如镀锌、涂层等措施增强其耐腐蚀性。现在常用的金属包装材料主要有马口铁皮、铝及铝箔和复合材料等。

近年来，考虑到金属空罐回收处理的成本、节省资源等因素，复合材料的使用以及罐体材料的综合使用越来越得到重视。在容器材料上复合使用塑料膜、铝箔、牛皮纸等材料，可以减轻容器重量、降低价格，空罐也更易回收处理，多用于替代一些液态或粉状的家庭日用品和食品的包装。

4. 玻璃和陶瓷

玻璃作为容器早在古埃及时就得到了应用，玻璃的主要原材料是天然矿石、石英石、烧碱、石灰石等。玻璃具有高度的透明性及抗腐蚀性，与大多数化学品接触都不会发生材料性质的变化。其制造工艺简便，造型自由多变，硬度大，耐热、洁净、易清理，并具有可反复使用等特点。玻璃作为包装材料主要用于食品、油、酒类、饮料、调味品、化妆品以及液态化工产品等，用途非常广泛。但玻璃也有它的缺点，如重量大、运输存储成本较高、不耐冲击等。

陶瓷的化学稳定性和热稳定性均佳、避光性好、密封性好，多用在发酵食品、腌菜、酒类及其他饮品的包装容器上，其造型多样、色彩丰富，特别适用于高级名酒的包装，但陶瓷也有它的缺点，如重量大、运输存储成本较高、不耐冲击等。

5. 其他包装材料

（1）木质材料：木质材料具有耐压、易加工等特点，目前主要用于大型和重型商品的运输包装，常用的木质包装容器有木箱、木桶等。但是由于我国目前森林资源短缺，出于环境保护等因素的考虑，木质包装容器正在减少，被其他的包装容器取代。

（2）天然材料：棉、麻植物纤维等包装材料，具有轻巧、使用方便等特性，主要用于制作各种包装袋，盛装粮食、话梅、中药材等。竹、野生藤、草类等包装材料具有轻便、通风、造型独特、环保等特点，适用于包装各种农副产品。

（3）可食用的包装材料：利用可食用的淀粉、蛋白质、植物纤维和其他天然物质加工成的包装容器，是可以食用的，对人体无害，也不危害环境，有很大的发展空间。

> **案例点击**

绿色环保的纳米包装材料

纳米技术是21世纪三大科学技术之一，纳米包装材料就是用分散相尺寸为1mm～100mm的颗粒或晶体与其他包装材料复合或添加制成的具有纳米级结构单元的纳米复合包装材料。采用纳米技术对传统包装材料进行改性后，材料具有高强度、高硬度、高韧性、高阻隔性、高降解性以及高抗菌能力的特点，使其在最有利于实现包装功能的同时，实现绿色包装材料的环境性能。例如：对塑料进行纳米改性后，便于实现包装的减量化，便于增强材料的可降解性能；对木材进行纳米化改性，可以使低档的木材达到高档木材的性能，从而实现节约资源的目的。纳米抗菌材料是一类具备抑菌性能的新型材料，由于材料本身赋予抗菌性，可以使微生物包括细菌、真菌、酵母菌、藻类以及病毒等的生长和繁殖保持较低的水平。用抗菌材料制成的各种制品，具有卫生自洁功能，可有效避免细菌的传播，由于这一特性，使其在食品包装领域具有广泛的发展前景。果蔬采摘后的包装是保持和提高果蔬价值的重要环节,需要运用综合调节技术延长果蔬贮存期,以满足果蔬贮藏、长途运输等需求,应用抗菌材料和抗菌技术可防止霉毒等微生物对果蔬的侵害,获得较好的保鲜效果。

知识点 3　商品包装装潢设计

包装设计即指选用合适的包装材料,运用巧妙的工艺手段,为包装商品进行的容器结构造型和美化装饰设计。装潢设计最基本的要求就是通过各种艺术手段,准确有力地突出商品形象,瞬间吸引顾客实现,引起顾客的兴趣,激发其购买欲。

装潢设计的基本内容为造型设计、图案设计、文字设计和色彩设计。

一、造型设计

包装造型是装潢美的基础,是表现艺术风格的主题。造型首先要实用,其次要美观,最后要富于变化。包装造型设计的三要素为功能、材料和技术、造型形象,其中功能是目的,它对包装形象有着决定性的影响;材料和技术是造型的物质技术保证;造型形象既是功能的载体,同时又载荷着审美信息,它不仅要实用、经济,而且要满足不同人的审美情趣。

还要指出的是,进行包装造型设计不是越复杂越好,复杂不利于大批量生产,包装造型设计要简约,这是包装的实用性所决定的。

> **案例点击**

星巴克的圣诞杯

寒冷的圣诞夜,捧一杯温暖的咖啡是件特别幸福又浪漫的事。对许多咖啡品牌来说,圣诞限定的纸杯已经成为圣诞营销中必不可少的一部分。

1997 年起,星巴克开始在 11 月推出圣诞节限定的红色纸杯。时至今日,星巴克圣诞红杯已经和黑五的折扣一样,成为美国乃至其他国家 Holiday Season 的标志之一。2016 年,推出 13 款图样的圣诞红杯,这 13 款图案是从 2015 年星巴克在 Instagram 上发起的红杯艺术活动中选出的,共有来自 13 个国家的 1 200 多份作品参加了活动。最后选出的 13 个作品也来自印度尼西亚、美国、韩国、加拿大等世界各地的创作者,这些来自日常生活体验的灵感充满了让人亲切又熟悉的冬季元素。其中"雪花毛衣"的创作者是来自俄国彼得堡的 Alisa,她在喝圣诞姜饼人拿铁的时候想到了这个设计,创意来自身上穿着的、让人觉得慵懒舒适的雪花驯鹿图案的毛衣。而迷你杯的"旋转"来自加拿大一个法律学校的毕业生 Erica,创作这款杯子时,她正在照顾刚做完膝盖手术的姐姐,姐姐那时候因为腿脚不便只能躺在沙发里,她们一起花了许多时间在杯子上画圈圈,因而有了这款全是圈圈和旋转的圣诞红杯。"圣诞花"是加州一个

景观设计专业的学生创作的,她是学景观设计的,工作就是通过城市景观把人和自然联系在一起,因而她把圣诞花画到了杯子上,旨在唤起人们对环境的关注。"丛林麋鹿"是一个正在休产假的发型师的闲暇之作,创作图案的时候她的女儿刚满三周,于是这个闲不下来的妈妈就在女儿睡午觉的时候创作,她把自己心中的圣诞传统画到了杯子上:圣诞老人的麋鹿、槲寄生和雪花。

圣诞杯这种营销手段虽然年复一年,但向消费者传达了节日的温度、营造了温暖的氛围,这样的营销深入人心。

二、图案设计

包装装潢的图形主要指产品的形象和其他辅助装饰形象等。图形作为设计的语言,就是要把形象的内在、外在的构成因素表现出来,以视觉形象的形式把信息传达给消费者。要达到此目的,图形设计的定位准确是非常关键的。定位的过程即是熟悉产品全部内容的过程,对商品的性能、商标、品名的含义及同类产品的现状等诸多因素都要加以熟悉和研究。图案设计常常运用多种艺术手法,如装饰画、素描、书法、剪纸、雕塑、摄影等。绘画是包装装潢设计的主要表现形式,根据包装整体构思的需要绘制画面,为商品服务。与摄影写真相比,它具有取舍、提炼和概括自由的特点。然而,商品包装的商业性决定了设计应突出表现商品的真实形象,要给消费者直观的形象,所以用摄影表现真实、直观的视觉形象是包装装潢设计的最佳表现手法。

三、文字设计

文字是传达思想、交流感情和信息、表达某一主题内容的符号。商品包装上的牌号、品名、说明文字、广告文字以及生产厂家、公司或经销单位等,反映了包装的本质内容。设计包装时必须把这些文字作为包装整体设计的一部分来统筹考虑。包装装潢设计中的文字设计的要点有:文字内容简明、真实、生动、易读、易记;字体设计应反映商品的特点、性质,有独特性,并具备良好的识别性和审美功能;文字的编排与包装的整体设计风格应和谐。

四、色彩设计

色彩对人的直接刺激最为强烈,在包装设计中应占据重要的位置。色彩同样能传递各种信息,表达丰富的寓意,唤起人的美好想象,从而带来商品的销售。在进行包装设计时,色彩的运用要考虑商品的特性以及不同的颜色给消费者带来的不同的心理效应。

资料链接

不同色彩带来的心理效应

红色:视觉刺激强,让人觉得活跃、热烈,有朝气。在人们的观念中,红色往往与吉祥、好运、喜庆相联系，因此，在喜庆的场合多用红色。

黄色：是明亮和娇美的颜色，有很强的光明感，使人感到明快和纯洁。幼嫩的植物往往呈淡黄色，可带来新生、单纯、天真的联想，还可以让人想起极富营养的蛋黄、奶油及其他食品。

橙色：明度柔和，使人感到温暖又明快。一些成熟的果实往往呈现橙色，富于营养的食品（面包、糕点）也多是橙色。因此，橙色又易引起营养、香甜的联想，是易于被人们所接受的颜色。

蓝色：是极端的冷色，具有沉静和理智的特性。蓝色易于使人产生清澈、超脱、远离世俗的感觉。

绿色：具有蓝色的沉静和黄色的明朗，又与人的生命相一致、相吻合，因此，它具有平衡人类心境的作用，是易于被接受的色彩。

紫色：具有优美高雅、雍容华贵的气度。含红的个性，又有蓝的特征。

黑色：具有包容和侵占性，可以衬托高贵的气质，也可以流露不可征服的霸气，带有神秘的意思。

包装装潢设计中的色彩要求醒目，对比强烈，有较强的吸引力和竞争力，以唤起消费者的购买欲望，促进销售。例如，食品类常用鲜明丰富的色调，以暖色为主，突出食品的新鲜、营养和味道；医药类常用单纯的冷暖色调；化妆品类常用柔和的中间色调；小五金、机械工具类常用蓝、黑及其他沉着的色块，以表示坚实、精密和耐用的特点；儿童玩具类常用鲜艳夺目的纯色和冷暖对比强烈的各种色块，以符合儿童的心理和爱好；体育用品类多采用明亮的色块，以增加活跃、运动的感觉。不同的商品有不同的特点与属性。设计者要研究消费者的习惯和爱好以及国际、国内流行色的变化趋势，以不断增强消费者心理学意识。

案例点击

红星二锅头创意包装改变品牌形象

作为一家有着50多年历史的酿酒企业，北京红星股份有限公司（以下简称"红星公司"）生产的红星二锅头历来是北京市民的餐桌酒，一直受到老百姓的喜爱。然而，由于在产品包装上一直是一副"老面孔"，使得红星二锅头始终走在白酒低端市场，无法获取更高的经济效益。

随着红星青花瓷珍品二锅头的推出，红星二锅头第一次走进了中国的高端白酒市场。红星青花瓷珍品二锅头在产品包装上融入中国古代文化的精华元素。酒瓶采用仿清乾隆青花瓷官窑贡品瓶型，酒盒图案以中华龙为主体，配以紫红木托，整体颜色构成以红、白、蓝为主，具有典型中华文化特色。该包装在中国第二届外观设计专利大赛颁奖典礼上荣获银奖。国家知识产权局的领导在看了此款包装以后表示，"这款产品很有创意，将中国的传统文化与白酒文化结合在一起，很成功"。红星青花瓷珍品二锅头酒是红星公司50多年发展史上具有里程碑意义的一款重要产品，它的推出，使得红星二锅头单一的低端形象得到了彻底的颠覆，不但创造了优异的经济效益，还提高了公司形象、产品形象和品牌形象。除了红星青花瓷珍品二锅头以外，红星公司还推出了红星金樽、金牌红星、百年红星等多款带有中国传统文化元素包装的高档白酒。

知识点 4　商品包装标志

商品包装标志按其功能及用途大致可分为销售包装标志（包括识别标志）、运输包装标志（包括指示标志）。

一、销售包装标志

销售包装标志是指赋予商品销售包装容器的一切标签、吊牌、文字、符号、图形及其他说明物，它是生产者、销售者传达商品信息，表现商品特色，推销商品的主要手段，是消费者选购商品，正确保存养护商品及科学消费的指南。

销售包装的基本内容包括：商品名称、商标、规格、数量、成分、产地、用途、功效、使用方法、保养方法、批号、品级、商品标准代号、条码等。下面以食品商品为例进行介绍。

食品名称：必须采用表明食品真实属性的专用名称。

配料表：除单一原料的食品外，标签上必须标有配料表，且所有配料必须按加入量（重量或体积）从多到少依次排列，若是特殊需要食品，如婴幼儿食品、膨化食品、特殊营养食品等，必须按商品标准要求增加成分表。

净含量及固形物重量：必须标明食品在每个容器中的净含量。一般的标注方法是：液态食品用体积、固态食品用重量、半固态或浆状食品用重量或体积；包装中充填有液体介质的食品时，除标明总净重量外，还必须标明食品的固形物重量；同一包装中如果含有互相独立且品质相同、形态相近的几件食品，则在注明总净重量的同时，还应注明商品数量。

厂名：必须标明制造、包装、批发、进口分装、出口或销售任意一个单位的准确名称、地址和电话。

批号：必须注明生产批号。

日期标志及储藏指南：必须标明生产日期、保存期或保质期，如果与保质期有关，则还必须标明该食品的储藏方法。另外在标签上要附加包装开启方法、食用方法、烹饪再制方法等，以帮助消费者正确使用。

质量等级：指商品标准中对质量等级已作规定的食品，应根据批验结果按规定要求标明该商品的等级。

商品标准代号：指已经制定了商品标准的食品，必须标明其标准代号。除了上述要求外，对已经获准注册商标及商品条码标识的商品，包装标签上应标上商标和商品条码。

> 案例点击

月饼包装

中秋节吃月饼、赏月是中国人自古的风俗。因此，每年中秋节前夕，一场关于月饼的销售战屡屡在各大商家上演。月饼作为一种寄托团圆、思念之情的特殊食品和商品，其包装被赋予了更多的文化内涵。月饼作为一种特殊的商品，具有独有的文化属性，而独有的文化属性又决定了它的包装属性。月饼代表的就是中秋，而中秋则意味着团圆，所以无论月饼的包装怎样改变，它的主体要素都是不会改变的。虽然月饼的价格高低不等，所使用的包装材料、创意也是多种多样，但其包装的风格和主要要素还都是围绕着月亮、团圆等中秋节独有的文化。月饼包装主要的诉求点应该是中国独有的中秋文化，无论包装的材料、图案、创意发生怎样的变化，都不应该脱离这个诉求主题，一旦脱离就失去了商品包装的原有目的。现在很多商家对月饼进行豪华包装、过度包装，月饼的包装甚至已经超过了月饼本身价值的上百倍，这不但脱离了包装的原有目的和功能，也造成了极大的资源浪费。月饼的包装强调的是创意、是文化，而不应该是豪华、奢侈。

二、运输包装标志

运输包装是在运输包装外面印制的，用简单的文字、图形表示的特定记号和说明事项。它是商品在储存、运输、装卸等物流环节中不可缺少的信息标志。运输包装标志按表现形式可分为文字标志和图形标志；按内容和作用又可以分为收发货标志、包装储运图示标志和危险货物包装标志。

1. 收发货标志

收发货标志是指包装件上的商品分类图示及其他标志和其他的文字说明排列格式的总称。国家标准局在1986年5月发布并于1987年4月实施的国家标准《运输包装收发货标志》(GB6388—1986)统一规定了收发货标志的代号、项目中英文名称及含义和商品分类图示标志（见表2-10和图2-12）。此外，商品分类图形标志的尺寸，收发货标志的字体、颜色、标志方式、标志位置等，在《运输包装收发货标志》(GB6388—1986)中均有具体规定。

表2-10　　　　　　　　　　运输包装收发货标志

序号	项目			含义
	代号	中文	英文	
1	FL	商品分类图示标志	CLASSIFICATION MARKS	表明商品类别的特定符号
2	OH	供货号	CONTRACT No.	供应该批货物的供货清单号码（出口商品用合同号码）
3	HH	货号	ART No.	商品顺序编号。以便出入库、收发货登记和核定商品价格
4	PO	品名规格	SPECIFICATIONS	商品名称或代号，标明单一商品的规格、型号、尺寸、花色等

续前表

序号	项目			含义
	代号	中文	英文	
5	SL	数量	QUANTITY	包装容器内含商品的数量
6	ZL	重量（毛重）（净重）	GBOSS WT NET WT	包装件的重量（kg），包括毛重和净重
7	CQ	生产日期	DATE OF RRODUCTION	产品生产的年、月、日
8	CC	生产工厂	MANUFACTURER	生产该产品的工厂名称
9	TJ	体积	VOLUME	包装件的外径尺寸长×宽×高（cm），即体积（m³）
10	XQ	有效期限	TERM OF VALIDITY	商品有效期至×年×月
11	SH	收货地点和单位	PLACE OF DESTINATION AND CONSIGNEE	货物到达站、港和某单位（人）收（可用贴签或涂写）
12	FH	发货单位	CONSIGNOR	发货单位（人）
13	YH	运输号码	SHIPPING No.	运输单号码
14	JS	发运件数	SHIPPING PLECES	发运的件数
说明	1. 分类标志一定要有，其他各项合理选用 2. 外贸出口商品根据国外客户的要求，以中、外文对照，印刷相应的标志和附加标志 3. 国内销售的商品包装上不填英文项目			

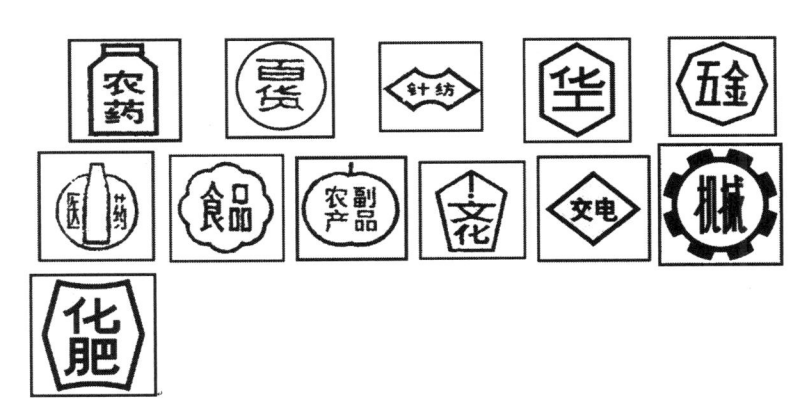

图 2-12 商标分类图示标志

2. 包装储运图示标志

包装储运图示标志是根据不同商品对物流环境的适应能力，在运输包装上用醒目、简洁的图形和文字标明货物在装卸、运输及储存等过程中应注意的事项。国家标准《包装储运图示标志》（GB191—2008），将该标志颜色定为黑色，规定了包装储运图示标志的名称、图形符号、尺寸、颜色及应用方法。包装储运图示标志如图 2-13 所示。

图 2-13　包装储运图示标志

3. 危险货物包装标志

危险货物包装标志是用来标明化学危险品的专用标志。为了能引起人们的特别警惕，此类标志采用特殊的彩色或黑白菱形图示。危险货物包装标志的图案、尺寸、颜色及使用方法在国家标准《危险货物包装标志》（GB190—2009）中均有明确的规定。危险货物包装标志如表 2-11 所示。

表 2-11　　　　　　　　　　　危险货物包装标志

包装标志 1 爆炸品标志 （符号：黑色；底色：橙红色）	包装标志 2 爆炸品标志 （符号：黑色；底色：橙红色）	包装标志 3 爆炸品标志 （符号：黑色；底色：橙红色）
包装标志 4 易燃气体标志 （符号：黑色或白色；底色：正红色）	包装标志 5 不燃气体标志 （符号：黑色或白色；底色：绿色）	包装标志 6 有毒气体标志 （符号：黑色；底色：白色）
包装标志 7 易燃液体标志 （符号：黑色或白色；底色：正红色）	包装标志 8 易燃固体标志 （符号：黑色或白色；底色：白色红条）	包装标志 9 自燃物品标志 （符号：黑色；底色：上白下红）

包装标志 10 通湿易燃物品标志 （符号：黑色或白色； 底色：蓝红）	包装标志 11 氧化剂标志 （符号：黑色；底色： 柠檬黄色）	包装标志 12 有机过氧化物标志 （符号：黑色；底色： 柠檬黄色）
包装标志 13 剧毒品标志 （符号：黑色；底色： 白色）	包装标志 14 有毒品标志 （符号：黑色；底色： 白色）	包装标志 15 有害品标志 （符号：黑色；底色： 白色）
包装标志 16 感染性物品标志 （符号：黑色；底色： 白色）	包装标志 17 一级放射性物品标志 （符号：黑色；底色： 白色，附一条红竖 线）	包装标志 18 二级放射性物品标志 （符号：黑色；底色： 上黄下白，附两条红 竖线）
包装标志 19 三级放射性物品标志 （符号：黑色；底色： 上黄下白，附三条红 竖线）	包装标志 20 腐蚀品标志 （符号：上黑下白； 底色：上白下黑）	包装标志 21 杂类标志 （符号：黑色；底色： 白色）

三、商标

商标是商品生产者或经营者为把自己生产或经营的商品与其他企业生产或经营的同类商品显著地区分开来，而使用在一定商品、商品包装和其他宣传品上的专用标记。商标经工商行政管理部门登记注册并予以公布后，禁止他人使用，享有专用权，并受到法律保护。

1．商标的作用

（1）区分商品的生产者和经营者。

区分不同商品或服务的生产者和经营者是商标最重要、最本质的功能和来源。在现代社会，同一商品的生产厂家成百上千，同一性能的服务比比皆是，消费者在进行购买时如何做出选择，商标往往成为消费者选择的依据。商标不仅仅能够区分产品和服务，还代表着商品的质量的信誉，代表着品牌的知名度。

（2）有利于保证商品质量。

商品或服务的质量是商标信誉的基础。商标与所指定的商品或服务是互为作用的，商标信誉可反映质量，质量稳定又可提高商标信誉。在引导消费者认牌消费的同时，又鞭策、促进生产者或经营者为维护自己的商标信誉而努力提高产品或服务的质量。

（3）有利于市场竞争和开拓市场。

商标代表着信誉和质量，信誉和质量关系到市场占有率。商标的信誉好，在一定程度上说明商品的品质好，那么它的市场竞争力越大，其经济效益就越高。因此说，商标是商战的利器，一种商品要打开销路，为广大消费者所认识，除保证质量的可靠性外，还必须通过商标这一焦点进行广告宣传，刺激消费者的购买欲望，使消费者以最快捷的途径认识商品，从这一角度上讲，商标又是开拓市场的先锋。

（4）商标是无形资产。

可靠的产品质量，会使其商标声名远播，不断升值，使企业的经济效益越来越好。有时甚至其产地的行政区划名称不为人们所知晓,而其商标名称则广为人们所熟知。从这个意义上讲,注册商标是无价之宝,是无形的财富。经营好的企业在不断扩大规模增加投资的同时也在创造企业的无形资产,该无形资产在不断升值,并且增速远远大于固定资产价值的增速。

2. 商标的分类

(1) 按商标的结构分类。

1) 文字商标:是指仅用文字构成的商标,包括中国汉字和少数民族字、外国文字和阿拉伯数字或以各种不同字组合的商标。

2) 图形商标:是指仅用图形构成的商标。图形商标又分为:

a. 记号商标:是指用某种简单符号构成图案的商标。

b. 几何图形商标:是以较抽象的图形构成的商标。

c. 自然图形商标:是以人物、动植物、自然风景等自然的物象为对象所构成的图形商标。

3) 字母商标:是指用拼音文字或注音符号的最小书写单位,包括拼音文字,外文字母如英文字母、拉丁字母等所构成的商标。

4) 数字商标:指用阿拉伯数字、罗马数字或者是中文大写数字所构成的商标。

5) 三维标志商标:又称为立体商标,指用具有长、宽、高三种度量的三维立体物标志构成的商标标志,它与我们通常所见的表现在一个平面上的商标图案不同,而是以一个立体物质形态出现,这种形态可能出现在商品的外形上,也可以表现在商品的容器或其他地方上。

6) 颜色组合商标:是指由两种或两种以上的彩色排列、组合而成的商标。文字、图案加彩色所构成的商标,不属颜色组合商标,只是一般的组合商标。

7) 音响商标:以音符编成的一组音乐或以某种特殊声音作为商品或服务的商标即是音响商标。如美国一家唱片公司使用11个音符编成一组乐曲,把它灌制在他们所出售的录音带的开头,作为识别其商品的标志。这个公司为了保护其音响的专用权,防止他人使用、仿制而申请了注册。音响商标目前只在美国等少数国家得到承认,在中国尚不能注册为商标。

8) 气味商标:气味商标就是以某种特殊气味作为区别不同商品和不同服务项目的商标。目前,这种商标只在个别国家被承认为商标,在中国尚不能注册为商标。

(2) 按商标的享誉程度分类。

1) 普通商标:指在正常情况下使用未受到特别法律保护的绝大多数商标。

2) 驰名商标:指在较大地域范围(如全国、国际)的市场上享有较高声誉,为相关公众所普遍熟知,有良好质量信誉,并享有特别法律保护的商标。

知识点5 商品包装技法

商品包装技法是指包装操作时采用的技术和方法。只有通过包装技法,才能使包装与商品形成一个整体。包装技法与包装的各种功能密切相关,特别是与保护功能关系密切。采用各种包装技法的目的,是有针对性地合理保护不同特性商品的质量。为了取得更好的保护效果，可将两种或两种以上技法组合使用。随着科学技术的进步，商品包装技法正在不断发展和完善。

一、泡罩包装与贴体包装

泡罩包装是将商品封合在用透明塑料薄片形成的泡罩与底板之间的一种包装方法。贴体包装是将商品放在能透气的、用纸板或塑料薄片制成的底板上，上面覆盖加热软化的塑料薄片，通过底板抽真空，使薄片紧密包贴商品，且四周封合在底板上的一种包装方法。泡罩包装和贴体包装多用于日用小商品的包装，其特点是透明直观，保护性好，便于展销。

二、真空包装与充气包装

真空包装是将商品装入气密性包装容器，抽去容器内部的空气，使密封后的容器内达到预定真空度的一种包装方法。这种方法一般用于高脂肪低水分的食品包装，其作用主要是排除氧气，减少或避免脂肪氧化，而且可以抑制霉菌或其他好氧微生物的繁殖。真空包装如用于轻纺工业品包装，能缩小包装商品的体积，减少流通费用，同时还能防止虫蛀、霉变。充气包装是在真空包装的基础上发展起来的，它是将商品装入气密性包装容器中，用氮、二氧化氮等惰性气体置换容器中原有空气的一种包装方法。充气包装主要用于食品包装，其作用是能减慢或避免食品的氧化变质，亦可防止金属包装容器由于罐内外压力不等而易发生的瘪罐问题。另外，充气包装技法还用于日用工业品的防锈和防霉。

三、收缩包装

收缩包装是以收缩薄膜为包装材料，将其包裹在商品外面，通过适当温度加热，使薄膜受热自动收缩紧包商品的一种包装方法。收缩薄膜是一种经过特殊拉伸和冷却处理的塑料薄膜，内含有一定的收缩应力，这种应力重新受热后会自动消失，使薄膜在其长度和宽度方向急剧收缩，厚度加大，从而使内包装商品被紧裹，起到良好的包装效果。收缩包装具有透明、紧凑、均匀、稳固、美观的特点，同时由于密封性好，还具有防潮、防尘、防污染、防盗窃等保护作用。收缩包装适用于食品、日用工业品和纺织品的包装，特别适用于形态不规则商品的包装。

四、无菌包装

无菌包装适于液体食品包装，是在罐头包装的基础上发展而成的一种新技术。无菌包装是先将食品和容器分别杀菌并冷却，然后在无菌室进行包装和密封。和罐头包装相比，无菌包装的特点是：能较好地保存食品原有的营养素、色、香、味和组织状态；杀菌所需的热能比罐头少25%～50%；因冷却后包装可以使用不耐热、不耐压的容器，如塑料瓶、纸板盒等，既降低成本，又便于消费者开启。

五、硅窗气调包装

硅窗气调包装是在塑料袋上烫接一块硅橡胶窗，通过硅橡胶窗上的微孔调节气体成分组成的一种方法。这种方法适用于果蔬的包装。硅窗的透气性比聚乙烯或聚氯乙烯大几十倍到几百倍，从而使果蔬生理代谢所需要的氧气和排出的二氧化碳、乙烯等能通过硅窗与包装体外的大气进行交换。由于包装创造的小气候适宜于果蔬保藏的需要，所以用硅窗气调包装果蔬使其耐储性增强。

六、防潮包装

防潮包装是采用具有一定隔绝水蒸气能力的材料，制成密封容器，运用各种技法阻隔水蒸气对内装商品的影响。在防潮包装材料中金属和玻璃最佳；塑料次之；纸板、木板最差。常用的防潮技法有多层密封、容器抽真空或充气、加干燥剂等。

七、缓冲包装

缓冲包装是指为了减缓商品受到冲击和震动，确保其外形和功能完好而设计的具有缓冲减震作用的包装。一般的缓冲包装有三层结构，即内层商品、中层缓冲材料和外层包装箱。缓冲材料在外力作用时能有效地吸收能量，及时分散作用力而保护商品。缓冲包装依据商品的性能特点和运输装卸条件，分为全面缓冲法、部分缓冲法和悬浮式缓冲法。全面缓冲法是在商品与包装之间填满缓冲材料，对商品所有部位进行全面缓冲保护。部分缓冲法是在商品或内包装件的局部或边角部位施用缓冲材料衬垫。这种方法对于某些整体性好或允许加速度较大的商品来说，既不减低缓冲效果，又能节约缓冲材料，降低包装成本。对于允许加速度小的易碎或贵重物品，为了确保安全，可以采用悬浮式缓冲法。这种方法采用坚固容器的外包装，将商品或内包装（商品与内包装之间合理衬垫）用弹簧悬吊固着在外包装容器中心，通过弹簧缓冲作用保护商品，以求万无一失。

八、集合包装

集合包装是指将若干包装件或商品组合成一个合适的运输单元或销售单元。从商品销售的角度来看，集合包装或称为组合包装，能节约消费者的购物时间，同时有扩大销售的作用。从商品运输的角度来看，集合包装具有安全、快速、简便、经济、高效的特点。常见的集合包装有集装箱和托盘集合包装。

1. 集装箱

集装箱是集合包装最主要的形式。集装箱是指具有固定规格和足够强度，能装入若干件货物或散装货的专用于周转的大型容器。

根据国际标准化组织的建议，集装箱应具有如下特点和技术要求：

（1）材质坚固耐久，具有足够的强度，可反复使用。

（2）适应各种运输形式，便于货物运送，在通过一种或多种运输方式进行运输时，中途转移不动箱内货物可直接换装。

（3）备有便于装卸和搬运的专门装置，能进行快速装卸与搬运，可以从一种运输工具直接方便地换装到另一种运输工具上。

（4）形状整齐划一，便于货场装卸和堆码，能充分利用车、船、货场等容积，同时便于货物的装满和卸空。

（5）具有 1 立方米以上的容积。

集装箱有多种类型，按材料分有钢制、铝合金制、玻璃钢制和不锈钢制四类。

（1）钢制集装箱强度高，结构牢固，焊接性和水密性好，价格较低；但自重大，装货量小，易锈蚀，使用年限较短。

（2）铝合金集装箱自重轻，不生锈，外表美观，如在板表面涂一层特殊的涂料，能防海水腐蚀。铝合金集装箱的使用年限高于钢制集装箱。

（3）玻璃钢集装箱是在钢制集装箱框架上安装玻璃钢复合板构成的，其特点是强度高，刚性好，同时隔热性、防腐性、耐化学性都较好，不生锈，易着色，外表美观。它的缺点是自重大，树脂存在老化问题。

（4）不锈钢集装箱强度高，耐锈蚀性好，在使用期内无须进行维修保养，使用率高；但由于价格较高，限制了其广泛使用。

随着集装箱运输的发展，为了适应装载不同类型的商品，出现了不同用途的集装箱。例如，有适合装日用百货的通用集装箱；有适合装大型货物和重货的敞顶式集装箱和平板式集装箱；有适合装鲜活食品的通风集装箱；有适合装易腐性食品和液体化学品的罐式集装箱；有适合装颗粒状、粉末状货物的散装货集装箱；还有适合装汽车的汽车集装箱。

2. 托盘集合包装

托盘集合包装是指在一件或一组货物下面附加一块垫板，板下有角，形成插口，方便铲车的铲叉插入，进行搬运、装卸、堆码作业。这种货物与特制垫板的组合称为托盘集合包装。托盘集合包装兼备包装容器和运输工具的双重作用，是使静态货物转变为动态货物的媒介物。它的最大特点是使装卸作业化繁为简，完全实现机械化；同时可以简化单体包装，节省包装费用，保护商品安全，减少损失和污染；还能够进行高层堆垛，合理利用存储空间。托盘按制作材料可分为木托盘、胶合板托盘、钢托盘、铝托盘、塑料托盘和纸托盘等。托盘按组合形式分为平板式托盘和非平板式托盘，非平板式托盘包括箱式托盘、立柱式托盘和框架式托盘等。近些年国际上出现了集装滑片，它是一种新型托盘，它的作用与一般托盘一样，都是用来集装货物，以便使用机械进行装卸和搬运作业。滑片的形状不同于普通托盘，它在片状平面下方无插口，但在操作方向上有突起的折翼，以便于配套的铲车进行操作。滑片托盘质轻体薄，成本低廉，功能亦完好，故目前正得到发展。

单元 5　商品养护管理

知识点 1　商品的质量变化

商品养护是指商品在储存和运输过程中所进行的保养和维护。从广义上说，商品从离开生产领域而未进入消费领域之前的这段时间的保养与维护工作，都称为商品养护。

商品在储存和运输期间，由于商品本身的性能特点，以及受各种外界因素的影响，可能发生各种各样的质量变化，导致商品的数量损耗和质量的下降。研究流通过程中商品的质量变化，了解商品质量变化的规律及影响质量变化的因素，并有针对性地采取相应的养护措施，对确保商品安全，防止、减少商品损耗，减缓商品质量下降有十分重要的作用。

商品储存和运输过程中的质量变化，按引起变化的因素分为物理机械、化学、生理生化以及生物学的变化。

一、商品的物理机械变化

商品的物理变化是只改变物质本身的外表形态，不改变其本质，没有新物质的生成，并且可能反复进行的质量变化现象。商品的机械变化是指商品在外力的作用下，发生形态变化。商品产生物理机械变化的主要原因有自然环境因素、商品本身的某些特性和人为因素。物理机械变化的结果使商品数量减少或质量降低，甚至使商品失去使用价值。商品的物理机械变化主要有挥发、溶化、熔化、渗漏、串味、脆裂和干缩、沉淀、玷污、破碎和变形等。

1. 挥发

挥发是低沸点的液体商品（如酒精、汽油）或经液化的气体商品（如液态氨），在空气中经汽化而散发到空气中的现象。这种挥发速度与气温的高低、空气流动速度的快慢、液体表面接触空气面积的大小成正比关系，液体商品的挥发不仅降低有效成分，增加商品损耗，降低商品质量，某些燃点很低的商品还可能容易引起燃烧或爆炸；有些商品挥发的蒸汽有毒性或麻醉性，容易造成大气污染；一些商品，受到气温升高的影响，体积膨胀，使包装内部压力增大，可能发生爆破。常见易挥发的商品有酒精、白酒、香精、花露水、香水、化学试剂中的各种溶剂、医药中的一些试剂、部分化肥农药、油漆等。

防止商品挥发的主要措施是加强包装的密封性，此外，还要控制仓库温度，高温季节要采取降温措施，保持在较低温度条件下储存，以防止挥发。

2. 溶化

溶化是指具有吸湿性和水溶性两种性能的固体商品在保管过程中或环境中的水分达到一定数量程度时，溶化成液体的现象。

易溶化的商品有食糖、糖果、食盐、明矾、硼酸、甘草硫浸膏、氯化钙、氯化镁、尿素、硝酸铵、硫酸铵、硝酸锌、硝酸锰等。

商品溶化与空气温度、湿度、堆码高度有密切关系。在保管过程中，对易溶化商品应按商品性能，分区分类存放在干燥阴凉的库房内，不能与含水分较大的商品同储。在堆码时要注意底层商品的防潮和隔潮，垛底要垫得高一些，同时注意堆码不宜过高，并采取吸潮和通风相结合的温、湿度管理方法来防止商品吸湿溶化。

3. 熔化

熔化是指低熔点的物体受热后发生软化以至变化为液体的现象。

常见易熔化的商品有蜡烛、复写纸、蜡纸、圆珠笔芯、松香、硝酸锌、胶囊、糖衣片等。

商品的熔化除受气温高低的影响外，与商品本身的熔点、商品中杂质的种类和含量高低密度有关。熔点越低，越易熔化；杂质含量越高，越易熔化。商品熔化，有时会造成商品流失，粘连包装，玷污其他商品；有时因产生熔解热而体积膨胀，使包装爆破；有时因商品软化而使货垛倒塌。因此在储存过程中，应根据商品的熔点高低，选择阴凉通风的库房储存。同时应采用密封和隔热措施，加强库房的温度管理，尽量减少温度的影响。

4. 渗漏

渗漏主要是指液体商品，特别是易挥发的液体商品，由于包装容器不严密，包装质量不符合商品性能的要求，或在搬运装卸时碰撞震动破坏了包装，而使商品发生跑、冒、滴、漏的现象。

商品渗漏与包装材料性能、包装容器结构及包装技术优劣有密切关系，还与仓储湿度变化有关。对液体商品应加强对包装入库验收检查和在库商品的定期检查及温、湿度控制和管理。

5. 串味

串味是指吸附性较强的商品吸附其他气体，从而改变本来气味的现象。

具有吸附性、易串味的商品，主要是它的成分中含有胶体物质，以及疏松、多孔性的组织结构。影响商品串味的因素主要有商品的表面状况、与异味物质接触面积的大小、接触时间的长短以及环境中的浓度等。

常见易被串味的商品有大米、面粉、木耳、食糖、饼干、茶叶、香烟等。常见的引起其他商品串味的商品有汽油、煤油、香皂、化妆品、农药等。对易被串味的商品要尽量采取密封包装，在储存和运输中不得与有强烈气味的商品同车、船运输或同库储藏，同时还要注意运输工具和仓储环境的清洁卫生。

6. 脆裂和干缩

脆裂和干缩是指某些吸湿性商品如纸张、木制品、皮革制品等，在干燥的空气中严重失水而引起商品质量变化的现象。这类商品在储存和运输中应注意防日晒、风吹，注意控制环境的相对湿度，使其含水量保持在合理的范围内。

7. 沉淀

沉淀指含有胶质和易挥发成分的商品（如墨汁），在低温或高温等因素影响下引起部分物质的凝固，进而发生沉淀或膏体分离的现象。对于易产生沉淀的商品，应根据其特点，防止阳光照射，做好冬季保温工作和夏季降温工作。

8. 玷污

玷污是指商品外表沾有其他脏物、染有其他污秽的现象。商品受玷污现象主要是由于生产、储运条件差及包装不严所致。对一些外观质量要求较高的商品，如绸缎呢绒、纺织品、服装等要注意防玷污，精密仪器、仪表类也应特别注意。

9. 破碎和变形

破碎和变形是指商品在外力作用下发生的形态改变。

商品的破碎主要是脆性较大的商品，如玻璃、陶瓷、搪瓷制品等因包装不良，在搬运过程中受到碰撞挤压或抛掷而破碎、掉瓷、变形等。商品的变形通常是塑性较大的商品，如铝制品、皮革、塑料、橡胶等制品由于受到强烈的外力撞击或长期挤压，丧失回弹性能,从而发生形态改变。

对于容易发生破碎和变形的商品,应注意妥善包装,轻拿轻放。在库堆垛高度不能超过一定的压力限度。

二、商品的化学变化

商品的化学变化是指不仅改变物质的外表形态,也改变物质的本质,并生成新物质,且不能恢复原状的变化现象。商品发生化学变化,严重时会使商品完全丧失使用价值。商品的化学变化主要有氧化、分解、水解、老化、锈蚀等。

1. 氧化

氧化是指商品与空气中的氧或其他氧化性物质,所发生的与氧相结合的变化。

商品发生氧化,不仅会降低商品的质量,有的还会在氧化过程中产生热量,发生自燃,至会发生爆炸。

容易发生氧化的商品品种比较多,如化工原料中的亚硝酸钠、亚硫酸钠、保险粉(可用于漂白)等都属于易氧化的商品;棉、麻、丝、毛等纤维织品,长期同日光接触,发生变色的现象,是由于纤维织品中的纤维被氧化的结果;桐油布、油布伞、油纸等桐油制品,在还没有干透的情况下进行打包储存,就容易发生自燃。

2. 分解

分解是指某些性质不稳定的商品,在光、电、热、酸、碱及潮湿空气的作用下,由一种物质生成两种或两种以上物质的变化现象。

商品发生分解反应后,不仅其数量减少、质量降低,有的还会在反应过程中,产生一定的热量和可燃气体,引起燃烧或爆炸,有时生成的新物质还有危害性。如双氧水(过氧化氢)是一种不稳定的强氧化剂和杀菌剂,在常温下会逐渐分解,其有效成分降低,并降低杀菌能力。

3. 水解

水解是指某些商品在一定条件下(如酸性或碱性条件),遇水所发生分解的现象。商品的品种不同,在酸或碱的催化作用下,所发生的水解情况也不相同。如棉纤维在酸性溶液中,尤其是在强酸的催化作用下,容易发生水解,分子链节断裂,降低纤维的强度,而棉纤维在碱性溶液中却比较稳定。

4. 老化

老化是指含有高分子有机物成分的商品,如橡胶、塑料制品及纤维织物等,在日光、氧气、热等因素的作用下,失去原有优良性能,以致最后失去其使用价值的化学变化。

商品发生老化后其化学结构被破坏,其物理性能发生改变,机械性能降低。这是因为高分子化合物在光、热等因素的作用下,引起大分子链断裂、高聚物分子量下降,从而使高分子材料变软、发黏,机械强度降低。如橡胶制品在高温或烈日下会变得发软、发黏而变质;塑料制品和合成纤维变色、发脆等。

5. 锈蚀

锈蚀又叫腐蚀,是指金属或金属合金同周围的介质(如空气)相接触时发生化学反应或电化学反应所引起的破坏现象。

在干燥的环境中或无电解质存在的条件下，金属制品遇到空气中的氧而引起氧化反应，这是化学锈蚀。化学锈蚀会使金属表面变暗，化学锈蚀占锈蚀总量的10%到20%。如铜制品用久了，外观色泽会变暗、变旧，这种变化一般对商品质量无显著影响，但如果是以装饰为主的商品，则会影响美观质量。

在潮湿的环境中，空气中的水蒸气在金属表面形成水膜，水膜溶解金属表面的水溶性黏附物或沉淀物和空气中的二氧化碳、二氧化硫等可溶性酸性气体，形成一种具有导电性的电解液。金属制品在电解液的作用下，电位较低的金属成分成为负极，电位较高的杂质或其他金属成分成为正极，从而引起电化学反应，金属以离子形式不断进入电解液而被溶解，这种锈蚀即为电化学锈蚀。电化学锈蚀的结果是使金属制品表面出现凹陷、斑点等现象，严重的出现成片脱落、内部结构松弛、机械强度降低，甚至完全失去使用价值。电化学锈蚀是金属商品的主要破坏形式。

三、商品的生理生化变化

商品的生理生化变化是指有生命活动的有机体商品，在成长发育的过程中，为维持生命现象而进行的一系列生理变化，主要有呼吸作用、发芽与抽薹、后熟、胚胎发育、僵直及软化等。

1. 呼吸作用

呼吸作用是指有机商品在生命活动过程中，不断地进行呼吸，分解体内有机物质，产生热量，维持其本身的生命活动的现象。呼吸作用可分为有氧呼吸和无氧呼吸两种类型。不论是有氧呼吸还是无氧呼吸，都要消耗营养物质，降低食品的质量。有氧呼吸会伴随热的产生和积累，易使食品腐败变质；有机体分解出来的水分，又有利于有害微生物生长繁殖，加速商品的霉变。无氧呼吸除了有热的产生和积累外，还会产生酒精，引起有机体细胞中毒，造成生理病害，缩短储存时间。对于一些鲜活商品，无氧呼吸往往比有氧呼吸要消耗更多的营养物质。保持正常的呼吸作用，维持有机体的基本生理活动，利用商品本身具有的抗病性和耐储性，可以延长储存时间。因此，鲜活商品的储藏应保证它们正常而最低的呼吸，利用它们的生命活性，减少商品损耗，延长储藏时间。

2. 发芽与抽薹

发芽与抽薹是指两年生或多年生的有机商品（如马铃薯、大蒜等）在储存时经过休眠期后的一种继续生长的生理活动。发芽是蔬菜短缩茎上的休眠芽开始发芽生长，而抽薹则是短缩茎上生长点部位所形成的花茎开始生长。发芽和抽薹的有机商品，因大量营养成分供给新生的芽和茎，导致组织粗老、空心、失去鲜嫩的品质，从而降低有机体商品的质量，并且不耐储存，而且有些还能生成有毒物质，对人体的健康造成一定影响。对于能够发芽、抽薹的商品必须加强温、湿度管理，防止发芽、抽薹现象的发生。

3. 后熟

后熟是指瓜果、蔬菜等类食品在离开植株后的成熟现象，是由采收成熟度向食用成熟度过渡的过程。瓜果、蔬菜等的后熟作用，能改进色、香、味以及适口的硬脆度等食用性能。但当后熟作用完成后，则容易发生腐烂变质，难以继续储藏，甚至失去食用价值。影响后熟的因素主要是温、湿度，空气中氧的浓度和刺激性气味。因此，对于这类鲜活食品，应在其成熟之前采摘，并通过控制储存温、湿度和空气中氧的浓度，避免接触刺激性气体，来调节其后熟过程，以达到延长储藏期、均衡上市的目的。

4. 胚胎发育

胚胎发育主要指的是鲜蛋的胚胎发育。在鲜蛋的保管过程中，当温度和供氧条件适宜时，胚胎会发育成血丝蛋、血坏蛋。经过胚胎发育的禽蛋新鲜度和食用价值大大降低，为抑制鲜蛋的胚胎发育，应加强温、湿度管理，最好是低温储藏或停止供氧条件。

5. 僵直、软化

僵直是刚宰杀的家畜肉、家禽肉和刚死的鱼等动物性生鲜食品的肌肉组织发生的生物化学变化。表现为肌肉组织紧缩，肉质变硬；处于僵直期的家畜肉和家禽肉则缺乏鲜肉的风味。烹调中不易煮烂，熟后也没有鲜美的味道，不宜直接食用。但处于僵直期的鲜鱼其主要成分尚未分解，基本保持原有的营养成分，是鱼肉的最佳食用期。处于僵直期的家畜肉、家禽肉适于直接冷冻储存。

软化是指处于僵直状态的肉在肉中水解酶的作用下，肌肉中的蛋白质等物质被分解，使肌肉逐渐变软的现象。软化后的家畜肉、家禽肉柔软而具有弹性，容易煮烂，风味鲜美，是家畜肉、家禽肉食用的最佳时期。但鱼肉因蛋白质被分解，损失原有的营养而失去食用价值。软化过程的快慢与环境温度有关，降低温度可以延缓软化过程。因此，生鲜肉类、禽肉和水产品，都需要在低温下储存和运输。

四、商品的生物学变化

商品的生物学变化是指商品在外界生物的作用下受到破坏的现象，主要有霉腐、发酵、虫蛀及鼠咬等。

1. 霉腐

霉腐是商品在微生物作用下所发生的霉变和腐败现象。

在气温高、湿度大的季节，如果仓库的温湿度控制得不好，储存的棉织品、皮革制品、鞋帽、纸张、香烟以及中药材等许多商品就会生霉；肉、鱼、蛋类就会腐败；水果、蔬菜就会腐烂。无论哪种商品，只要发生霉腐，就会受到不同程度的破坏，严重霉腐可使商品完全失去使用价值。

2. 发酵

发酵是某些酵母和细菌所分泌的酶，作用于糖类发生的分解反应。发酵广泛应用于食品酿造业。但如果空气中的微生物自然地作用于食品进行发酵，则不但破坏了食品中的有用成分，失去原有的品质，而且还会使食品出现不良气味，甚至产生有害人体健康的物质。防止食品自然发酵除要注意卫生之外，还需要做好密封和温、湿度的控制工作。

3. 虫蛀、鼠咬

商品在储存期间，常常会遭到仓库害虫的蛀蚀。仓库害虫种类繁多，目前世界上已定名的仓库害虫有600多种，我国有记载的有200多种，其中对商品危害严重的有70多种。仓库害虫主要危害毛织品、蚕丝织品、人造纤维织品、皮革制品、木制品、粮食、羽毛制品、纸张、中草药、烟草等，它们不仅破坏商品的组织结构，使商品发生破碎和孔洞，而且排泄各种代谢废物污染商品，影响商品的质量和外观，降低商品的使用价值。

知识点 2　影响商品质量变化的因素及调控

商品在储存和运输期间之所以发生质量变化，与商品自身的成分、结构和性质有关，又与外界环境条件有关，特别是几乎所有商品的质量变化都与空气温、湿度有密切关系。为维护好商品质量，就要明确掌握引起商品质量变化的因素，并严格地控制与调节仓库温、湿度，维持良好的商品存储条件，以确保所储存商品的安全。

一、影响商品质量变化的因素

引起商品质量变化的因素由内因和外因构成。内因主要是商品成分、结构和性质，这些内因是由商品生产决定的；影响商品质量变化的外界因素主要有空气中的氧、日光、微生物和仓库害虫、卫生条件、温度、湿度等，本节只分析影响商品质量的外界因素。

1. 空气中的氧和臭氧

氧是无色、无味的气体，是化学性质活泼的元素，氧能与许多商品直接发生化合作用，对商品质量变化影响很大。如氧可以加速金属商品锈蚀；氧是好氧微生物活动的必备条件，使有机体商品发生霉变；氧是仓库害虫赖以生存的基础，是仓库害虫发育的必要条件；氧是助燃剂，不利于危险品的安全储存；在油脂的酸败，鲜活商品的分解、变质中，氧都是积极参与者。因此，在储存中应针对商品的具体性能，研究相应的包装技术和方法，控制包装内的含氧量。

臭氧是氧的同素异形体，在常温下，它是一种有特殊臭味的蓝色气体，液态呈深蓝色，固态呈蓝黑色。大气层中的氧气发生光化学作用时，便产生了臭氧。因此，在离地面垂直高度为 15 千米～25 千米处形成臭氧层，而在接近地面的大气层中臭氧的浓度很低。臭氧的稳定性低，它能分解出原子态氧，其化学活性比氧更强，对商品的破坏性也更大。

2. 日光

日光中含有热量、紫外线、红外线等，它对商品起着正反两方面的作用：一方面，日光能够加速受潮商品的水分蒸发，杀死杀伤微生物和商品害虫，在一定程度下，有利于商品的保护；但另一方面，某些商品在日光的直接照射下，又发生破坏作用。如日光能使酒类浑浊、油脂加速酸败、橡胶塑料制品迅速老化、纸张发黄变脆、色布褪色、药品变质等。因此，要根据各种不同商品的特性，合理利用日光。

3. 微生物和仓库害虫

微生物是商品霉腐的前提条件。微生物在生命活动过程中分泌一种酶，利用它把商品中的蛋白质、脂肪、有机酸等物质分解为简单的物质加以吸收利用，从而使商品受到破坏、变质，使其丧失使用价值。仓库害虫蛀食动植物性商品和包装，有些害虫还能危害塑料、化纤等化学合成商品，破坏商品的组织结构，使商品外观形态受损，影响商品的质量和外观。

一定的温度和湿度是微生物和仓库害虫生长繁殖的必备条件。因此，在储存中根据商品的特征，采取适当的温湿度控制，可以有效防止微生物和仓库害虫生长繁殖，以利于商品储存。

4. 卫生条件

良好的卫生条件是保证商品免于变质腐败的重要条件之一。不良的卫生条件容易使商品在储存中出现外观瑕疵或感染异味，不良的卫生条件还为微生物、仓库害虫等创造了生长繁殖的条件。因此商品在储存过程中，应保持良好的环境卫生和商品本身的卫生，杜绝因卫生条件不良而造成的商品损失。

5. 空气温度

空气温度是指空气的冷热程度，简称气温。气温是影响商品质量变化的重要因素。一般商品在常温或常温以下都比较稳定。而高温能够促进商品的挥发、渗漏、熔化等物理变化及各种化学变化；低温容易引起某些商品的冻结、沉淀等变化；温度忽高忽低，会影响到商品质量的稳定性。此外，温度适宜时会为微生物和仓库害虫的生长繁殖创造有利条件，加速商品腐败变质。

6. 空气湿度

空气湿度是指空气的水蒸气含量的多少或干湿程度。空气湿度的改变，能引起商品的含水量、化学成分、外形或体态结构发生变化。湿度下降，会降低商品含水量，减轻重量，使某些商品干裂或脆损。如水果、蔬菜、肥皂等会发生萎蔫或干缩变形，纸张、皮革制品等失水过多，会发生干裂或脆损；湿度增高，商品因吸收空气中的水分而使含水量和重量相应增加，如食糖、食盐、化肥、硝酸铵等易溶性商品结块、膨胀或进一步溶化，钢铁制品生锈，纺织品、竹木制品、卷烟等发生霉变或虫蛀；湿度适宜，可保持商品的正常含水量、外形或体态结构和重量。所以，在商品养护中，必须掌握各种商品的适宜湿度要求，尽量创造商品适宜的空气湿度。

二、仓库温、湿度的控制与调节

仓库的温、湿度的变化，对储存商品的质量有非常重要的影响。要保持库存商品质量稳定，需要有一个较适宜的温、湿度环境，因此，控制和调节仓库温、湿度，是商品养护的一个重要措施。

1. 仓库温、湿度的基本知识

（1）仓库温度。

仓库温度是指仓库空间的温度。大气中的热量，以传导、对流和辐射的形式通过库顶、墙壁、门窗的启闭影响库内温度。

常用的温度表示方法有：

1）摄氏温标（℃）。

摄氏温标也称国际百度温标，是世界上普遍使用的温标。摄氏温标规定：在标准大气压下，以水的冰点为 0℃，沸点为 100℃，中间划分为 100 等份，每等份表示 1℃。

2）华氏温标（℉）。

华氏温标的规定是：在标准大气压下，以水的冰点为 32℉，沸点为 212℉，中间划分为 180 等份，每等份为 1℉。

3）开氏温标（°K）。

开氏温标是以绝对零度为基点的温度标尺，即以物质内部分子运动平均动能为零时物质所具有的温度为零点，开氏温度计的刻度单位与摄氏温度计的刻度单位一致。水的冰点摄氏温度计为 0℃，开氏温度为 273.16°K。

摄氏温度、华氏温度、开氏温度的换算关系如下：

$$C=(F-32)\times 5/9$$
$$F=(C\times 9/5)+32$$
$$K=273.16+C$$

式中：C 为摄氏温度，F 为华氏温度，K 为开氏温度。

（2）仓库湿度。

仓库湿度指仓库中空气的水蒸气含量的多少或干湿程度，常以绝对湿度、饱和湿度、相对湿度和露点表示。

1）绝对湿度。

绝对湿度是指一定温度条件下，单位容积的空气里实际所含的水汽量，用"克/米^3"表示。

湿度对绝对湿度有直接影响，在通常情况下，湿度越高，水汽蒸发得越多，绝对湿度就越大；相反，绝对湿度就小。

2）饱和湿度。

饱和湿度是表示在一定温度下，单位容积空气中所能容纳的水汽量的最大限度。如果越过这个限度，多余的水蒸气就会凝结，变成水滴，此时的空气湿度便称为饱和湿度。

空气的饱和湿度不是固定不变的，它随着温度的变化而变化。温度越高，单位容积空气中能容纳的水蒸气就越多，饱和湿度也就越大。

3）相对湿度。

空气中的实际含有的水蒸气量（绝对湿度）距离饱和状态（饱和湿度）程度的百分比叫作相对湿度。也就是说，是在一定温度下，绝对湿度占饱和湿度的百分比。公式为：

$$相对湿度=\frac{绝对湿度}{饱和湿度}\times 100\%$$

相对湿度越大，表示空气越潮湿；相对湿度越小，表示空气越干燥。空气的绝对湿度、饱和湿度、相对湿度与温度之间有着一定的内在联系。温度如果发生了变化，则各种湿度随之发生变化。

4）露点。

含有一定量水蒸气（绝对湿度）的空气，当温度下降到一定程度时所含水蒸气就会达到饱和状态（饱和湿度），并开始液化成水，这种现象叫作结露。水蒸气开始液化成水时的温度叫作"露点温度"，简称"露点"。如果温度继续下降到露点以下，空气中超饱和的水蒸气就会在商品或包装物表面凝结成水滴，此现象称为"水淞"，俗称商品"出汗"。

此外，风与空气中的温度、湿度有密切关系，也是影响空气温、湿度变化的重要因素之一。

2. 仓库温、湿度的控制与调节

要保持库存商品质量稳定，就必须有一个较适宜的温、湿度环境，因此，控制和调节仓库温、湿度，是商品养护的重要措施。控制和调节仓库温、湿度常用的方法有密封、通风、吸湿等。

(1) 密封。

密封就是把商品尽可能严密地封闭起来以达到安全储存的目的。

采用密封方法要和通风、吸潮结合运用。如运用得当可起到防热、防溶化、防干裂、防冻、防锈蚀、防虫等多方面的效果。

密封保管应注意以下几方面：密封前要检查商品质量、温度和含水量是否正常，如发现生霉、生虫、发热、水淞等现象则不能进行密封；发现商品含水量超过安全范围或包装材料过潮，也不宜密封；密封的时间要根据商品的性能和气候情况来决定。怕潮、易溶、易霉的商品，应选择在相对湿度较低的时节进行密封；密封材料应与保管的商品在性质上不发生矛盾。

密封常用的方法有整库密封、整柜密封和整垛密封。

(2) 通风。

通风就是利用空气自然对流的原理或借助机械形成空气的定向流动，使库内、外的空气实现交换，达到调节库内温、湿度的目的。仓库通风按通风的方法可分为自然通风和机械通风；按通风的目的可分为利用通风降温（或增温）和利用通风降湿。采用通风的方法调节仓库内的温度和湿度，关键是选择合适的时机，要根据商品的特点、库内外的温度和湿度的差异及风向和风力等因素选择通风。通风时最好既能降温又能降湿，如不能同时达到这两个目的，也应在不增加库温的前提下降湿或不增加湿度的前提下降温。

(3) 吸湿。

吸湿是用以降低库内空气湿度的一种辅助措施。在雨季或阴雨天，当仓库内外湿度都过高时，不宜进行通风散湿时，可以在密封库内用吸湿的办法降低库内湿度。常采用的有吸潮剂吸湿和机械降湿。

吸潮剂具有较强的吸湿性，能够迅速吸收库内空气中的水分，从而降低仓库空气中的相对湿度。常用的吸潮剂有生石灰、氯化钙、硅胶等。

机械降湿是利用去湿机将仓库内的湿气冷凝成水滴排出，同时把除去水分的干燥空气送回仓库，如此不断循环以降低整个仓库的湿度。

知识点3　商品养护技术

商品养护是一项综合性的技术工作，因为引起各种商品质量下降的原因各不相同，必须根据各种商品在不同储存环境的质量变化规律，采取适当的养护技术措施，所以进行商品养护不仅要熟悉和掌握储存商品的原料、性能、结构、成分等方面的知识，还必须了解和熟悉有关的物理学、化学、生物学等方面的基础理论。

一、商品霉腐的防治技术

1. 化学药剂防霉腐

化学药剂防霉腐就是利用化学药剂杀灭或抑制霉腐微生物，防止商品霉变腐烂的技术方法。通常可以将防霉防腐剂直接加在某个工序中，或是将其喷洒或涂抹在商品表面，或是浸泡包装材料。但是这些处理都会使有些商品的质量与外观受到不同程度的影响。对于防霉腐的药剂的选用，应遵循低毒、高效、价廉、无副作用的原则，必须是对人体健康没有不良影响且不会污染环境的药品。

目前常用的药剂有：(1) 多菌灵，是高效、低毒、广谱性的内吸杀菌剂，对部分曲霉、青霉有较高的抑制作用。皮鞋用此防霉效果较好。(2) 水杨酰苯胺，毒性较低，$0.3\%\sim0.5\%$ 的水溶液对纺织品、鞋帽、皮革、纸张等商品具有较好的防霉效果。

2. 气相防霉腐

气相防霉腐是利用药剂挥发出的气体渗透到商品中，杀死或抑制霉腐微生物，从而防止商品霉腐的方法。气相防霉腐的效果与挥发的气体浓度有关，必须保证商品周围的气体具有相当的浓度，因此应与密封仓库、密封包装、密封货垛等配合使用才能取得理想的效果。气相防霉腐操作简单而且对商品没有污染，因此被广泛应用于工业品的防霉中。目前工业品商品使用的防霉剂主要有：(1) 多聚甲醛，在常温下能升华，放出甲醛气体。甲醛能使霉腐微生物体内的蛋白质凝固，抑制微生物的生长。(2) 环氧乙烷，能与微生物体内的蛋白质、酶结合，使微生物的代谢功能受到严重障碍而死亡。

使用气相防霉腐需要注意的是严防毒气对人体的伤害，因为甲醛、环氧乙烷等药剂均为对人体有毒害性的气体，使用时必须注意安全。

3. 气调防霉腐

气调防霉腐是利用好氧微生物需氧代谢的特性，通过调节密闭环境中气体的组成部分，降低其中氧的浓度，抑制霉腐微生物的生理活动，达到防止霉腐的目的。气调防霉腐的关键是密封和降氧，包装材料的密封是保证气调防霉腐的关键，包装材料必须采用对气体或水蒸气等有一定阻透性的气密性材料，才能保持包装内的气体浓度。降氧是气调防霉腐的重要环节。目前降氧的方法主要有机械降氧和化学降氧两种：机械降氧有真空充氮法和充二氧化碳法。二氧化碳在空气中的正常含量是 0.03%，微量的二氧化碳对微生物有刺激生长的作用；当空气中二氧化碳的浓度达到 $10\%\sim14\%$ 时，对微生物有抑制作用，当二氧化碳的浓度超过 40% 时，对微生物有明显的抑制和杀死作用。化学降氧是采用脱氧剂来使包装内氧的浓度下降。

4. 低温防霉腐

霉腐微生物的生长和繁殖都需要一定的温度，研究发现大多数霉腐微生物属于中温性微生物，最适宜的生长温度为 $20℃\sim30℃$，$10℃$ 以下不易生长，在 $45℃$ 以上停止生长。低温对霉腐微生物的生命活动有抑制作用，能使其休眠或死亡。低温防霉腐有冷却法和冷冻法两种。冷却法是将温度控制在 $0℃\sim10℃$，此时商品不结冰，适用于不耐冰冻的商品。含水量大的商品尤其是生鲜食品多利用低温来达到防霉腐的目的，其中水分含量较高的生鲜食品和短期储存的食品适用于冷却法。冷冻法是先在短时间内使温度降到 $-30℃\sim-25℃$，商品深层温度达到 $-10℃$ 左右，再移至 $-18℃$ 左右温度下存放。长期存放或远距离运输的生鲜动物食品适用于冷冻法。

5. 干燥防霉腐

根据霉腐微生物的性质，在储存环境的空气相对湿度低于 75% 时，多数商品不易发生霉腐。干燥防霉腐主要是通过降低密封包装内的水分与商品本身的含水量使霉腐微生物得不到生长繁殖所需水分来达到防霉腐目的。因为干燥可使微生物细胞蛋白质变性并使盐类浓度增高，从而使微生物生长受到抑制或促使其死亡。

干燥防霉腐有两种方法：一种是自然干燥法，是通过日晒、风吹、晾等自然手段使商品含水量降低或者通过通风换气使仓库的湿度降低；另一种是人工干燥法，是利用各种仪器设备使商品本身的含水量降低或使仓库里的水分减少，较常用的如热风、远红外、微波等手段。

6. 辐射防霉腐

辐射防霉腐是利用具有极强穿透力的射线照射商品，破坏商品中的微生物的酶的活性，杀灭细菌从而达到防霉腐的目的。辐射防霉腐是比较新型的防霉腐技术，它操作简便，安全卫生，对商品和环境都没有污染。

辐射防霉腐有两种方法：（1）自然法，即利用日光中的紫外线的辐射性。因为日光中的紫外线能强烈破坏细菌细胞和酶组织，使多数霉腐微生物死亡。（2）人工法，即利用放射元素产生的射线，使商品中的微生物中的各种成分电离化。辐射防霉腐可以应用于多种商品，但目前对于辐射处理过的食品的安全问题还有争论。

二、商品锈蚀的防治技术

商品锈蚀的防治，主要是针对影响金属制品锈蚀的外界因素进行的。商品锈蚀的防治方法主要有以下几种。

1. 表面封存防锈

表面封存防锈是采用以高分子合成树脂为基础原料，加入矿物油、增塑剂、防锈剂、稳定剂和防霉剂等制成可剥性塑料，覆盖在金属制品的表面，隔绝空气中的水分和氧气等，以达到防锈目的的方法。

2. 涂油防锈

涂油防锈是一种最常用的防锈方法。其原理就是在金属表面涂（或浸、喷）一层油脂薄膜，使金属表面与空气隔离，避免空气中的水分、氧和其他气体与金属接触反应，从而防止和延缓金属商品的锈蚀。目前采用的防锈油脂主要有凡士林、黄蜡油、机油、防锈油等。涂油防锈法简单易行，效果也较好，不足之处在于防锈期短，因为随着时间的推移，防锈油会干裂或变质，金属制品仍然有锈蚀的危险，所以用涂油防锈法要经常检查，发现问题及时补救。

3. 气相防锈

气相防锈就是利用气相缓蚀剂在金属商品周围挥发出缓蚀气体，阻拦空气中的氧和水分，从而达到防锈的目的。气相防锈使用的防锈剂是具有挥发性的化学药品，能在常温下迅速挥发成气体，特别适用于结构复杂的金属商品的防锈，而且还具有使用方便、封存期长、节省人力等优点。

在库存商品的养护过程中，除了采取上述措施防止金属制品生锈以外，对已经生锈的金属制品可以进行除锈。金属制品除锈的方法主要有：（1）手工除锈，是利用手工工具进行擦、刷、磨以除去锈迹。（2）机械除锈，是根据不同的商品及商品的不同形状选择不同的机器设备进行除锈。（3）化学除锈，是利用能够溶解锈蚀物的化学药剂除去金属制品表面的锈迹。化学除锈使用的除锈液大多是无机酸，如磷酸、硫酸、盐酸等，因此化学除锈也称为"酸洗"。

三、商品虫蛀的防治技术

商品在储存的过程中经常会受到仓库内害虫的侵害，对仓库害虫的防治应当遵循"以防为主，防重于治"的方针，具体的防治措施主要有以下几方面。

1. 仓储管理防治

仓储管理防治就是人为地创造有利于储存商品而不利于害虫的生态条件，从而控制害虫的发生、发展，达到安全储存商品的目的。具体包括：清洁卫生、空仓和器材杀虫、隔离和保护及改善仓库条件。

仓库清洁卫生是杜绝仓库害虫来源和预防害虫的基本方法。卫生防治就是彻底清除仓库内外容易隐藏和寄生害虫的地方，彻底清理仓库用具，严格消毒；仔细检查并密封库房的缝隙和孔洞；严格检查入库商品，防止害虫随商品进入仓库；经常对库存商品进行检查，发现害虫及时处理，防止蔓延。

2. 化学药剂防治

化学药剂防治就是利用化学杀虫剂来杀灭害虫的方法。利用化学药剂防治害虫具有彻底、快速、高效的优点，并兼有"防"与"治"的作用。但在实施时由于化学药剂对人体有害和易造成环境污染，因此在使用时应考虑害虫、药剂和环境三者之间的关系。使用化学药剂防治害虫应坚持以下原则：选择的药剂应对害虫有足够的杀灭能力，同时对人体无害，药品性质不影响商品的质量，不污染环境，使用方便，经济合理。

3. 物理机械防治

物理机械防治是利用物理因素破坏害虫的生理结构，使其无法生存或繁殖，进而起到杀灭害虫的目的。比较常用的方法有：

（1）高温杀虫法是利用日光曝晒、烘烤、蒸汽等方式产生的高温使害虫致死。因为仓库害虫多是变温动物，最适宜的温度是 25℃~35℃，高于 40℃ 则死亡。

（2）低温杀虫法是降低环境温度使害虫体内酶的活性受到抑制，生理活动减缓，进入半休眠状态，不食不动不能繁殖，一定时间后因体内营养物质过度消耗而亡。

（3）射线杀虫法是利用射线照射虫体，使害虫立即死亡或引起害虫生殖细胞突变导致不育。这种方法使用方便，对环境没有污染，也不会使害虫产生抗药性。

（4）微波杀虫法是利用微波的高频电磁场使害虫体内的分子产生振动，分子间剧烈摩擦产生大量热能，使虫体温度达到 60℃ 以上而死亡。这种方法的优点是杀虫时间短，效力高，对环境无污染，但微波对人体健康有影响，因此在使用时应注意安全。

（5）远红外杀虫法是利用远红外线的光辐射产生高温，直接杀死害虫。

（6）气调杀虫法是在商品包装内或整库充入氮气，降低密封环境内氧气的浓度，使害虫缺乏赖以生存的氧气而导致死亡。

4. 生物生化防治

生物生化防治是利用生物相克的自然现象和生化技术合成的昆虫激素类似物来控制和消灭害虫的方法。这种方法可以有效避免由于害虫产生抗药性所导致的化学药剂减效和失效的问题，而且对环境没有污染。采用生物杀虫要注意的是引入害虫的天敌时要防止产生新的虫害。

四、商品老化的防治技术

高分子商品在储存过程中随着时间的推移和一些外界因素的影响会发生老化现象。商品老化的防治就是要根据高分子材料的性能及变化规律，采取各种有效措施，以达到减缓其老化速度，延长其使用寿命的目的。根据高分子商品老化的内外因素，防止商品老化应从以下两方面着手。

1. 提高商品的耐老化性能

在生产过程中将耐老化剂加入高分子商品中，来提高材料和成品的耐老化性。

对于未添加耐老化剂的商品可以采取物理防护的方法，即在制品表面采用涂漆、涂油、涤蜡甚至镀金属的方法，使商品尽量避免外界不良因素的影响，起到防止老化的作用。

2. 按商品性能，做好仓储管理

对于易老化商品，在商品储存中要采取有效的防护措施，减少光、热对商品的影响。如商品应存放在库温较低的仓库中，不得与酸、碱性商品同库储存；保持仓库清洁并采取措施防止阳光直接照射商品等。

五、食品的防腐保鲜技术

食品防腐保鲜是指食品在储藏过程中保持固有的色、香、味、形及营养成分。常用的食品防腐保鲜的方法有以下几种。

1. 食品低温储藏

食品低温储藏，即降低食品的温度，并维持低温或冻结状态，阻止或延缓食品的腐败变质，从而达到较长时期保藏食品的目的。食品的低温储藏又分为低温储藏和冷冻储藏。

（1）低温储藏。食品的腐败变质是由食品内酶进行的生化过程（例如新鲜果蔬的呼吸过程）和微生物生命活动所引起的破坏作用所致。而酶的作用、微生物的繁殖以及食品内所进行的化学反应速度都受到温度的影响。大多数酶的适宜活动温度为30℃～40℃，温度每下降10℃，酶的活性就会明显削弱，将温度维持在－18℃以下，酶的活性就会受到很大程度的抑制。同时任何微生物也都有其正常生长和繁殖的温度范围，温度愈低，它们的活动能力也愈弱，所以－12℃～－10℃可作为食品较长期贮藏的安全温度。

（2）冷冻储藏。食品的冷冻储藏是指先将食品在低温下冻结，然后在保持冻结状态的温度下储藏的方法。食品的冷冻储藏方法分为缓冻与速冻两种。

1）缓冻是指将食品放于－23℃～－18℃的条件下冻结的方法。这种方法的冻结时间较长。

2）速冻是指在－30℃或更低的温度下冻结，使食品在较短时间内冻结的方法。

2. 食品脱水储藏

食品中的水分含量降低到一定程度后，微生物就难以繁殖，酶的活性受到抑制，从而达到防止食品腐败变质的目的。常见的干燥方法有滚筒干燥、喷雾干燥、架式真空干燥、输送带式真空干燥、柜式干燥、窑房式干燥、隧道式干燥等。以上这些方法均是人工干制法，都需要专用的干燥设备，此外还有自然干燥法，如晒干、风干和阴干。

3. 化学防腐保鲜

食品的化学防腐保鲜就是在食品生产和储运过程中使用化学制剂（化学添加剂或食品添加剂）来提高食品的耐藏性和尽量保持其原有品质的措施。常用于易腐食品处理的化学制剂有：

（1）二氧化硫。二氧化硫是强力的还原剂，可以减少植物组织中氧的含量，抑制氧化酶和微生物的活动，从而能阻止食品变质变色和维生素 C 的损耗。

（2）山梨酸钾。山梨酸钾能有效地控制肉类中常见的霉菌，常作为防腐剂用于鱼肉制品、果酱及甜酸制品，也用于新鲜果蔬的储前处理。

（3）苯甲酸。苯甲酸是高效的杀菌防腐剂，苯甲酸及其盐类常用于高酸性水果、浆果、果汁、果浆、饮料糖浆及其他酸性食品的防腐保鲜。

（4）抗菌素。抗菌素是指一些微生物在新陈代谢中能产生一种对其他微生物有杀害作用的物质，如金霉素、土霉素、枯草杆菌、乳酸链球菌等。抗菌素可通过浸泡法、喷洒法、抗菌素冰块保鲜法，以及家畜饲养法或注射法用于食品防腐保鲜。

（5）植物杀菌素。植物杀菌素是指各种植物中所含有的抗菌物质。目前已经研究的有芥菜籽（油）、辣根及生姜汁等，可将它们用于食品的防腐保鲜。

4. 气调防腐保鲜

气调防腐保鲜技术改变库内气体成分的含量，利用比正常空气的氧含量低、二氧化碳和氮的含量高的气体环境，配合适宜的温度，抑制果蔬的呼吸作用，从而延长果蔬的储藏期限，减少腐烂，保持鲜活质量。

气调防腐保鲜的方法主要有：

（1）自然气调法：将果蔬储于一个密闭的仓库或容器内，使果蔬利用本身的呼吸作用不断消耗仓库和容器内的氧而放出二氧化碳。在一定时间后，氧逐渐减少，二氧化碳逐渐增加，当这两者达到一定的比例时，即会造成一个抑制果蔬本身呼吸作用的气体环境，从而达到延长果蔬储藏期的目的。

（2）人工气调法：人为地使封闭的空间内的氧迅速降低，二氧化碳升高，几分钟至几小时内就进入稳定期。例如：1）充氮法，封闭后抽出储藏室内大部分空气，充入氮，由氮稀释剩余空气中的氧，使其浓度达到所规定的指标，有时也可充入适量二氧化碳。2）气流法，把按人工要求的指标配制好的气体输入专用的储藏室，以代替其中的全部气体。

（3）混合法或半自然降氧法。实践表明，采用快速降氧法（即充氮法）把氧含量从21%降到10%比较容易，但从10%降到5%就要耗费较前者多数倍的氮气，因此，可开始采用充氮法，使氧含量迅速降到10%左右，然后依靠果蔬本身的呼吸作用来消耗氧气，直至降到规定的空气组成范围后，再根据气体成分的变化而调节控制。

5. 减压防腐保鲜

减压防腐保鲜是气调储藏的进一步发展，是把储藏室的气压降低，从而起到了类似气调储藏的作用。

六、危险商品的安全防护

危险商品种类很多，性质通常不稳定，在储存和运输过程中，如果受到强烈的摩擦、震动或接触热源、火源，以及出现遇水受潮、破损散漏等情况，容易引起燃烧、爆炸、腐蚀、中毒、辐射等灾害事故，造成人员伤亡和财产损失。

1. 常见的危险商品

（1）氧化剂。这类商品具有强烈的氧化性，遇酸、碱或潮湿，摩擦，撞击及接触易燃有机物、还原剂等会产生剧烈化学反应，引起燃烧甚至爆炸，如过氧化钾、过氧化钠、氯酸钾、高氯酸钾、亚硝酸钾等。

（2）爆炸品。这类商品具有易燃烧和爆炸的性能，受到高温、摩擦、撞击等外力作用，会发生剧烈化学反应，引起燃烧和爆炸，如雷管、炸药、鞭炮、花炮等。

（3）压缩气体和液化气体。气体经过高压压缩后，储存在钢瓶内成为压缩气体和液化气体，性质极不稳定，受热、撞击或其他膨胀使钢瓶受损都会引起爆炸，如液氯、乙炔、乙烷等。

（4）自燃物品。自燃物品不经明火点燃，与空气接触后，就能够发生氧化作用，引起物品燃烧，如黄磷、桐油、润滑油、油漆等。

（5）遇水燃烧的物品。遇水燃烧的物品在遇到水后会发生剧烈的化学反应，产生可燃气体和热量，当达到自燃点时或有明火、火花时，就会引起燃烧或爆炸，如金属钠、金属钾、锌粉等。

（6）易燃液体。易燃液体易于挥发和燃烧，燃油受热挥发的可燃气体与液面附近的空气混合，达到一定浓度遇火星点燃时的最低燃油温度被称为闪点。闪点越低越容易引起燃烧，发生火灾事故。按闪点高低可分为两类：闪点低于 28℃ 的为一级易燃液体，如汽油；闪点在 28℃ 以上的为二级易燃液体，如柴油。闪点高于 45℃ 的不属于易燃液体。

（7）易燃固体。易燃固体的燃点较低，受热、撞击、摩擦、遇火或与氧化剂接触，就能够引起剧烈燃烧，放出大量热，通常使温度高达上千摄氏度，并伴有大量有毒或剧毒气体放出；飞散在空中的粉状易燃固体遇明火可能会产生剧烈爆炸，如硝化棉、赤磷、硫黄等。

（8）有毒物品。是指具有强烈的毒害作用，少量侵入人、畜体内或接触皮肤就能够引起中毒或死亡的物品，如氰化钾、氰化钠、氰化钠、四氯化碳等。

（9）腐蚀物品。腐蚀物品具有强烈的腐蚀性，对人体、动植物、纤维制品、金属等都能造成不同程度的腐蚀，甚至引起燃烧和爆炸，如硝酸、硫酸、盐酸、烧碱等。

（10）放射性物品。就是含有放射性核素，并且物品中的总放射性含量和单位质量的放射性含量均超过免于监管的限值的物品。这种物品能够放射出穿透力很强而人们又不易察觉的射线。人、动物受到大剂量放射性射线照射，身体会受到损害，甚至死亡。

2. 危险商品的安全储存

危险商品应有专门的仓库储存，危险商品的种类不同，仓库的形式和特性也应有所不同。储存爆炸品的仓库结构应坚固不导热，库房面积不宜过大，库房之间要有足够的安全距离。库顶设置遮阳隔热建筑构造，库门应向外开设，万一发生爆炸可以泄压，库房内部需干燥；易燃液体和易燃固体应储存于钢筋混凝土的地下库房或窑洞；易氧化物品储存库房需隔热、降温，库房门窗密闭，通风简便，库房内部干燥；压缩气体和液化气体适宜储存在阴凉干燥的地下或半地下库房；腐蚀物品多具有挥发特性，需避免库房内金属构件被腐蚀，库房顶部不宜用金属材料构建；有毒物品可在普通砖木结构库房储存，需良好通风，库内干燥，门窗严密并遮光；放射性物品最好储存在厚铅板建造的地下专用库房。

> 案例点击

在德国，食品、农产品的保鲜非常讲究科学合理性。无论是肉类、鱼类，还是蔬菜、水果，从产地或加工厂到销售点，只要进入流通领域，这些食品就始终在一个符合产品保质要求的冷藏链的通道中运行。而且这些保鲜通道都是由计算机控制的全自动设备，如冷藏保鲜库全部采用风冷式，风机在计算机的控制下调节库温，使叶菜类在这种冷藏环境中能存放2天～5天。对香蕉产品，则有一套完全自动化的后熟系统，香蕉从非洲通过船舶和铁路运到批发市场时是半熟的，批发市场则要根据客户、零售商的订货需要进行后熟处理。在这套温控后熟设备中，除了温度控制外，还可使用气体催熟剂，使后熟期控制在3天～7天，具体时间完全掌握在批发商手中。在瓜果蔬菜方面，只要是块类不易压坏的均用小网袋（塑料丝纺织）包装。对易损坏产品则用透气性良好的硬纸箱包装。叶菜类一般平行堆放在箱内，少量的产品则采用盒装，且包装盒都具有良好的透气性。对肉类则通过冷冻、真空和充气等包装形式保鲜。在肉类制品加工上，原料肉每500千克装在一个大冷藏真空包装袋内后再装入塑料周转箱内，到了超市或零售店后则改用切片真空包装或充气包装。

学习小结

商品管理是指一个零售商从分析顾客的需求入手，对商品组合、定价方法、促销活动，以及资金使用、库存商品和其他经营性指标做出全面的分析和计划，通过高效的运营系统，保证在最佳的时间、将最合适的数量、按正确的价格向顾客提供商品，同时达到既定的经济效益指标。为了更好地实现企业的经营目标，商品管理应坚持商品齐全和商品优选的原则。商品齐全就是要保证顾客来店时能够买到日常必需的商品，因此，商品品种要齐全。具体要求是：商品的品牌要全，商品的大类、品种和规格之间的结构比例要合适。商品优选就是要选择主力商品，在经营中，实际上大部分的销售额只来自一小部分商品，即80%的销售额是由20%的商品创造的，这些商品是企业获利高的商品，要作为商品管理的重中之重。商品管理在商品学的研究里包括商品质量管理、商品分类管理、商品品种管理、商品包装管理和商品养护管理。

案例分析

PDCA管理法　抓住质量管理活动的规律

PDCA管理法运用于每日的事务管理，就形成了独具海尔特色的OEC日清体系。每人均处于相应的岗位上，每一岗位均有不同的职责，并分配相应的指标，员工的激励直接与指标挂钩。指标又可分为主项指标与辅项指标以及临时任务指标等。每人在当日晚上分析一天的各项任务完成情况，并找出差距原因及纠偏办法，以使今后的工作质量得到提高，由此构成了持续不断的改进过程。员工在做完当日总结后，对明日工作做出计划，然后将 OEC 日清表交至主管领导处，由主管领导进行审核控制并对下属的当日工作进行评价和激励。

OEC 管理法的主要理念，海尔认为是"坚持两个原则，最大限度地对待两种人"，即坚持闭环原则，坚持优化原则，最大限度地关心员工的生活，最大限度地满足用户的需求。所谓闭环原则，指凡事要善始善终，都必须遵循 PDCA 循环，而且是螺旋上升。所谓优化原则，指根据木桶理论，找出薄弱项，及时整改，提高全系统的水平。在一个企业的运营过程中，必然存在着许多环节，只要找出制约企业经济效益提高的某一关键环节，把首要矛盾解决了，其他矛盾就可以迎刃而解。

张瑞敏说，海尔生产线每天要出品大大小小几万台家电产品，我们不能考虑出了问题如何处理，而要追求不出任何问题。OEC 管理法把质量互变规律作为基本思想，坚持日事日清，聚沙成塔，使员工素养、企业素质与管理水平的提高寓于每日工作之中，通过日积月累的管理进步，使生产力诸要素的组合与运行达到合理优化的状态，不增加投入就可使现实生产力获得尽可能大的提高，从而令管理收到事半功倍的效果。

上海通用汽车公司成功地把此方法应用于自己的经销体系中，极大地改善了经销商的服务。在其近 100 家经销商中，上海通用奉行的政策是，对一些业务表现不好、不能完成上海通用的要求、不能在市场上进行有效的开拓，或者在售后服务方面不能够完全按照上海通用的理念和规范去操作的经销商，会先给他们做一个 PDCA 改进计划。完成了这个计划性的四部曲后，经销商的整个市场营销的管理工作应该会随之步入一个良性循环的轨道。如果还是不行，经销商就会被淘汰掉。

由上可知，PDCA 管理法的核心在于通过持续不断的改进，使企业的各项事务在有效控制的状态下向预定目标发展。

案例思考题：

海尔把 PDCA 运用到企业内部的营销队伍管理上，那么，这种管理方法对外部营销是否适用呢？

实训设计

项目：运用商品管理知识管理商品。

目的：训练学生熟练进行商品分类、优化商品品种、设计商品包装、掌握提高商品质量的方法及有效养护商品。

内容：让学生任选一个企业，为其管理商品。

步骤：

1. 选择模拟企业；

2. 分析所选模拟企业当前拥有哪些商品品种，商品分类及商品包装是否合理，商品质量是否存在问题，有没有养护商品；

3. 改善模拟企业当前商品管理中存在的问题，提出具体改善措施和方法。

学习模块 3 商品检验与监督

学习目标

- **知识目标**

  通过对本模块的学习，学生应掌握以下知识：

  (1) 商品标准的制定、修订与实施的原则与工作程序；

  (2) 商品检验的内容和方法；

  (3) 商品质量监督的种类和形式；

  (4) 产品质量认证、管理体系认证和ISO9000系列标准的概念和作用。

- **核心概念**

  商品标准　商品检验　商品质量监督　商品质量认证　管理认证体系　"3C"认证　QS认证　CE认证

- **能力目标**

  通过本模块的学习，学生应具备以下技能：

  (1) 能够熟练运用商品标准保护个人和公司权益；

  (2) 灵活掌握并运用各种商品检验的方法完成实际商品检验；

  (3) 能够依法对商品进行监督管理；

  (4) 能够依法熟练协助企业进行商品质量认证。

情景引入

情景一：2013第一季度，北京市工商局加强对全市成品油市场的监督检查，共抽检228户次成品油企业的378批次成品油样品。经检测，抽检的汽、柴油批次样品合格率达99.47%，监测样品的项目合格率达99.92%。

北京市2013年清洁空气行动计划任务分解表明确规定，定期对储油库和加油站油品质量进行监督检查。按照这一要求，北京市工商部门进一步改进工作方式，采取非定向和定向抽检相结合的方式，对成品油企业实行分类分级监管。目前，企业信用状况与抽检实现了"三挂钩"，即企业信用等级与成品油质量抽检挂钩，企业信用等级晋升或降级与成品油质量抽检结果挂钩，企业信用等级与成品油质量检测项目多少挂钩。

据悉，自2012年5月实施新的地方油品质量标准以来，北京市工商部门采取多项措施，严把油品质量关，推行季度抽检和专项整治相结合、常态管理和重点检查相结合、依法查处和引导规范相结合的监管方式，确保全市成品油质量稳定。

情景二：日前，青海省工商局加大对流通领域建材、汽车配件、家电、玩具、化妆品等重点商品的质量监管工作力度，力求通过为期2年的整治，营造规范有序的市场环境。

一是建立健全五项自律制度，构建长效监管机制。通过督促经营者建立健全市场开办者管理、进货检查验收、索票索证、进销货台账、不合格商品退市制度，加强对重点商品进货、销售、退市环节的监管，逐步构建长效监管机制。二是落实五项监管措施，加大日常监管力度。通过分层分类监管、加强行政指导、加大案件查办力度、开展商品质量监测、建立信息通报机制五项措施，加强对重点商品的日常监管，依法严厉查处无照经营等违法行为。三是明确工作职责，强化督导检查。明确省工商局的协调指挥职责，州（地、市）工商局的督促检查职责，县（分）工商局的组织实施职责，并对督导检查内容进行了具体划分。四是加大考核力度，确保各项监管措施落到实处。

[思考与分析] 开始学习前，建议你先思考下列问题：
(1) 商品质量监督的依据是什么？
(2) 商品质量监督的机构有哪些？
(3) 商品质量监督的作用是什么？

单元 1　商品标准

知识点 1　标准、标准化和商品标准的概念

标准的含义的发展经历了一段演变的过程：最初，标准原意为目的，即标靶。后来由于标靶本身的特性，衍生出"如何与其他事物区别的规则"的意思。然后，将"用来判定技术或成果好不好的根据"广泛化，就得到了"用来判定是不是某一事物的根据"的含义。

技术意义上的标准就是一种以文件形式发布的统一协定，其中包含"可以用来为某一范围内的活动及其结果制定规则、导则或特性定义的技术规范或者其他精确准则"，以达到"确保材料、产品、过程和服务能够符合需要"的目的。

标准对应该严肃对待的方面（比如机器和工具的安全、可靠性和效率，玩具，医学设备）有深远影响。

一、标准的概念

在 GB/T20000.1—2014《标准化工作指南 第1部分：标准化和相关活动的通用术语》中，标准是这样定义的：标准是通过标准化活动，按照规定的程序经协商一致制定，为各种活动或其结果提供规则、指南或特性，供共同使用和重复使用的文件。

理解标准的定义时应注意把握以下几点。

1. 标准的特点

标准是一种约束，是准则、依据。标准是针对某类事物所做的一种技术规范，规范人们的行为并使之尽量符合客观的自然规律和技术法则。

标准不规定行为主体的权利和义务，也不规定不行使义务应承担的法律责任，因而不具有像法律、法规那样代表国家意志的强制力属性，即使有某些标准的强制性质，也是法律所赋予的。标准通常是以科学合理的规定，为人们提供一种最佳选择。

2. 重复性

重复性是指事物的反复性特征，只有当它们反复出现和应用时，对该事物才有制定标准的必要。

3. 标准产生的基础

标准产生的基础是科学技术和实践经验的综合成果。一方面，标准是新技术、新工艺、新材料等科学技术进步创新的结果；另一方面，标准又是人们在实践中不断总结和吸收带普遍性和规律性经验的结果。

4. 标准的制定过程

标准的制定过程体现上述成果的标准，须经有关各利益方（生产商、经销商、消费者和政府等）共同协商一致，再由公认的标准化机构或团体批准，最后以特定的文件形式（有时辅之以特定的实物形式）公开发布。

5. 标准的目的

标准的目的是在一定范围内，通过技术规范建立起有利于社会经济发展的最佳生产秩序、技术秩序和市场秩序，从而促进最佳社会效益。

6. 标准的表现形式

标准的表现形式一般为具有特定制定程序、编写原则和体例格式的文件。

二、标准化的概念

GB/T20000.1—2014《标准化工作指南 第1部分：标准化和相关活动的通用术语》中对标准化的定义是：为了在既定范围内获得最佳秩序，促进共同效益，对现实问题或潜在问题确立共同使用和重复使用的条款以及编制、发布和应用文件的活动。标准化的主要作用在于为了其预期目的改进产品、过程或服务的适用性，防止贸易壁垒，并促进技术合作。

实际上，标准化就是制定、发布及实施标准的过程。

标准化工作是生产、科技、管理、工业、农业、商业各个方面和日常生活中不可缺少的极其重要的工作，通过标准及标准化工作，以及相关技术政策的实施，可以整合和引导社会资源,激活科技要素,推动自主创新与开放创新,加速技术积累、科技进步、成果推广、创新扩散、产业升级,促进经济、社会、环境的全面、协调、可持续发展。无论是企业,还是负有管理职能的政府部门,均应注重标准对经济发展的积极作用,以发展的眼光充分认识标准对产品质量的推动作用和监管作用,不断加快和完善标准化建设;用标准引导企业提升产品质量,参与市场竞争;用标准提升企业核心竞争力,争取市场话语权;用标准引导企业不断开发满足市场需求的产品;用标准加强产品质量监管。

案例点击

标准与品牌

前不久,香港一家商行从南京订购了 2 万只盐水鸭,其收购价是南京本地价格的几倍,但对方对鸭子的质量要求很高,要求成品标准化,每只鸭子的重量只能是 1 000 克,大了不要,小了也不要,个个都要符合标准。这说明,商品标准化是名牌品质的重要内核。

品牌是优良的品质、独特的工艺、诚实的服务,且其量化又符合既定的模式、统一的标准。这便是品牌的特色、品牌的形象。遍布全球的麦当劳,一样的 M 形拱门,一样的憨态可掬的麦当劳小丑,一样的窗明几净的店堂,一样的笑容满面的服务员,一样的新鲜可口的汉堡包、炸薯条,一样的食品过时不售的硬性规定。这些"一样",便是麦当劳的标准化。正是名牌的标准化,才使其与众不同、非同凡响。

阎良甜瓜采用标准化种植,生产经营推广"八统一"模式,标准化技术推广推行"五统一"制度,鼓励企业开展生产标准制定及良好农业规范认证和质量管理体系认证,建立以"区农检中心+镇街监管站+基层监测点+村级监管员"的三级四层农产品质量安全监管网络,加强农产品质量安全监管。这一系列标准化的管理使阎良甜瓜不但外观白亮可人、口感清香四溢,而且品质稳定,从而竖起了"阎良甜瓜"这块金字招牌,更让阎良当地种植户享受到了品牌红利。2015 年,阎良区农业总产值达 36.89 亿元,农民人均纯收入 18 850 元,位居陕西省前列,其中来自甜瓜产业的收入占到农民人均纯收入的 25% 以上。不久前,阎良甜瓜产业示范区被正式命名为"陕西省知名品牌创建示范区",成为陕西西安市第一个通过验收的省级知名品牌示范区。

资料来源:崔鹤同,徐玉平. 巴山夜语. 经贸世界,2000(2);陕西省西安市阎良区质监局大力推动农业标准化与品牌建设——标准与品牌比翼齐飞. 见原国家质量监督检验检疫总局网页.

三、商品标准的概念

商品标准是对商品质量以及与质量有关的各个方面(如商品的品名、规格、性能、用途、使用方法、检验方法、包装、运输、储存等)所做的统一技术规定,是评定、监督和维护商品质量的准则和依据。

理解商品标准的概念时应注意把握以下几点[①]:

---

① 万融. 商品学概论. 3 版. 北京:中国人民大学出版社,2005:120-121.

(1) 商品标准是技术标准的一种，主要是对商品的品质规格及检验方法所做的技术规定。

(2) 商品标准是科学技术和生产力发展水平的一种标志，它是社会生产力发展到一定程度的产物，又是推动生产力发展的一种手段。

(3) 凡正式生产的各类商品，都应制定或符合相应的商品标准。

(4) 商品标准由主管部门批准、发布后，就是一种技术法规，具有法律效力，同时，也具有政策性、科学性、先进性、民主性和权威性。

(5) 商品标准是在一定时期和一定范围内具有约束力的产品技术准则，是商品生产、检验、验收、监督、使用、维护和贸易洽谈的技术依据，它也是生产、流通、消费等部门对商品质量出现争议时执行仲裁的依据。

(6) 商品标准对于保证和提高商品质量，提高生产和使用的经济效益，具有重要意义。

四、我国标准化的现状

1. 我国标准化取得的成就

(1) 标准数量逐渐增多。

从《标准化法》施行以来，我国的标准化总体水平不断提高，对各产业发展的引导作用明显增强。截至 2006 年年底，我国已经有国家标准 21 410 项、备案行业标准 33 552 项，备案地方标准 10 304 项和备案企业标准 130 多万项。截至 2013 年 6 月[①]，已发布国家标准 29 658 项，其中强制性标准 3 625 项；累计备案行业标准 53 356 项、地方标准 26 846 项。截止到 2017 年 10 月底，我国已有国家标准 30 762 项，包括强制性国家标准 4 837 项，推荐性国家标准 25 925 项。

(2) 标准体系逐渐完善。

作为第二大经济体、第一大货物贸易国，我国正在大力推进标准化事业改革发展，国家标准、行业标准和地方标准总数超过 10 万项，企业标准超过百万项，已经基本形成覆盖一、二、三产业和社会事业各领域的标准体系。

(3) 参与国际标准制定的能力逐渐提高。

中国在国际标准制定方面的影响力和话语权日益增强，由中国提出和主导制定的国际标准数量逐年增加。截至 2016 年 5 月，中国已有 189 项标准提案成为 ISO 的国际标准，特别是在高铁、核电、通信、汽车等领域，中国在国际标准上实现了从跟随到引领的跨越。

2. 我国标准化进程中存在的问题

(1) 标准化工作起步晚，基础薄弱。

我国《标准化法》于 1989 年 4 月才开始施行，1993 年 9 月《产品质量法》正式施行。在整体的标准化进程中，标准化国民教育薄弱，全社会标准化意识不强。

(2) 标准总体水平不高，强制性较弱，国际竞争力不强。

按 2017 年新修订的《标准化法》第二条的规定：强制性标准必须执行；行业标准、

---

① 李家铎. 标准化是产品质量提升的必由之路. 佛山陶瓷，2017，27 (2).

地方标准是推荐性标准；国家鼓励采用推荐性标准。在我国已有的 30 762 项国家标准中，有强制性国家标准 4 837 项，占国家标准总数的 15.7%。由此可见，强制性国家标准对各类企业的强制约束力较弱。

我国参与国际标准化活动的水平不高，与我国在世界上的政治经济地位相比有较大差距。截至 2006 年年底，国际标准化组织（ISO）共制定了 16 455 个国际标准，但是中国提出并成为 ISO 标准的只有 23 个，由中国提出并正在制定的标准只有 28 个；国际电工委员会（IEC）发布了 5 613 个各类标准，由中国提出的只有 19 个，由中国提出并正在制定的 IEC 标准只有 11 个。此种状况虽在近年略有改观，但中国在国际标准化活动中的话语权仍然很小。

（3）标准制定周期长，更新慢。

标准化经费不足导致标准更新滞后，标准年龄偏长，使标准中的技术过时落后，科技含量特别是自主创新技术含量低。现有的 4 837 项强制性国家标准中，据发布日期三年以上有 4 625 项，占强制性国家标准的 95.6%；在 25 925 项推荐性国家标准中，据发布日期三年以上的有 21 059 项，占推荐性国家标准的 81.2%。

（4）企业主体地位不充分。

"三流企业做产品，二流企业做品牌，一流企业做标准。"确立标准是企业做大做强的不变信条。企业应当是标准化的主体，但是当前我国大部分企业标准化意识不强，特别是广大中小企业，对标准化不够重视，没有配备标准化人员，没有专门经费投入，许多企业仍停留在国家制定标准、企业执行的水平上。

五、我国现行的商品标准

为了加强标准化工作，提升产品和服务质量，促进科学技术进步，保障人身健康和生命财产安全，维护国家安全、生态环境安全，提高经济社会发展水平，我国在 1988 年 12 月 29 日第七届全国人民代表大会常务委员会第五次会议通过了《中华人民共和国标准化法》，并于 2017 年 11 月 4 日由第十二届全国人民代表大会常务委员会第三十次会议对其进行了修订，自 2018 年 1 月 1 日起施行。

新修订的《中华人民共和国标准化法》中规定：标准（含标准样品）是指农业、工业、服务业以及社会事业等领域需要统一的技术要求；标准包括国家标准、行业标准、地方标准和团体标准、企业标准。

知识点 2　商品标准的分类

商品标准可以按其发生作用的范围、商品标准的表达形式、标准的约束程度、标准化对象和商品标准的保密程度等分为多种形式。

一、按发生作用的范围不同分类

1. 国际标准

国际标准是指由国际上权威的专业组织制定，并为世界上多数国家承认和通用的产品质量标准，如国际标准化组织（ISO）、联合国粮农组织（UNFAO）等国际组织颁布的标准。国际标准属于推荐性标准。

2. 国际区域标准和国际权威团体标准

国际区域标准是指由世界区域性集团组织或标准化机构制定的标准，如欧洲标准化委员会（CEN）制定的欧洲标准（EN）、欧洲电工标准化委员会（CENELEC）制定的标准等。

国际上有权威的团体标准主要指美国试验与材料协会标准（ASTM）、美国石油学会标准（API）、美国军用标准（MIL）、美国机械工程师协会标准（ASME）、美国电气制造商协会标准（NEMA）、美国电子工业协会标准（EIA）、英国船级社标准（LR）等。

3. 国家标准

国家标准是对需要在全国范围内统一的技术要求所制定的标准。国家标准由国家标准化行政主管部门组织制定、审批、发布；药品、兽药、食品卫生、环境保护和工程建设的国家标准，由国家有关行政主管部门组织制定、审批。

国家标准的对象一般包括：通用技术语言要求和互换配合要求；保障人体健康和人身、财产安全的技术要求；基本原料、材料、燃料的技术要求；通用基础件的技术要求；通用的试验、检验方法；通用的管理技术要求；工程建设的重要技术要求；国家需要控制的其他重要产品和工程建设的通用技术要求。

4. 行业标准

行业标准是在没有国家标准的情况下，由标准化主管机构制定、审批和发布的标准。如发布实施了国家标准，则该行业标准自行废止。不同行业的主管机构所颁布的标准按标准规定的范围实施。

5. 地方标准

地方标准是在没有国家和行业标准的情况下，由地方（如省）制定、批准发布，在本行政区域内统一使用的标准。

6. 企业标准

企业标准是由企业制定发布，在该企业范围内统一使用的标准。

二、按商品标准的表达形式分类

1. 文件标准

文件标准是指用特定的规范文件，以文字（包括表格、图形等）的形式对商品规格、质量检验等技术内容所做的统一规定。一般包括商品的品种、规格基本参数、尺寸、质量要求、性能、检验方法、标志、包装等。绝大多数商品标准都是文件标准。在我国，文件标准在其开本、封面、格式、字体、字号等方面都有明确的规定，应符合 GB/T1.2—1996《标准化工作导则　第 1 单元：标准的起草与表述规则　第 2 部分：标准出版印刷的规定》的有关规定。

文件标准是标准的一般表达方式，但文件标准有时难以准确描述某种商品的质量及有关方面的内容，所以，有时人们不得不采用实物标准。

2. 实物标准

实物标准是指对某些难以用文字准确表达的质量要求（如色泽、气味、手感等），由标准化主管机构或指定部门用实物做成与文件标准规定的质量要求完全或部分相同的标准样品，作为文件标准的补充，同样是生产、检验等有关方面共同遵守的技术依据。例如粮食、茶叶、羊毛、羊绒、蚕茧和棉花等农副产品及玉石等，都有分等级的实物标准。实物标准是文件标准的补充，实物标准要经常更新。

三、按标准的约束程度不同分类

1. 强制性标准

强制性标准又称为法规性标准，是指在一定范围内通过法律、行政法规等强制性手段加以实施的标准。强制性标准具有法律属性。强制性标准一经颁布，在其规定的范围内，有关方面都必须严格贯彻执行，造成恶劣后果和重大损失的单位和个人要受到经济制裁或承担法律责任。国家对强制性标准的实施情况依法进行有效的监督。

ISO、IEC 以及发达国家的标准没有强制性标准，全部是自愿性标准，但在有关的法规条例中对有关标准做了强制性要求。WTO/TBT 也在有关的法规条例中对有关标准做了强制性要求。我国今后的发展方向也是与国际接轨，但估计还要有较长的时间。

强制性标准一般涉及以下几类标准：

（1）药品标准；
（2）食品卫生标准；
（3）兽药标准；
（4）工程建设质量、安全、卫生的标准；
（5）重要产品的质量（交通、运输、能源等）；
（6）基础标准；
（7）环保以及其他涉及安全卫生的标准。

省、自治区、直辖市政府标准化行政主管部门制定的工业产品的安全和卫生要求的地方标准，在本行政区域内是强制性标准。

在我国，进出口商品必须执行强制性标准的，均由国家法律法规明确规定，由各地出入境检验检疫机构严格执行。遇有特殊情况，必须及时报告国家出入境检验检疫局决定。凡根据强制性标准检验评定的不合格出口商品，即使符合外贸合同约定的质量条款，或国外受货人有愿购证明，也不准放行出口。根据强制性标准检验评定不合格的进口商品也不准进口，检验后出具的证明可供有关单位办理退货、索赔时使用。

2. 推荐性标准

推荐性标准又称自愿性标准，即国家制定的标准由各企业自愿采用，自愿认证，国家利用经济杠杆鼓励企业采用。实行市场经济的国家大多数实行推荐性标准，例如国际标准及美国、日本等国的大多数标准。

需要强调的是：一项推荐性标准一旦纳入国家指令性文件，在一定范围内该项标准便具有强制推行的性质。企业在产品的明示担保中一旦承诺采用一项推荐性标准，就必须严格执行，标准化行政主管部门就可以依据该标准对企业贯彻执行该标准情况进行监督检查。

四、按标准化对象不同分类

1. 技术标准

技术标准是指对标准化领域中需要协调统一的技术事项所制定的标准。技术标准包括基础技术标准、产品标准、工艺标准、检测试验方法标准,以及安全、卫生、环保标准等。

2. 管理标准

管理标准是指对标准化领域中需要协调统一的管理事项所制定的标准。管理标准包括管理基础标准、技术管理标准、经济管理标准、行政管理标准、生产经营管理标准等。

3. 工作标准

工作标准是指对工作的责任、权利、范围、质量要求、程序、效果、检查方法、考核办法所制定的标准。工作标准一般包括部门工作标准和岗位(个人)工作标准。

五、按标准的成熟程度不同分类

标准可以分为正式标准和试行标准。试行标准与正式标准具有同等效用,同样具有法律约束力。试行标准一般在试行二至三年后,经过讨论修订,再作为正式标准发布。现行标准绝大多数为正式标准。

六、按商品标准的保密程度分类

标准可以分为公开标准和内部标准。我国的绝大多数标准都是公开标准。少数涉及军事技术或尖端技术机密的标准,只准在国内或有关单位内部发行,这类标准称为内部标准。

另外,商品标准还可以按其适用范围不同,分为生产型标准和贸易型标准、出口商品标准和内销商品标准。

我国标准的构成一般按层次、性质和对象进行分类,习惯分为产品标准、工作标准、方法标准和基础标准。近年来,考虑到安全、卫生和环保的需要,最终将标准细分为产品、方法、基础、安全、卫生、环保、管理和其他八个类别(见图3-1)。

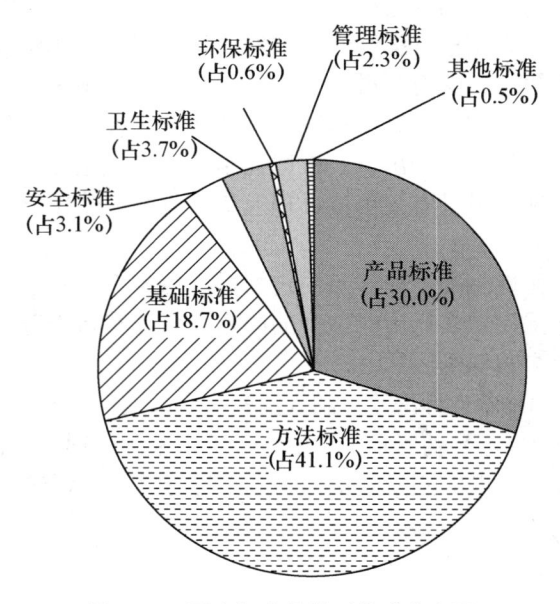

图3-1 国家标准按类别构成分布图

产品标准(占30.0%)
方法标准(占41.1%)
基础标准(占18.7%)
安全标准(占3.1%)
卫生标准(占3.7%)
环保标准(占0.6%)
管理标准(占2.3%)
其他标准(占0.5%)

知识点 3　商品标准的基本内容和代号

一、商品标准的基本内容

商品标准包含概述、正文（即技术内容）和补充三部分内容（见图 3-2）。

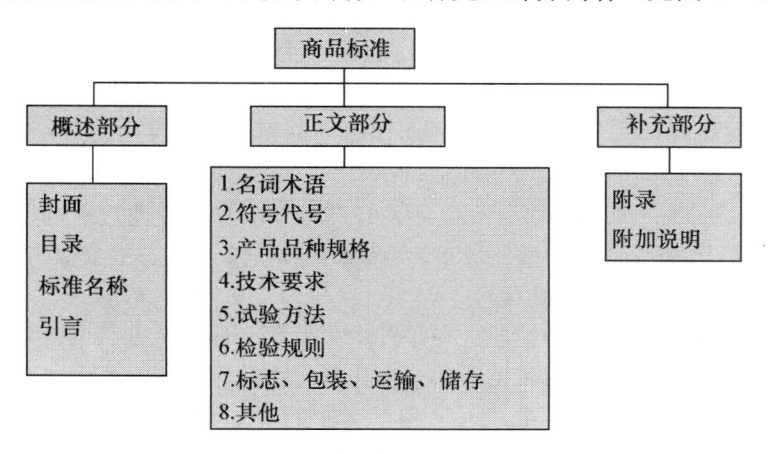

图 3-2　商品标准的基本内容

1. 概述部分

概述部分概括地说明标准化的对象和内容、适用范围以及批准、发布、实施的时间等，包括封面、目录、标准名称、引言等内容。

2. 技术内容部分

技术内容部分是整个标准化的核心，其中对标准化对象的实质性内容做了具体规定。技术内容部分包括：名词术语、符号代号、产品品种规格、技术要求、试验方法、检验规则、标志、包装、运输、储存等内容。

3. 补充部分

商品标准的补充部分是对标准条文所做的必要补充说明和提供使用的参考资料，包括附录和附加说明两部分。

二、商品标准的代号

1. 中华人民共和国国家标准代号

"GB"——强制性国家标准代号。

"GB/T"——推荐性国家标准代号。

例如：GB18168—2000，表示 2000 年发布的第 18168 号强制性国家标准。

又如：GB/T12113—1996，表示 1996 年发布的第 12113 号推荐性国家标准。

2. 中华人民共和国行业标准代号

行业标准代号由国务院标准化主管部门即国家市场监督管理总局规定。

行业标准也分为强制性和推荐性标准。推荐性行业标准的代号是在强制性行业标准代号后面加"/T",例如农业行业的推荐性行业标准代号是 NY/T。

行业标准的编号方式为:(行业标准代号)(标准顺序号)—(发布年号)。

例如:NY1234—1994,表示 1994 年发布的第 1234 号强制性农业行业标准。

又如:JB/T4192—1996,表示 1996 年发布的第 4192 号推荐性机械行业标准。

3. 中华人民共和国地方标准代号

地方标准的代号为汉语拼音字母"DB"加上省、自治区、直辖市行政区划代码前两位数再加斜线,组成强制性地方标准代号。再加"T",组成推荐性地方标准代号。

地方标准的编号方式为:(地方标准代号)(标准顺序号)—(发布年号)。

其中,各省、自治区、直辖市行政区划代码的前两位为数字,如 11 表示北京市、12 表示天津市、13 表示河北省、14 表示山西省等。

例如:DB11/068—1996,表示 1996 年发布的第 068 号强制性北京地方标准。

又如:DB34/T166—1996,表示 1996 年发布的第 166 号推荐性安徽省地方标准。

4. 中华人民共和国企业标准代号

企业标准代号的规定分两种情况:一是凡中央所属企业的企业代号,由国务院有关行政主管部门规定;二是各地方所属企业的企业代号,由所在省、自治区、直辖市政府标准化主管部门规定。企业标准代号由"Q"和斜线加企业代号组成。企业标准代号可用汉语拼音或阿拉伯数字或两者兼用表示,具体办法由当地政府标准化行政主管部门规定,中央所属企业则由国务院有关行政主管部门规定。

其编号方式为:(企业标准代号)(即 Q/—)(标准顺序号)—(发布年号)。

例如:Q/EGF024—1997,表示 1997 年发布的北京市某企业的第 024 号企业标准。

由省、自治区、直辖市发布的企业标准,还要在其企业标准代号"Q"前加上本省、自治区、直辖市的简称汉字,如"京 Q/—""皖 Q/—"等。

5. 中华人民共和国地方规范代号

中华人民共和国地方规范代号为 DG。

知识点 4 商品标准的制定、修订和实施

一、商品标准的制定

新修订的《中华人民共和国标准化法》中规定:我国的强制性国家标准由国务院有关行政主管部门负责项目提出、组织起草、征求意见和技术审查;国务院标准化行政主管部门负责立项、编号和对外通报。省、自治区、直辖市人民政府标准化行政主管部门可以向国务院标准化行政主管部门提出强制性国家标准的立项建议,由国务院标准化行政主管部门会同国务院有关行政主管部门决定。强制性国家标准由国务院批准发布或者授权批准发布。法律、行政法规和国务院决定对强制性标准的制定另有规定的,从其规定。

我国的行业标准由国务院有关行政主管部门制定,报国务院标准化行政主管部门备案。

我国的地方标准由省、自治区、直辖市人民政府标准化行政主管部门制定,由省、自

治区、直辖市人民政府标准化行政主管部门报国务院标准化行政主管部门备案，由国务院标准化行政主管部门通报国务院有关行政主管部门。

国家鼓励学会、协会、商会、联合会、产业技术联盟等社会团体协调相关市场主体共同制定满足市场和创新需要的团体标准，由本团体成员约定采用或者按照本团体的规定供社会自愿采用。制定团体标准，应当遵循开放、透明、公平的原则，保证各参与主体获取相关信息，反映各参与主体的共同需求，并应当组织对标准相关事项进行调查分析、实验、论证。国务院标准化行政主管部门会同国务院有关行政主管部门对团体标准的制定进行规范、引导和监督。

企业可以根据需要自行制定企业标准，或者与其他企业联合制定企业标准。国家支持在重要行业、战略性新兴产业、关键共性技术等领域利用自主创新技术制定团体标准、企业标准。国家鼓励社会团体、企业制定高于推荐性标准相关技术要求的团体标准、企业标准。

推荐性国家标准、行业标准、地方标准、团体标准、企业标准的技术要求不得低于强制性国家标准的相关技术要求。

制定商品标准是一项技术复杂、政策性很强的工作，制定时必须遵循以下原则。

1. 制定商品标准的基本原则

（1）应当贯彻国家的有关方针、政策、法律、法规。

各项商品标准及其具体内容，都应在我国有关方针、政策、法律、法规的指导下，依据标准化原理和方法来制定，以保证指定的商品标准符合国家在一定历史时期内经济建设的需要。

（2）充分考虑消费需求和社会需求，维护消费者的利益。

在社会主义市场经济条件下，企业必须面向市场，按消费者和用户的需要以及使用要求组织商品生产和经营，只有这样才能拥有市场。商品标准是指导企业进行商品设计、生产和销售以及保证商品市场适用性的技术依据。因此，指定商品标准时首先要从市场和社会需要出发，广泛听取生产者、经营者、物流业者、消费者、用户以及政府有关部门等方面的意见，充分考虑消费者、用户和社会需要。使用需求，是指消费者和用户对商品的质量要求。社会需要包括道德、法律和环保等方面的社会共同需求。在规定商品指标时，要考虑商品的用途和实际使用条件。

（3）有利于合理开发和利用国家资源，保护自然资源和生态环境。

资源是一个国家发展经济最基本的物质基础，一些自然资源是不能再生的，过度开发自然资源会破坏生态环境。因此，在制定商品标准时，一方面，要密切结合我国的自然条件，合理开发和利用自然资源，努力提高资源的利用率，充分节约原材料，努力开发新材料，尽可能采用代用品，大力回收利用废旧物资；另一方面，必须考虑资源保护、生态环境保护和最大限度地减少环境污染等问题。

（4）积极采用国际标准和国外先进标准，促进对外经济技术合作与对外贸易的发展。

当前，采用国际标准是世界各国技术经济和对外贸易发展的普遍趋势，采用国际标准，不仅可以提高本国的标准水平和商品在国际市场上的竞争力，给本国的技术、经济的发展带来巨大利益，而且可以消除国际贸易中的技术壁垒，扩大商品贸易。因此，制定商品标准时,要积极采用国际标准和国外先进标准。为了促进采用国际标准和国外先进标准工作的开展,我国于1994年发布实施了《采用国际标准和国外先进标准管理办法》和《采用国际标准产品标识管理办法》。

(5) 保障安全和人民的身体健康。

人体健康和人身、财产安全是关系广大人民群众根本的切身利益。因此,在制定商品标准时,必须充分考虑商品生产、运输、存储和使用中的安全、卫生、可靠性等要求。凡涉及安全、健康、卫生等方面的内容,在标准中应做严格规定,并以法律作为保障。

(6) 做到技术先进、经济合理、安全可靠。

商品标准中规定的各项质量指标和要求应当适应国家技术经济发展的水平以及赶超世界先进水平和国际市场竞争的需要,力求反映科学、技术和生产力的先进成果,有利于发展生产,促进企业技术的发展以及商品质量和经济效益的不断提高,因此在制定商品标准时,不仅要考虑技术上先进,而且要通过全面技术经济分析和论证,寻求经济上的合理性,把提高商品标准水平、商品质量与取得最佳经济效益统一起来。

(7) 掌握制定标准的时机,并根据科技发展和经济建设的需要适时修订。

商品标准一般应该在商品定型、准备正式投产前进行制定。商品标准制定后应保持相对稳定,使企业在一定的技术发展水平上有一段稳定的生产经营时期。商品标准的技术内容和质量指标也要适应当前科学技术水平。当标准水平落后于当前科学技术水平,企业的技术水平比标准所代表的技术水平高时,就应该根据科学技术发展和经济建设需要适时修订现行商品标准,否则会阻碍企业发展。

案例点击

我高铁标准成世界标准

"得标准者得天下。"这句话揭示了标准举足轻重的影响力。而在中国企业"走出去"的过程中,输出"中国标准"一直都被视为最高追求。

"国外高铁距离一般只有1 000公里左右,中国高铁则一般在2 000公里以上,适应中国这种国情、路情的动车标准当然与众不同。"当谈到高铁制造的"中国标准",中国铁路总公司总工程师何华武这样表示。

从2012年开始,中国铁路总公司在中国开展了"中国标准"动车组研制工作。中国幅员辽阔,地形复杂,气候多变,被极寒、雾霾、柳絮、风沙"淬炼"出的"中国标准"正逐渐超越过去的"欧标"与"日标",被越来越多的国家采用。

同样,在数字电视领域,中国数字电视标准成为国际电信联盟国际标准后,已被全球14个国家采用,覆盖全球近20亿人口,带动了中国多个数字电视品牌走出国门。

如今,中国在国际标准制定方面的影响力和话语权日益增强,由中国提出和主导制定的国际标准数量逐年增加。截至2016年5月,中国已有189项标准提案成为ISO的国际标准,特别是在高铁、核电、通信、汽车等领域,中国在国际标准上实现了从跟随到引领的跨越。

随着越来越多的"中国标准"成为"世界标准",曾有韩国媒体这样报道,"包括高铁、核能等在内的中国高端制造业正在迅速扩展世界市场,由此带来的是'中国行业标准成为世界标准'"。

资料来源:我高铁标准成世界标准. 人民日报(海外版),2016-09-17.

2. 制定商品标准的一般程序

(1)组织起草。

国务院标准化行政主管部门在每年6月提出编制下年度国家标准计划项目的原则、要求,并下达给国务院有关行政主管部门和国务院标准化行政主管部门领导与管理的全国专业标准化技术委员会;国务院有关行政主管部门将编制国家标准计划项目的原则、要求,转发给由其负责领导和管理的全国专业标准技术委员会或专业标准化技术归口单位。

(2)征求意见。

国家标准征求意见稿和"编制说明"及有关附件,经负责起草单位的技术负责人审查后,印发各有关部门的主要生产、经销、使用、科研、检验等单位及大专院校征求意见。国家标准征求意见稿征求意见时,应明确征求意见的期限,一般为两个月。

(3)归纳整理。

负责起草的单位应对征集的意见进行归纳整理,分析研究和处理后提出国家标准送审稿、"编制说明"及有关附件、"意见汇总处理表",送给负责该项目的技术委员会秘书处或技术归口单位审阅,并确定能否提交审查。必要时可重新征求意见。

(4)审稿。

国家标准送审稿的审查,凡已成立技术委员会的,由技术委员会按《全国专业标准化技术委员会章程》组织进行。国家标准送审稿的审查,未成立技术委员会的,由项目主管部门或其委托的技术归口单位组织进行。参加审查的,应有各有关部门的主要生产、经销、使用、科研、检验等单位及大专院校的代表。其中,使用方面的代表不应少于四分之一。审查可采用会议审查或函审等方式。

(5)审批。

国家标准由国务院标准化行政主管部门统一审批、编号、发布,并将批准的国家标准一份退给报批部门。

二、商品标准的复审和修订

《中华人民共和国标准化法》规定:标准实施后,制定标准的部门应当根据科学技术的发展和经济建设的需要适时进行复审,以确认现行标准有效或者予以修订、废止。标准的复审周期一般不超过五年。

标准修订的主要工作程序,按制定标准的有关规定要求执行。修订后的标准顺序号不变,仅把年号改为修订的年即可。具体规定如下:

(1)确认继续有效的国家标准,不改顺序号和年号;当国家标准重版时,在国家标准封面上、国家标准编号下写明"××××年确认有效"字样。

(2)需作修改的国家标准作为修订项目,列入计划;修订的国家标准顺序号不变,把年号改为修订的年号。

（3）已无存在必要的国家标准，予以废止。

三、商品标准的实施

商品标准的实施是整个标准化活动的一个重要环节。商品标准的贯彻与实施，要依靠技术监督部门、产品归口部门、设计部门和企业等各方面相互配合，分工协作，共同努力。商品标准一经批准发布，就成为商品生产、流通、消费领域的技术依据，各部门在贯彻执行中不得擅自更改或降低标准。在贯彻实施商品标准过程中，还要做好信息反馈、调查研究等工作，为将来的修订准备条件。

商品标准的实施，大致要经过计划、准备、实施、检查和总结这五个阶段。

1. 计划

贯彻实施商品标准，首先要制订计划，从整体上分析实施项目需要和可能的相关因素和条件。合理安排人力，具体划分任务和工作进度，明确职责，并对实施后的经济效果进行预测分析。

2. 准备

为保证商品标准贯彻实施工作的顺利进行，必须事先做好思想准备、组织准备、技术准备和物质条件准备这四个方面的工作。

3. 实施

实施就是将商品标准用于生产和流通。根据不同情况，可采取不同的实施方式。在实施过程中，各部门不得擅自更改或降低标准。从事科研、生产、经营的单位和个人，必须严格执行标准。不符合标准的商品，禁止生产、销售和进口。质量监督检验部门要严格按照标准进行商品质量监督与认证，这是保证标准贯彻实施的重要手段。

4. 检查

要将生产和流通过程中的实施情况进行全面检查，使其符合标准化的要求。

5. 总结

总结包括技术上的总结以及各种文件和资料的归纳、整理、立卷、归档，并对下一步的工作提出意见和建议。

单元 2　商品检验

知识点 1　商品检验及其程序

商品检验是商品学研究的重要内容之一，从质量管理阶段的第一个阶段开始，商品学的研究者就把商品检验提出来作为研究的核心，说明商品检验在商品学中占有举足轻重的地位。

一、商品检验的概念、分类和内容

1. 商品检验的概念

在货币产生以前市场活动主要表现为物与物的交换，在进行交换时双方要对交换的物品进行评估，这种行为构成了商品检验的最初形式。随着货币的产生，商品交换行为越来越频繁，无论是商品的种类还是商品的档次都丰富起来，即使是同种商品也存在着质量的差别，为了保证交易的公平性和可行性，商品检验成为交易过程中不可缺少的一个环节。由于商品检验直接关系到交易双方的权利与义务，世界各国纷纷建立了商品检验机构，制定相应的商品检验法规，一些国际公约组织也对一些商品检验问题做出了明确规定。根据中华人民共和国国家标准 GB/T19000—2008 和国际标准 ISO8402—1986 的定义，检验是指对产品和服务的一种或多种特征进行测量、检查、实验、度量，并将这些特性与规定的要求进行比较以确定其符合性的活动。

商品检验是指商品的产方、买方或者第三方在一定条件下，借助于某种手段和方法，按照合同、标准或国内外有关法律、法规、惯例，对商品的质量、规格、重量、数量、包装、安全及卫生等方面进行检查，并做出合格与否或通过验收与否的判定，或为维护买卖双方合法权益，避免或解决各种风险损失和责任划分的争议，便于商品交接结算而出具各种有关证书的业务活动。商品检验的中心内容是商品质量的检验，因此狭义的商品检验也就是指商品的质量检验。

2. 商品检验的分类

商品检验从不同的角度、用不同的标准可进行如下划分：

（1）按照检验方所处的位置划分。

1）生产检验（第一方检验）。

生产检验是一种自检，生产部门或者销售部门在企业内部设立检验机构，对生产和销售的产品质量进行自检，及时发现不合格产品。生产部门通过对原材料、半成品的检验，能防止不合格品进入下一环节，确保出厂产品达到质量标准；销售部门通过对成品商品进行检验，能够对有质量问题的商品及时进行处理，使不合格产品不能进入流通领域。检验合格的商品应有"检验合格证"，这样既能保证广大消费者的利益，又能维护企业的良好声誉。

2）验收检验（第二方检验）。

验收检验是买方检验，是指买方为了维护自己及其顾客的利益，保证其所购买的商品满足合同或者质量标准要求而进行的检验。通过买方检验可以及时发现问题，并跟商品供应企业进行信息沟通，明确相关责任。

3）公正检验（第三方检验）。

公正检验是处于买卖双方之外的第三方，如监督检验鉴定机构，以权威、公正的身份按照相关法律、标准或者合同要求所进行的检验活动。其检验结果具有法律性、公正性和权威性，通过公正检验可以维护各方的合法权益，协调矛盾，保证商品交换的有序进行。

例如价值昂贵的珠宝通常采用这种检验手段。

（2）按照检验商品的流向划分。

1）内销商品的检验。

即国内商品的经营者、用户，内贸部门的质量管理和检验机构，各级商品质量监督管理与监督检验机构，依据国家的法律及有关技术标准或合同，对内销的商品所进行的检验活动。

2）进出口商品的检验。

即国家出入境检验检疫局、设立在各地的出入境检验检疫机构，依照有关的法律、法规、合同、技术标准、国际贸易惯例与公约、双边协定等，对进出口商品进行的法定检验、鉴定检验和监督检验。根据《出入境检验检疫标志管理办法》第五条的规定，入境货物应当加施标志，而未加施标志的，不准销售、使用；出境货物应当加施标志，而未加施标志的，不准出境。部分与安全有关的进出口商品经检验合格后要有中国检验检疫合格标志，该标志式样为圆形，正面文字为"中国检验检疫"及其英文缩写"CIQ"，背面加注九位数码流水号。例如在进口时需要贴有CIQ标志的化妆品、食品、玩具等，出口时需要贴有CIQ标志的有烟花爆竹、肉类等。

进出口商品的检验依据检验的性质和作用不同，又可以分为法定检验、鉴定检验和监督检验。

a. 法定检验：根据国家和法律的规定，对指定的重要进出口商品执行强制性检验，非经检验合格不准出口或进口。法定商品检验的范围包括：

● 列入《出入境检验检疫机构实施检验检疫的进出境商品目录》（简称《检验检疫商品目录》）。

● 《中华人民共和国食品安全法》规定应施卫生检验检疫的进出口食品。

● 危险货物的包装容器、危险货物运输设备和工具的安全技术条件的性能和使用鉴定。

● 装运易腐烂变质食品、冷冻品的船舱、货仓、车厢和集装箱等运载工具。

● 国家其他有关法律、法规规定须经出入境检验检疫机构检验的进出口商品、物品、动植物等。

《进出口商品检验法》规定，凡列入法定检验的进出口商品和其他法律、法规规定须经出入境检验检疫机构检验的进出口商品，经收货人、发货人申请，国家出入境检验检疫部门审查批准，可以免予检验。凡申请免验的进出口商品必须符合《进出口商品免验办法》（2002年10月1日）规定的要求。免验是对某些优质产品的一种鼓励措施，国家授权出入境检验检疫部门对符合规定的优质商品经过审查批准后，免予检验。

申请人申请免验，应当具备以下条件：

申请免验的进出口商品质量应当长期稳定，在国际市场上有良好的质量信誉，无属于生产企业责任而引起的质量异议、索赔和退货，检验检疫机构检验合格率连续三年达到百分之百；申请人申请免验的商品应当有自己的品牌，在相关国家或者地区同行业中，产品档次、产品质量处于领先地位；申请免验的进出口商品，其生产企业的质量管理体系应当符合ISO9000质量管理体系标准或者与申请免验商品特点相应的管理体系标准要求，并获得权威认证机构认证；为满足工作需要和保证产品质量，申请免验的进出口商品的生产企业应当具有一定的检测能力；申请免验的进出口商品的生产企业应当符合《进出口商品免验审查条件》的要求。

凡涉及安全、卫生和下列有特殊要求的进出口商品不能申请免验：

食品、动植物及其产品；危险品及危险品包装；品质波动大或者散装运输的商品；需出具检验检疫证书或者依据检验检疫证书所列重量、数量、品质等计价结汇的商品。

b. 鉴定检验：鉴定检验不是强制的，而是凭进出口商、承运商、仓储部门、保险公司等对外贸易关系人的申请办理的。

根据《进出口商品检验法》的规定，一切进出口商品都必须经过检验，但由于进出口商品的种类和数量比较大，商品检验机构很难承担，因此商品检验机构采取监督检验来解决这一问题。

c. 监督检验：是指商品检验机构或其指定、认可的检验机构对生产企业申请使用认证标志或申请获得必要的进口安全质量许可、出口质量许可或卫生注册登记的进出口商品所实施的检验。

（3）按照检验商品的数量划分。

1）全数检验。

全数检验又称全额检验、百分之百检验，是对整批商品逐个（件）地进行的检验。虽然通过这种检验能够较全面地掌握商品信息，但是工作量太大，这种检验方法只是适合一些批量小的、比较贵重的、其性能与人的生命有关的、非破坏性的商品的检验，例如珠宝首饰的检验，汽车、飞机的检验，对于一些大量生产的商品并不适合。

2）抽样检验。

抽样检验是按照已确定的抽样方案，从被检的商品中随机抽取少量商品，再对商品进行逐一测试，并依据测试结果去推断整批商品质量合格与否的检验。由于受检验的商品的数量较小，可以节省时间和费用，因此抽样检验是大批量生产商品主要使用的一种方法，例如食品、化妆品的检验，但检验结果相对于整批商品实际质量水平，总会有一定误差。质量差异大的一些被检商品，不适宜使用这种方法。

3）免于检验。

对于生产技术水平高和检验条件好、质量管理严格、成品质量长期稳定的企业生产出来的商品，在企业自检合格后，商业和外贸部门可以直接收货，免于检验。自 2000 年 8 月国家质量技术监督局开始实施产品免于质量监督检查工作，获得免检的商品，在其质量合格证上使用免检标志，在三年内免于各种形式的质量监督检查。

（4）按照检验过程中对商品的处理划分。

1）破坏性检验。

破坏性检验是在检验的过程中为了获取信息，将商品进行处理，使商品失去原有的特性的检验，例如纺织品、塑料制品、食品等商品的检验，汽车碰撞实验。

2）非破坏性检验。

非破坏性检验指在检验过程中商品不被破坏，检验后仍能使用的检验，例如 X 光检验、珠宝检验。

3. 商品检验的内容

(1) 品质检验。

品质检验是根据合同和有关检验标准规定或申请人的要求对商品的使用价值所表现出来的各种特性，运用人的感官或化学、物理等各种手段进行的测试、鉴别。其目的就是判别、确定该商品的质量是否符合合同中规定的商品质量条件，包括外观品质和内在品质。品质检验包括外观品质检验和内在品质检验两部分。外观品质检验是指对商品外观尺寸、造型、结构、款式、表面色彩、表面精度、软硬度、光泽度、新鲜度、成熟度、气味等的检验；内在品质检验是指对商品的化学组成、性质和等级等技术指标的检验。

(2) 规格检验。

规格表示同类商品在"量"（如体积、容积、面积、粗细、长度、宽度、厚度等）方面的差别，与商品品质优次无关。如鞋类的大小、纤维的长度和粗细、玻璃的厚度和面积等规格，只表明商品之间在量上的差别，而商品品质取决于品质条件。

由于商品的品质与规格是密切相关的两个质量特征，因此，贸易合同中的品质条款中一般都包括了规格要求。商品规格是确定规格差价的依据。

(3) 包装数量和重量的检验。

它们是买卖双方成交商品的基本计量和计价单位，直接关系着双方的经济利益，也是对外贸易中最敏感而且容易引起争议的因素之一。商品的重量、数量的检验包括对不同商品采用不同的计重方式计量出准确的重量，包括商品个数、件数、双数、打数、令数、长度、面积、体积、容积和重量等。

(4) 包装检验。

商品的包装是否完好，不仅直接关系着商品的质量，还关系着商品的数量和重量。甚至有些商品包装不良，还可能危及人身、运输工具、港口码头和仓库的安全。如在检验过程中，包装破损，责任在运输部门；包装完好，发现有商品数（重）量不足的情况，责任在生产部门。包装质量检验的内容主要是内外包装的质量，如包装材料、容器结构、造型和装潢等对商品贮存、运输、销售的适宜性，包装体的完好程度，包装标志的正确性和清晰度，包装防护措施的牢固度等。

(5) 安全性检验。

安全性检验指涉及产品安全性能方面的检验。安全性检验是以保护人物及环境安全为目的的，因此对安全性能的检验要比对品质、数量、重量、包装等方面的检验要求严格得多。凡是有安全性能要求的商品，其安全性检验大多属于强制性检验，例如易燃易爆、有腐蚀性、有毒、有放射性、是否漏电等方面的检验。

(6) 卫生检验。

卫生检验是指对商品中的有毒有害物质及微生物进行的检验。一般来讲，卫生检验主要指的是食品卫生检验，近年来，商品卫生检验的内容和范围不断扩大，检验的标准也越来越高，除了对食品的卫生情况进行检验，还对一些与人体直接接触的商品进行检验。例如对食品添加剂中砷、铅、镉的检验，对茶叶中农药残留量的检验，对化妆品中铅、汞等有害物质的检验。

二、商品检验的程序

1. 一般商品检验的程序

商品检验的工作程序通常包括以下几方面内容：

（1）定标。

检验前应该根据合同或者执行的标准明确技术要求，确定商品合格的判定原则及检验方法和手段，在确定检验方法时要注意技术标准中是否有规定的检验方法，若有就按照规定的方法进行检验，若没有则参照其他技术标准中同类商品的检验方法，制订商品检验计划。

（2）抽样。

按照合同或标准规定的抽样方案随机抽取样品，使得该样品对商品总体具有充分的代表性。抽样是商品检验的一个关键环节，如果抽取的样品有问题，检测结果的准确性再好，也不能对商品总体做出客观的评价。

（3）检查。

在规定的环境条件下，用规定的实验设备和试验方法检测样品的质量特性。在检验时要做好原始记录，不得随意涂改，涂改时盖章有效，要保存好检验记录，认真填写检验报告书。

（4）比较。

将样品的检验结果同技术要求比较，确定其结果是否符合质量要求。

（5）判定。

依据比较结果判定样品的合格数，进而根据合格判定原则判定商品总体是否合格，并做出是否接收的结论。

（6）处理。

对检验结果出具检验报告，反馈质量信息，对不合格品做相应处理。

2. 进出口商品检验的程序

根据我国《进出口商品检验法》的规定，一切进出口商品都必须经过检验。在进行进出口商品检验时要做好下面几个环节的工作：

（1）报验及申报。

所谓报验，是指对列入《检验检疫商品目录》的进出口商品，代理接运部门或收用货部门向商检机构申请检验鉴定所办理的手续。申报则指对未列入《检验检疫商品目录》的进出口商品，在商品到货后，由收用货部门向商检机构报告。收用货部门申报后，便可自行检验。如果自行检验有困难，可要求主管部门组织检验，或报请商检机构检验。出口商品，有下列情况之一者，在出口前必须向商检局报验：

1）列入《检验检疫商品目录》的商品；

2）合同或信用证规定须由商检局检验出证的商品；

3）出口食品的卫生检验和检疫，出口动物产品的检疫；

4）装运出口粮油食品、冷冻品等易腐食品的船舱和集装箱装运技术条件的检验；

5）出口危险货物的包装性能鉴定和使用鉴定；

6) 进口国政府规定必须凭出口国官方检验机构证书方准进口的商品;

7) 对外贸易关系人申请商检局检验出证的商品。

办理出口商品报验,应认真填写"出口商品检验申请单"。

(2) 抽样。

抽样指商检机构接受报验后,对报验的进出口商品按照规定的抽样方法,从整批商品中随机抽取一部分商品以备检验。这是检验工作的重要环节,如果样品的抽取缺乏代表性,就会影响检验结果的准确性与可靠性。抽样时,一般要按照规定的方法和一定的比例,在货物的不同部位抽取。商检人员在抽取样品后,填写抽样收据并交报验人,余样在一般情况下当场退还,对进出口计数的贵重商品,抽样后需由报验单位补足。

(3) 检验。

检验机构对进出口商品的检验,涉及商品的质量、包装、数量、重量以及残损鉴定等多个方面。检验时的具体做法因检验制度不同、贸易契约不同、运输方式不同、索赔有效期不同而有所差异,可采取自验、共同检验或抽验换证的具体方法。

(4) 签发证书。

进出口商品经商检机构检验后,检验机构向进出口商签发证书,该证书是检验机构实施进出口商品检验、鉴定后,根据检验、鉴定结果,对外签发的具有法律效应的证明文件。对于进口商品的检验,商品检验合格的签发"检验情况通知单",不合格的签发相应的商检证书。在出口商品检验之后,如果商品检验合格,签发相关的商检证书,不合格的签发"检验不合格通知单"。

知识点 2　商品质量检验的方法

一、抽样

1. 抽样的概念

抽样也称取样、采样、拣样,是指根据合同或标准所确定的方案,从被检批商品中抽取一定数量有代表性的、用于检验的单位商品的过程。抽样检验是按照事先规定的抽样方案,从被检批中抽取少量样品,组成样本,再对样品逐一进行测试,将测试结果与标准或合同进行比较,最后由样本质量状况统计推断受检商品整体质量的合格与否。

被检批商品如果是同一来源、同质的商品,通常以一个订货合同为一批,如果同批商品中质量差异较大或者订单很大或连续交货时,也可分为若干批。被检批商品所含商品总数,叫作批量,通常用 N 表示。被检批商品中抽取用于检验的单位商品的全体,叫作样本,样本中所含单位商品的数量称为样本大小,通常用 n 表示。

2. 抽样的方法

商品进行抽样检查时,遇到的第一个问题是如何抽取样品。抽样的目的在于通过尽可能少的样本所反映出的质量状况来统计推断整批商品的质量水平。所以如何抽取是关系着生产者、消费者利益的大事。要正确选择抽样方法,控制抽样误差,以获取较为准确的检验结果。根据商品的性能特点,抽样方法在相应的商品标准中均有具体规定。当被检查批的商品质量均匀一致时,无论怎样抽取样品,无论样品的数量多少,样本质量一般都能反映整批商品的质量。但是在工业生产过程中，由于原材料、加工条件和技术水平的差异，生产出来的产品质量总是不完全均匀一致的，这时怎样抽取样品就变得更加重要了。

（1）随机抽样的概念。

为了使抽取的样品能准确反映检查批的总体质量，应提倡采用符合概率论与数理统计理论的抽样方法。目前，被广泛采用的是随机抽样法，即被检验整批商品中的每一件商品都有同等机会被抽取的方法。被抽取的机会不受任何主观意识的限制，抽样者按照随机的原则、完全偶然的方法抽取样品，因此比较客观，适用于各种商品、各种批量的抽样。

（2）随机抽样的分类。

1）简单随机抽样。

简单随机抽样法又称单纯随机抽样法，是在批量为 N 的被检商品中抽取 n 个单位的商品组成样本，共有 C_N^n 种组合，对于每一种组合，被抽取的概率都是相同的。从理论上讲，简单随机抽样最符合随机的原则，它是对整批同类商品不经过任何分组、划类、排序，直接从中按照随机原则抽取检验样品。利用抽签或随机表抽样可避免检验员的主观意识的影响，但是简单随机抽样通常用于批量不大商品的抽样，当批量较大时，则无法使用这种方法。

2）分层随机抽样。

分层随机抽样法又称分组随机抽样法、分类随机抽样法，它是把批量为 N 的被检商品分为 N_1，N_2，N_3 直到 N_i 单位商品组成的 i 层，尽可能使每层的商品质量均匀，然后从每层商品中按照简单随机抽样的方法随机抽取若干样品，最后将各组抽取的样品放在一起，即 $N=N_1+N_2+N_3+\cdots+N_i$，作为整批商品的检验样品的抽样方法。分层随机抽样法适用于批量较大的商品检验，尤其是当批中商品质量可能波动较大时，如不同设备、不同时间、不同生产者生产的商品组成的被检批。用此方法抽取的样本有很好的代表性，是目前使用最多、最广的一种抽样方法。

例如：有一批零件共有 10 000 个，是某厂甲、乙、丙三条生产线生产加工出来的产品，其中甲生产线的产品 5 000 个；乙生产线的产品 3 000 个；丙生产线的产品 2 000 个，先抽取样本 500 个进行试验。

采用分层法抽取样本：

应从甲生产线抽取的样本：500×5 000/10 000＝250（个）

应从乙生产线抽取的样本：500×3 000/10 000＝150（个）

应从丙生产线抽取的样本：500×2 000/10 000＝100（个）

该批商品抽取的样本总量：250＋150＋100＝500（个）

3）系统随机抽样。

系统随机抽样法又称等距随机抽样法、规律性随机抽样法。它是先将整批同类商品按顺序编号，并随机决定某一个数为抽样的基准号码，然后按已确定的"距离"机械地抽取样品的方法。如按 2，12，22…的顺序抽取样品。用这种抽样方法抽样分布均匀，比简单随机抽样更为精确，适用于较小批量商品的抽样，但当被检批商品的质量问题呈周期性变化时，则易产生较大偏差。注意，抽样"距离"＝商品总数/样品总数。

例如：随机选取以 6 为基准的号码，抽样"距离"为 10，则号码为 16，26，36，46…的商品均为样品。

二、商品检验的方法

1. 感官检验法

感官检验法是利用人的眼、鼻、舌、耳、手等感觉器官作为检验器具，结合平时积累的实践经验对商品的外形结构、外观疵点、色泽、声音、气味、滋味、弹性、硬度、光滑度、包装和装潢等质量特性，在一定条件下进行判定或评价的检验方法。感官检验法在商品检验中有着广泛的应用，并且任何商品对消费者来说总是先用感觉器官来进行质量评价的，所以感官检验十分重要。按照人的感觉器官不同，感官检验可分为视觉检验、嗅觉检验、味觉检验、触觉检验、听觉检验。

（1）视觉检验。

视觉检验是利用人的视觉器官来检验商品的外形、结构、颜色、光泽以及表面状态、疵点等质量特性。视觉检验受光线强弱、照射方向、背景对比，以及检验人员的生理、心理和专业能力的影响很大，应在标准照明条件下和适宜的环境中进行，而且应对检验人员进行必要的专业培训。

（2）嗅觉检验。

嗅觉检验是指通过人的嗅觉器官检验商品的气味来评价商品的质量。嗅觉检验目前广泛用于食品、药品、化妆品、家用化学制品和香精、香料等商品的质量检验，并且对于鉴别纺织纤维、塑料等燃烧后的气味差异也有重要意义。为了保证嗅觉检验的工作质量，必须对检验人员进行测试，以及严格的选择和培训，在检验中还应避免检验人员的嗅觉器官长时间与强烈的挥发物接触，并注意采取措施防止串味现象。

（3）味觉检验。

味觉检验是指通过人的味觉器官，对有滋味的食品来检验其质量的方法。凡是正常的食品均有独特的滋味，食品一旦变质其滋味就会发生改变，其质量就会下降。味觉检验易受到人体的某些疾病、味刺激的温度和时间等因素的影响。为了保证味觉检验的科学性，一方面要求检验人员要有辨别味觉特征的能力，并且被检验样品的温度要与对照样品的温度一致；另外一方面要采用正确的检验方法，遵守一定的规程。例如：检验时不能吞咽物质，应将其在口中慢慢移动，每次检验后要用温水漱口。

（4）触觉检验。

触觉检验是利用人的触觉器官通过按压、拉伸等作用对商品的质量进行判别。一般对纸张、塑料、纺织品以及食品表面特性、强度、厚度、弹性、软硬等方面进行检验常使用此种方法。在进行触觉检验时应注意环境条件的稳定和保持手指皮肤的正常状态，并加强对检验人员的专业培训。

（5）听觉检验。

听觉检验是凭借人的听觉器官通过商品发出的声音特性来判别商品质量的方法。例如，判别玻璃制品、陶瓷制品、金属制品有无裂缝或其他内在缺陷，对收音机、音响装置等商品以及要求无噪声的机电商品的检验。听觉检验要求环境安静，避免外界因素对听觉灵敏度的影响。

感官检验法的优点是：快速、经济、简便易行，不需要专用仪器、设备和场所，不损坏商品，成本较低，因而使用较为广泛。

感官检验法的缺点是：一般不能检验商品的内在质量；检验的结果常受检验人员的技术水平、工作检验以及客观环境等因素的影响，而带有主观性和片面性，且只能用专业术语或记分法表示商品质量的高低，而得不出准确的数值。为提高感官检验结果的准确性，一般通过组织评审小组进行检验。

资料链接

玉器的检验

2017年6月27日，在云南瑞丽，一个女游客在一家玉器店试戴手镯时，不慎把玉镯掉地上摔碎，店家称价格为30万元，结果游客当场吓晕。第三方评估机构完成了对手镯的鉴定，评估该手镯的市场价格约为18万元，但是即使如此，网友还是存在较大质疑，第三方的鉴定真的准确吗？据业内人士介绍，第三方评估机构只能辨别玉石的真假，因为玉不同于钻石和黄金，没有一定的标准和国际报价，也没有业界都接受的品级评定机制，只能通过行业约束出来的共识来估计其价格范围，所以才有"黄金有价玉无价"的说法，对于该事件网友看法不一属于正常现象。那我们在购买玉器时该如何鉴别呢？这里教大家一些鉴定玉器的小窍门。

（1）观察纹理。有条件的话，可以用10倍放大镜观察一下玉石的内部机理，如果看到纤维状或颗粒状的、像石棉一样纠缠在一起的纹理，可能是真正的软玉或翡翠。

（2）听声音。首先听听塑料珠子相互敲打是什么声音，然后找一块你已经确定为真玉的玉石，将其与你要测试的玉石轻轻相击，如果听起来很像刚才塑料珠子的声音，那么你测试的这块玉石很可能就是假的；如果声音比刚才深沉一点、洪亮一点，那么可能就是真的。

（3）用手感觉。把玉石握在手里，真玉应该是冰冷、光滑的，有一点像握着肥皂的感觉。真玉在手里要过一会儿才会暖和起来。这一方法尤其适用于鉴别相同形状、大小的玉石。

（4）看重量。真玉的密度很高，所以实际掂起来要比看起来重一点，如果你手里掂量的这块玉比其他同样大小的玉都重，而且观察起来也没什么问题，那么极有可能是真玉了。

2. 理化检验法

理化检验是在实验室的一定环境条件下，借助各种仪器、设备和试剂，运用物理、化学的方法来检测评价商品质量的一种方法。它主要用于检验商品的成分、结构、物理性质、化学性质、安全性、卫生性以及对环境的污染和破坏性等。理化检验根据其原理可分为物理检验、化学检验和生物检验。

（1）物理检验。

物理检验是指对商品的物理量及其在力、电、声、光、热的作用下所表现的物理性能和机械性能的检验。这种检验要通过仪器测量进行。物理检验可分三类：第一类是几何量检验，商品的几何量包括商品长、宽、高等。第二类是物理量检验，商品的物理量指标包括重量、密度、熔点、沸点、导热、导电、磁性、电压、频率等。第三类是机械性能检验，商品的机械性能检验包括抗拉强度、抗压强度、抗剪切强度、抗冲击强度、硬度、弹性、韧性、最大负荷、耐磨性等。

（2）化学检验。

商品的某些特性要通过化学反应才能显示出来，商品的这种性质称为化学性质。化学检验可采用化学分析法和仪器分析法。

1）化学分析法。

化学分析法是根据已知的、能定量完成的化学反应进行分析的方法。化学分析法又可分为重量分析法、容量分析法和气体分析法。

重量分析法是指选择某种试剂与被测定的成分反应，生成一种难溶的沉淀物，再经过过滤、洗涤、干燥、灼烧等过程，使沉淀物与其他的成分分离，然后根据这种沉淀物的重量计算被测成分的含量。

容量分析法是指在被测定成分的溶液中，滴加一种已知准确浓度的试剂，根据它们反应时所消耗试剂的体积来计算被测定成分的含量。

气体分析法是指用适当的吸收剂吸收试样（混合气体）中的被测成分，根据气体体积的变化来确定被测成分的含量。

2）仪器分析法。

仪器分析法是通过检验试样溶液的光学和电化学性质等物理或化学性质而求出待测物成分含量的方法。仪器分析法可分为光化学分析法和电化学分析法。

光化学分析法是指通过被测成分吸收或发射电磁辐射的特性差异来进行化学鉴定的方法。光化学分析法包括了比色分析法、比浊分析法、分光光度法、发射光谱分析法、原子吸收光谱分析法和荧光分析法等。

电化学分析法是利用被测物的化学组成与电物理量之间的定量关系来确定被测物的组成和含量，包括极谱法、电导滴定法、电解分析法等。

（3）生物检验。

该方法是食品类、药品类和入场工业商品质量检验常用的一种方法，包括微生物学检验法和生理学检验法。

1）微生物学检验法。

微生物学检验法是通过仪器、试剂和动物来测定食品、药品和一些日用工业品以及包装对危害人体健康安全等性能的检验。目前，我国对食品、饮用水、口服及外用药品、化妆品及需灭菌的商品均规定了卫生标准，以严格控制细菌污染，防止各种有害的病原微生物侵入身体而直接危害广大消费者的人身健康。

2）生理学检验法。

生理学检验法是检验食品的可消化率、发热量及营养素对机体的作用以及食品和其他商品中某些成分的毒性等的一种检验方法。该方法多用动物做实验，只有经过无毒性测试，并经有关部门批准后才能在人体上进行实验。

此法的主要优点是：既可对商品进行定性分析，又可进行定量分析，而且其结果比感官检验法精确而客观，它不受检验人员主观意志的影响，结果可用具体数值表示，能深入分析商品的内在质量。

此法的主要缺点是：需要一定的仪器设备和实验场所，成本较高；检验时，往往需要破坏一定数量的商品，费用较大；检验时间较长；需要专门的技术人员进行；对于某些商品的某些感官指标，如色、香、味等无法检验。因此，在商业企业较少直接采用，多作为感官检验的补充检验，或委托专门的检验机构进行。

检验商品品质需采用的检验方法因商品种类不同而异，有的商品采用感官检验法即可评价质量（如茶叶），有的商品既需要采用感官检验法，也需要采用理化检验法（如陶瓷），有的商品需以理化检验的结论作为评价商品质量的依据（如钢材）。要使商品检验的结果准确无误，符合商品质量的实际，经得起复验，就要不断提高检验的技术和经验，采用新的检验方法和新的检测仪器，科技发展使理化检验方法向着快速、准确、少损（或无损）和自动化方向发展。

三、商品的品级

1. 商品品级的概念

商品品级（商品质量等级、商品质量分级）是指对同一品种的商品，按其达到商品质量标准的程度所确定的等级。它是表示商品质量高低优劣的标志，也是表示商品在某种条件下适合其用途大小的标志，是商品鉴定的重要内容之一。商品品级是相对的，有时会因不同时期、不同地区、不同使用条件及不同个性而产生不同的质量等级和市场需求。一般来说，工业品分为三个等级，而食品特别是农副产品、土特产等多分为四个等级，有的甚至达到六七个等级，如茶叶、棉花、卷烟等。

2. 商品品级的划分

我国商品品级的划分按照国家的有关规定，分为优等品、一等品和合格品三个等级。

（1）优等品。

优等品是指商品的质量标准必须达到国际先进水平，且实物质量水平与国际同类产品相比达到近五年内的先进水平。

（2）一等品。

一等品是指商品的质量标准必须达到国际一般水平，且实物质量水平达到国际同类产品的一般水平。

（3）合格品。

合格品指按照我国的一般水平标准组织生产，实物质量水平必须达到相应标准的要求。

商品分级常用等级的顺序表示，通常用几等、几级或者甲、乙、丙来表示。等级顺序的高低表明了商品质量的优劣。对于不符合最低一级商品的要求的商品称为等外品。也有许多商品用特殊的符号或颜色来标记自身商品的等级。例如布匹：判断布匹质量的好坏，需看标签的颜色，红字为一等品，绿字为二等品，蓝字为三等品，黑字为等外品。

商品质量等级的评定，主要依据商品的标准和实物质量指标的检测结果，由行业归口部门统一负责。优等品和一等品等级的确认，须有国家级检测中心、行业专职检验机构或受国家、行业委托的检验机构出具的实物质量水平的检验证明。合格品由企业检验判定。

资料链接

钻石等级的划分

钻石以其最高的硬度、晶莹透彻的质地及光彩夺目的特征，在世界上被称为"宝石之王"。它是成功、高雅、忠诚、永恒和纯真的象征，因此深受人们的喜爱。钻石是目前世界上珠宝贸易中交易额最大的一种宝石，自从热导仪等轻便检测仪器问世以来，鉴定钻石的真伪已成为很简单的事。如何评价一颗钻石的优劣，是钻石贸易中的主要问题。

《钻石分级标准》中规定，评定钻石等级高低的因素有四个，即钻石的颜色（Colour）、净度（Clarity）、切工（Cut）和克拉重量（Carat）。这四个因素又称为"4C"标准，"4C"代表颜色、净度、切工和克拉重量四个英文术语中的第一个字母C，而"4C"是评价钻石品质的不可缺一的综合要素，也是消费者判断一颗钻石价值的衡量标准。

（1）色泽（Colour）：钻石有多种天然色泽，有珍贵的无色（切磨后为白色），罕见的浅蓝、粉红及微黄等。愈是无色，白光愈是能穿透，经折射和色散愈是缤纷多彩。钻石的色泽分级是在专业实验室的分级环境中，由技术人员将待分级钻石与标准色泽比色石反复对比而确定的。最白的钻石定为D级，共有11个级别，依次为：D、E、F、G、H、I、J、K、L、M、N。

（2）净度（Clarity）：钻石结晶于地球深处地幔岩浆之中，因环境复杂，成分多样，温度压力极高，历经亿万年的地质变化，其内部难免含有各种杂物。杂物的颜色、多少、大小、位置分布对钻石的净度造成不同程度的影响。通常使用10倍放大镜按钻石内部、表面疵瑕及其对光彩的影响程度将未镶嵌钻石的净度级别细分为LC、VVS1、VVS2、VS1、VS2、SI1、SI2、P1、P2、P3共10个级别。已镶嵌钻石划分为极好、很好、好、较好、一般5个级别。

（3）切工（Cut）：钻石的璀璨光辉归于其独特的高折射率和高色散性能。然而，未经切磨的金刚石也只不过相貌平平，只有通过准确计算、精心设计和完美切割及抛磨，使光线充分折射出顶面才能使美钻光芒尽显。钻石是硬的物质，无坚可摧，永不磨损，一经切磨便光芒永恒。切工的级别分为很好、好、一般。

（4）克拉重量（Carat）：钻石重量以克拉（又称卡）计算。1克拉＝200毫克＝0.2克，1克拉分为一百份，每一份称为一分，0.75克拉称75分，0.02克拉为2分。在其他条件近似的情况下，随着钻石重量的增大，其价值则呈几何级数增长；重量相同的钻石，会因色泽、净度、切工的不同而价值相差甚远。

3. 商品品级的划分方法

商品品级的划分方法很多,一般有百分法和限定法两种。

(1) 百分法。

百分法是将商品的各项质量指标规定为一定的分数,重要指标占高分,次要指标占低分。如果各项指标都符合标准要求,或认为无瑕可挑,则打满分,某项指标欠缺则在该项中相应扣分。全部合格为满分 100 分。

以酒的评分方法为例,满分为 100 分:

白酒:色——10 分、香——25 分、味——50 分、风格——15 分。

啤酒:色——10 分、香——20 分、味——50 分、泡沫——20 分。

葡萄酒:色——20 分、香——30 分、味——40 分、风格——10 分。

(2) 限定法。

限定法是对商品各种疵点规定一定的限量,又可分为限定记分法和限定缺陷法。

1) 限定记分法。

限定记分法是将商品品种疵点规定为一定的分数,由疵点分数的总和确定商品的等级,疵点分数越高,则商品的等级越低。这种方法一般在日用工业品中采用。

2) 限定缺陷法。

即在标准中规定,商品每个等级限定疵点的种类、数量和疵点的程度。如日用工业品中全胶鞋质量指标共有 13 个感官指标,其中,鞋面起皱或有麻点在一级品中规定"稍有",二级品中规定"有",鞋面砂眼在一级品中规定"不许有"等。

单元 3　商品质量监督和认证

知识点 1　商品质量监督

一、商品质量监督的概念

商品质量监督是指根据国家的质量法规和商品质量标准,由国家指定的商品质量监督机构对生产和流通领域的商品质量和质量保证体系进行监督的活动。

我们可以从以下几个方面来理解商品质量监督的概念。

1. 商品质量监督是一种质量分析和评价活动

国家对商品质量的监督是技术监督,因此监督检验是商品质量监督的重要手段。监督检验是指由政府规定的商品检验机构,按照国家颁布的质量法规和商品标准,对企业生产的产品和市场销售的商品进行抽样检验和质量分析评价,对企业的质量保证体系进行检查。

2. 商品质量监督的对象是实体，如产品、商品、质量保证体系等

由于产品种类成千上万，政府不可能也没有必要对所有的产品质量进行监督，因此，产品质量监督的对象主要是可能危及人体健康和人身、财产安全的产品，影响国计民生的重要工业产品以及消费者、有关组织反映有质量问题的产品。

3. 商品质量监督的范围包括从生产、流通到运输、储存和销售的整个过程

根据《产品质量法》的规定，产品质量监督的范围是经过加工、制作，用于销售的产品。这里的产品必须同时具备两个条件：一是产品是经过加工、制作的；二是产品是用于销售的。因此，不同时具备这两个条件的产品，如种植业、畜牧业、渔业等所生产的初级农产品、狩猎品和原始矿产品等未经过加工、制作的，不属于法律规定的产品；自产自用的产品，即虽然经过加工、制作，但因不是用于销售，也不属于法律规定的产品。另外，建筑工程也不适用《产品质量法》，但建设工程使用的建筑材料、建筑构配件和设备，属于法律规定的产品。

4. 商品质量监督的依据是国际质量法规和产品技术标准

产品质量监督的法律依据是国家现行有效的法律、法规，包括《产品质量法》《工业产品质量责任条例》以及有关部门、地方颁布的管理本行业、本地区的质量监督的规定。

5. 商品质量监督的主体是用户或第三方

我国各级人民政府都设有商品质量监督机构，各级质量监督机构按照国家的有关规定，可单独组织或会同有关部门，对商品的生产、储运和经销等各个环节实行经常性的监督抽查，并定期公布商品质量抽查结果。社会团体、新闻机构和广大消费者也有权对商品质量进行社会监督。

6. 商品质量监督的目的是保证商品满足质量要求，维护国家和消费者的利益

国家和消费者的利益高于一切，商品质量监督是保证商品满足质量要求，维护国家和消费者利益不可替代的重要途径。

二、商品质量监督检查的主要对象

商品质量监督检查的主要对象是可能危及人体健康和人身、财产安全的产品，影响国计民生的重要工业品以及消费者、有关组织反映有质量问题的产品，主要包括食品、家具、农产品、建筑材料、日化用品、家用电器等。

三、商品质量监督的意义

商品质量监督是国家对生产领域和流通领域的商品质量进行宏观调控的一种手段。它对维护正常的社会经济秩序、保护消费者利益、保证和提高商品质量、增强我国商品的竞争能力等方面都具有重要的意义。

1. 维护社会主义市场经济的正常秩序

在市场经济的条件下，由于企业和个人对各自利益的追求，不可避免地会出现用产品的粗制滥造、以次充好、短斤少两、弄虚作假来欺骗广大的消费者和用户，牟取暴利的现象。这必然会扰乱市场的正常秩序。通过有关部门加强对生产领域和流通领域商品质量的监督，可以及时发现和纠正商品质量中存在的问题，打击各种损害商品质量的不正之风，从而可以维护市场的良好秩序。

2. 维护消费者和生产者的合法权益，保障人民的安全健康

商品质量的好坏，直接影响到广大消费者的切身利益。不符合国家质量要求的商品，特别是一切伪劣商品流入市场，会直接危害消费者的安全和健康。国家有关部门通过对商品质量的监督抽查，可以防止不合格品，尤其是假冒伪劣商品进入消费领域，依法查处假冒伪劣商品的责任者，帮助解决商品质量问题，从而有效地维护了消费者的合法权益，保护了消费者的安全和健康。

3. 促使企业增强质量意识，健全质量保证体系

通过质量监督部门对工商企业质量的检查和评价，可以促进企业强化质量意识，帮助企业认识到商品质量对于企业生存、发展的重大意义，促使其健全质量保证体系，使商品质量不断提高。

4. 有利于推动贯彻产品技术标准和有关质量法规

国家颁布的质量法规，需要通过质量监督予以维护和贯彻执行。因此，质量监督是贯彻质量法规的有力措施。同时，国家颁布的强制性标准和推荐性标准，也需要通过商品质量监督部门进行监察和督导，以促进企业贯彻执行。因此，商品质量监督又是实现和推广质量标准的重要途径。

5. 提高商品竞争力，促进对外贸易发展，开拓国际市场

通过商品质量监督检查的实施，可以督促企业严格产品质量的自律行为，使企业的产品质量保持稳定，从而增强商品的竞争力，促进对外贸易发展，开拓国际市场。

6. 有利于促进科学技术进步，提高企业素质和管理水平

商品质量监督检查的实施，可以让企业不断去实践标准、超越标准、革新标准，从而进一步促进科技水平的进步及企业素质和管理水平的提高。

7. 有利于国家计划质量目标的实现

国家为保证商品质量的提高，在国民经济计划中制定了质量方针和目标。而质量目标和方针的实现，需要通过具体的工作落实到各产业部门和基层企业。强化商品质量监督措施，可以促进企业采用先进的技术和设备，开发新产品，提高商品质量，从而保证国家计划质量目标的实现。

四、商品质量监督的种类

我国的商品质量监督有国家质量监督、社会质量监督和用户质量监督三种。

1. 国家质量监督

国家质量监督是指国家授权指定第三方专门机构对商品质量进行公正的监督检查。

这种监督主要以政府行政的形式对涉及人身安全健康的商品和关系到国家重大技术经济政策的商品，实行强制性监督检验，并公开发布监督检验结果，以保证国家经济建设的顺利进行和消费者的合法权益不受损害，维护社会经济生活的正常秩序。对于监督检验合格，符合国家有关质量法规、技术标准规定的质量要求的商品，允许出厂和进入流通领域，否则不许出厂和销售。

2. 社会质量监督

社会质量监督是指社会团体、组织和新闻机构根据消费者和用户对商品质量的反映，对商品质量进行的监督。

（1）社会团体、组织和新闻机构的质量监督。

即根据消费者和用户对商品质量的反映，对流通领域的某些商品和市场商品质量进行的监督检查。方法是从市场一次抽样，委托第三方检验机构进行检验和评价，将检验结果公布于众，造成强大的社会舆论压力。

（2）社会舆论的监督。

即中国质量管理协会用户委员会、消协、中国质量万里行组织委员会等组织代表消费者和用户的利益，对商品质量进行社会监督，受理消费者的投诉，责成损害消费者利益的企业给予赔偿、公布检验结果，通知生产不合格商品的企业改进商品质量。

3. 用户质量监督

用户质量监督是指使用单位为确保所购商品的质量而进行的监督和检查。

作为消费者，应当学习国家法律和质量法规，提高自身对产品质量的识别能力，不使假冒伪劣产品有可乘之机。一旦发现自己的合法权益受到损害，消费者应及时向质量监督机构或消协投诉，以维护自己的合法权益。

五、商品质量监督的方法

商品质量监督的方法多种多样，大致可以分为抽查型质量监督、评价型质量监督和仲裁型质量监督三种类型。

1. 抽查型质量监督

抽查型商品质量监督是指国家质量监督机构通过从市场或生产企业或仓库等地随机抽取的样品按照技术指标进行监督检验，判断其是否合格，从而采取强制措施以达到技术要求的一种监督活动。抽查型质量监督又可分为国家监督检查、统检、定期监督检查（也叫日常监督检查）和市场商品质量监督抽查等类型。其特点是：强制性、抽查地点不限、随机抽样、抽查检测数据科学和准确、质量评判公正、质量检验结果公开、抽查不合格单位限期整改。

（1）国家监督检查。

国家监督检查是由国务院产品质量监督部门依法组织有关省级质量技术监督部门和产品质量检验机构对生产、销售的产品，依据有关规定进行抽样、检验，并对抽查结果依法公告和处理的活动，是国家对产品质量进行监督检查的主要方式之一。

国家监督抽查的工作程序为：计划制订—方案设计—现场抽样—样品检验—结果反馈—数据汇总—公布结果—督促整改和复查，具有权威性、随机性、公正性、公平性。

国家监督抽查的特点主要有：突出重点，依法行政，客观、公正、科学，扶优与治劣并重，监督与服务相结合，充分依靠行业和地方并调动各方面的积极性，不收费等。国家监督抽查所需的费用由财政部门安排专项经费解决，财政部门专项拨付的国家监督抽查经费由国家市场监督管理总局统一管理、使用。

国家监督抽查分为两种，分别是定期实施的国家监督抽查和不定期实施的国家监督专项抽查。定期实施的国家监督抽查每季度开展一次，国家监督专项抽查根据产品质量状况及出现质量安全突发事件随时不定期组织实施。

(2) 统一监督检查（简称统检）。

统检是国家质量技术监督局、有关省（市）质量监督局或国务院有关行业主管部门，组织对全国有关省（市）或有关行业内生产某一种或几种产品的所有行业，按照统一产品、统一部署、统一检验标准和检验方法、统一判定原则、统一汇总口径等"五统一"的要求进行产品质量监督检查。统检对象是那些面大、产品质量差、问题比较多的产品及直接关系到人身安全、健康的商品（产品）。

(3) 定期监督检查。

定期监督检查也叫日常监督检验，主要是指地方（省、市、县）质量监督部门为监督本地区的产品质量的一种有效的质量监督形式。一般是县以上的地方质量监督部门制定《受检产品目录》，对本辖区的重要产品实施经常性、周期性、连续性的监督。定期监督检查的可比性强，能系统地掌握受检产品的质量动态，有利于了解产品的质量状况和趋势，以加强质量宏观管理。

(4) 市场商品质量监督抽查。

市场商品质量监督抽查是规范商业企业经营行为，维护市场流通秩序，保护消费者权益，准确掌握一般时期内市场上重要商品的实际质量状况，为政府实行宏观管理提供依据的一种行之有效的商品质量监督形式。

2. 评价型质量监督

评价型质量监督是指国家质量监督机构通过对企业的产品质量和质量保证体系进行检验和检查，考核合格后，以颁发产品质量证书、标志等方法确认和证明产品已经达到某一质量水平，并向社会提供质量评价信息，实行必要的事后监督的一种质量监督活动。

3. 仲裁型质量监督

仲裁型质量监督是指质量监督检验机构通过对有质量争议的商品进行检验和质量调查，在查明情况的基础上进行公正处理的一种质量监督活动。即仲裁型质量监督是对产品质量有争议时进行仲裁使用的手段，是国家质量监督机构站在第三方立场上，公正地处理质量争议中的问题，从而加强对质量不法行为的监督，促进产品质量提高的一种质量监督活动。

目前仲裁型质量监督包括争议方委托的质量仲裁、司法机构和合同管理部门委托的仲裁检验以及群众的质量投诉等。

六、商品质量相关法规简介

相关的商品质量法律法规是产品质量监督的主要依据，我国现行的商品质量法规有产品责任法、产品质量法、消费者保护法等。

1. 产品责任法

产品责任法是指由于产品的缺陷造成消费者人身或财产的损害，消费者要求赔偿时该产品制造者或销售者应当承担的法律责任。其规定大多是强制性的，主要目的是保护消费者的利益。

产品责任有三种形式，即疏忽责任、担保责任和严格责任。疏忽责任是指由于生产者或销售者的疏忽而使产品带有缺陷，从而造成消费者人身或财产损害，生产者或销售者对此应承担的责任。担保责任指卖方就所销售的产品的质量向买方做出了保证，如果因产品不符合卖方的保证而造成伤害或损失，买方对此应负有责任。严格责任指不论是产品的制造者还是销售者与消费者或用户之间有无合同关系，也不论他们在制造或销售产品过程中是否有过失，只要产品有缺陷，对消费者或用户有不合理的危险，致使他人人身或财产遭受损害，该产品的制造者或销售者就应当承担责任。

目前除各国制定的产品责任法规外，还有区域性的国际公约，如《关于造成人身伤亡的产品责任公约》（简称斯特拉斯堡公约）、《关于产品责任适用法律公约》（简称海牙公约）等。

我国的产品责任法有《民法通则》《工业产品质量责任条例》《产品质量法》。

2. 产品质量法

我国于1993年9月1日开始实施《中华人民共和国产品质量法》，并在2000年、2009年和2018年先后进行了三次修正。该法的实施使我国商品质量管理工作纳入了法制管理的轨道，为监督管理产品质量，保护用户和消费者的合法权益，维护社会经济秩序，提供了法律依据。

《产品质量法》第十四条规定：国家根据国际通用的质量管理标准，推行企业质量体系认证制度；企业根据自愿原则可以向国务院市场监督管理部门认可的或者国务院市场监督管理部门授权的部门认可的认证机构申请企业质量体系认证；经认证合格的，由认证机构颁发企业质量体系认证证书；国家参照国际先进的产品标准和技术要求，推行产品质量认证制度；企业根据自愿原则可以向国务院市场监督管理部门认可的或者国务院市场监督管理部门授权的部门认可的认证机构申请产品质量认证；经认证合格的，由认证机构颁发产品质量认证证书，准许企业在产品或者其包装上使用产品质量认证标志。

《产品质量法》中对产品生产者、仓储者、运输者、销售者应承担的产品质量责任和产品质量义务，产品质量的监督管理，产品质量国事纠纷的处理和产品质量问题的法律责任等，都做了明确规定。

3. 消费者保护法

对于消费者权益直接进行法律保护的有各国的国内法和国际公约，如关于保护消费者利益的基本法，买卖法，合同法以及涉及食品、医药、卫生、家庭用品、化妆品、家用电器商品等的质量、包装、计量、安全方面的法规。对消费者权益间接进行法律保护的有广告法、商标法、物价法、物资和市场管理法、环境保护法等法规。

为保护消费者的合法权益，日本在1968年就颁布了《消费者保护基本法》。1985年第39届联合国大会通过了《保护消费准则》，该准则对有关身体安全、促进和保护消费者经济利益、基本消费品和服务的分配设施、消费者获得赔偿的措施、消费者教育和宣传方案及具体领域（如粮食、饮用水、药品等）的措施等都做了明确规定，同时要求各国政府参照执行。以《保护消费准则》为基础，很多国家都先后制定了各国相应的法规。我国的《消费者权益保护法》于1994年1月1日正式实施，此后又经2009年和2013年由全国人民代表大会常务委员会先后两次进行了修订，并于2014年3月15日正式实施。2014版的《消费者权益保护法》分总则、消费者的权利、经营者的义务、国家对消费者合法权益的保护、消费者组织、争议的解决、法律责任、附则，共 8 章 63 条。

4. 有关人身安全、健康的商品质量法规

为保护消费者的合法权益和确保消费者的人身安全和健康，世界各国对涉及人身安全、健康的具体商品都制定了强制性质量法规。例如，美国的《食品、药物和化妆品条例》《消费者安全保障法》，日本的《食品卫生法》《药物法》《消费者生活用品安全法》等，我国发布实施的《食品安全法》《药品管理法》《化妆品卫生监督条例》，对食品卫生及有关食品生产、包装方面的卫生管理、监督和法律责任等做了明确规定，对药品、化妆品生产经营实现了法制管理，从而保证了食品、药品、化妆品的质量，保障了人民的健康和安全。

5. 商品质量监督管理、检验、认证等方面的质量法规

我国制定了《工业企业全面质量管理暂行办法》《产品质量监督试行办法》《工业产品生产许可证管理条例》《认证认可条例》《标准化法》《进出口商品检验法》等一系列质量法规。

知识点 2　商品质量认证与认可制度

一、商品质量认证的基本知识

1. 认证的含义

"认证"一词的英文原意是一种出具证明文件的行动。ISO/IEC 指南 2：1986 中对"认证"的定义是：由可以充分信任的第三方证实某一经鉴定的产品或服务符合特定标准或规范性文件的活动。

根据上面的定义，可以这样来理解认证：

（1）认证对象是商品或服务，即对第一方（供方或卖方）生产的产品，第二方（需方或买方）无法判定其质量是否合格，而由第三方来判定。

（2）认证机构是独立的第三方，第三方既要对第一方负责，又要对第二方负责，不偏不倚，出具的证明要能获得双方的信任，这样的活动就叫作"认证"。

（3）认证依据是特定的商品标准以及补充的技术要求。

（4）认证完毕后，证明商品质量符合认证标准的标识是认证证书或认证标志。

2. 质量认证的含义

质量认证就是通过第三方的权威机构提供产品、服务或质量保证体系符合要求的客观证据。质量认证也叫合格评定，是国际上通行的管理产品质量认证，是国际上通行的管理产品质量的有效方法。质量认证按认证的对象分为产品质量认证和质量体系认证两类；按认证的作用可分为安全认证和合格认证。

3. 商品质量认证的概念

国际标准化组织给现代商品质量认证下的定义是：由可以充分信任的第三方证实某一经鉴定的产品或服务符合特定标准或其他技术规范的活动。

《中华人民共和国认证认可条例》（中华人民共和国国务院令第 390 号，2003 年 9 月 3 日发布）第二条规定，本条例所称认证是指由认证机构证明产品、服务、管理体系符合相关技术规范、相关技术规范的强制性要求或者标准的合格评定活动。

商品质量认证分为安全认证和合格认证，安全认证依据的是强制性标准。

4. 认证机构

《中华人民共和国认证认可条例》第九条规定，认证机构是经国务院认证认可监督管理部门批准，并依法取得法人资格，可从事批准范围内的认证活动的机构；未经批准，任何单位和个人不得从事认证活动。

根据上面的定义，认证机构可以这样来理解：

（1）在进行认证时，第三方的认证活动必须公开、公正、公平，才能有效。

（2）这就要求第三方必须有绝对的权力和威信，必须独立于第一方和第二方之外，必须与第一方和第二方没有经济上的利害关系，才能获得双方的充分信任。

（3）由国家认可的机关或组织去担任这样的第三方，这样的机关或组织就叫作"认证机构"。

5. 产品质量认证的条件

中国企业、外国企业或者其他申请人申请产品质量认证，必须具备以下条件：

（1）中国企业持有工商行政管理部门颁发的企业法人营业执照；外国企业持有有关机构登记注册证明。

（2）产品符合中国国家标准、行业标准及其补充技术要求，或者符合国务院标准化行政主管部门确认的标准。

（3）产品质量稳定，能正常批量生产，并提供有关证明材料。

（4）企业质量体系符合 GB/T19000 或者外国申请人所在国等同采用 ISO9000 质量管理和质量保证系列标准及其补充要求。

6. 产品（商品）质量认证的程序

企业办理产品质量认证的程序如下所述：

（1）制定认证标准。

这是开展认证的前提和依据，通常是制定采用国际标准的国家标准，其中应包括实验室设备的要求和检验程序，以便在采用同样的外部环境和条件下，对来自不同地方的商品做出符合标准的公平判断。

（2）申请。

由制造商、批发商按认证机构的规定填写申请书，正式向认证机构提出申请。中国企业按照规定的要求向有关认证委员会提出书面申请；外国企业或者其他申请人向国务院标准化行政主管部门或者向其指定的认证委员会提出书面申请及其认证所需的有关资料。其内容在 ISO/IEC 第 22 号、第 28 号技术工作指南中均有详细规定。

（3）检查评价质量保证体系。

认证委员会受理认证申请后，组织对企业的质量体系进行检查。国家注册检查是按照规定的要求签署检查报告并将检查报告送认证委员会，同时对企业申请认证的产品进行现场抽样和封样，并由审检组或申请者送交指定的检验机构。

（4）产品测试。

认证委员会通知认证检验机构对样品进行检验，各项检验和检测完成后，按照规定格式填写检验报告，经授权人审核签字后，将检验报告报认证委员会。

（5）审查评议。

认证委员会对检验报告和检查报告进行审查，对合格者，批准认证并颁发认证证书，进行注册管理，并准许使用认证标志；对不批准认证的，发给书面通知，并说明原因和申请者应采取的行动。

（6）监督检查。

颁发证书后，认定机构继续对企业的质量保证体系进行监督检查。

（7）监督检验。

在认证标志的使用有效期内，认证工厂可随时在工厂、市场或用户单位抽取样品进行监督检验。

（8）监督处理。

经对质量管理体系的复查和样品的监督检验，如发现不符合规定要求时，认证机构可根据具体情况，做出停止使用认定标志、撤销认证的处理决定，以维护认证机构的信誉。

7. 认证证书和认证标志

（1）认证证书。

认证证书又称合格认证证书，是根据认证管理办法的规定由认证机构颁发给企业的一种证明文件，用以证明某种产品（商品）符合特定的标准或某一技术规范。有的企业给自己的产品签发合格证，并且附在每一台（件）出厂的合格产品上，这种合格证与认证证书是不同的，仅属于自我声明合格的性质；认证证书是由第三方认证机构颁发给企业的，未经认证机构的许可不得复制，不得擅自附在出厂的产品上使用。

认证证书的内容至少包括：证书编号、认证依据的法规文件和编号；企业名称；产品（商品）名称；型号、规格或等级；采用标准的名称和编号；认证机构的名称、印章；认证有效期和发证日期。

（2）认证标志。

认证标志即合格标志，是由认证机构设计并颁发的一种专用标志，用以证明某种产品符合特定标准或技术规范；经认证机构批准，使用在每台（件）出厂的获准认证的产品上。不同于普通商标，不区分商品品种，也不区分不同的生产厂家，只要是按认证管理办法的规定，经认证机构批准认证的产品，都使用同样的标志。作用是向消费者和使用者传递正确可靠的质量信息，指导消费者选购商品。从这个意义上说，认证标志是一种质量信得过的识别标志。

二、商品（产品）质量认证制度

1. 商品质量认证制度的发生发展过程

现代的第三方产品质量认证制度早在1903年发源于英国，是由英国工程标准委员会（BSI的前身）首创的。

1971年ISO成立了"认证委员会"（CERTICO），1985年，易名为"合格评定委员会"（CASCO），它促进了各国产品质量认证制度的发展。现在，全世界各国的产品质量认证一般都依据国际标准进行认证。国际标准中的 60% 是由 ISO 制定的，20% 是由 IEC 制定的，20% 是由其他国际标准化组织制定的，也有很多是依据各国自己的国家标准和国外先进标准进行认证的产品质量认证工作。20 世纪 30 年代后认证制度发展很快，到了 50 年代，在工业发达国家基本得到普及。

我国从 1981 年 4 月才成立了第一个认证机构——"中国电子器件质量认证委员会"，虽然起步晚，但起点高，发展快。

2. 质量认证制度的分类

（1）从认证性质来说，可分为自我认证制和第三方认证制。

（2）从法规性质上看，可分为自愿认证和强制认证。

（3）按认证标志分，可分为产品合格认证标志、产品安全认证标志、优质产品标志等。

（4）按认证范围分，可分为国际认证、地区认证、国家认证、实验室认证等。

3. 世界各国实行的质量认证方式

目前世界各国实行的质量认证方式主要有八种类型：

（1）型式检验。

按规定的检验方法对产品的样品进行检验，以证明样品符合指定标准或技术规范的要求。

（2）型式检验加认证后监督——市场抽样检验。

这是一种带有监督措施的型式检验。监督的办法是从市场上购买样品或从批发商、零售商的仓库中随机抽样进行检验，以证明认证产品的质量持续符合标准或技术规范的要求。

（3）型式检验加认证后监督——工厂抽样检验。

这种质量认证方式和第 2 种相类似，只是监督的方式有所不同，不是从市场上抽样，而是从生产厂发货前的产品中随机抽样进行检验。

（4）型式检验加认证后监督——市场和工厂抽样检验。

这种认证方式是第 2、3 两种认证方式的综合。

（5）典型的产品认证制度。

型式检验加工厂质量体系评定再加认证后监督，即质量体系复查加工厂和市场抽样检验。此种认证制度是应用比较广泛的认证制度，称为典型的产品认证制度。其显著特点是，在批准认证的条件中增加了对产品生产厂质量体系的检查评定，在批准认证后的监督措施中也增加了对生产厂质量体系的复查。

因此，典型的产品认证制度包括四个基本要素即型式检验、质量体系检查评定、监督检验、监督检查。前两个要素是取得认证资格必须具备的基本条件，后两个要素是认证后的监督措施。ISO/IEC 指南第 28 号《典型的第三方产品认证制度通则》规定了实施这种认证方式应遵循的一般要求。

（6）工厂质量体系评定（质量体系认证）。

这种认证方式是按所要求的技术规范对生产产品的质量体系进行检查评定，批准认证后对该体系的保持性进行监督复查，此种认证方式常被称为质量体系认证。

(7) 批验。

根据规定的抽样方案对一批产品进行抽样检验，并据此做出该批产品是否符合标准或技术规范要求的判断。

(8) 百分之百检验。

百分之百检验也称为成全数检验，在上一章曾提及，即对每一件产品在出厂前都要依据标准经认可的独立检验机构进行检验。

上述八种质量认证方式所提供的信任程度不同。第 5 种和第 6 种是各国普遍采用的，也是 ISO 向各国推荐的认证方式，ISO 和 IEC 联合发布的所有有关认证工作的国际指南，都是以这两种认证方式为基础的。八种质量认证方式的对比分析如表 3-1 所示。

表 3-1　　　　　　　　　八种质量认证方式的对比分析

认证类型	认证对象	认证方式					特点
		认证资格条件		认证后监督			
		型式检验	质量体系评定	市场抽样	工厂抽样	质量体系复查	
1	产品	+					主要用于证实产品设计符合规范的要求，不证明以后生产的同样产品符合标准。仅颁发合格证书，不适用认证标志，提供的产品信任程度较低
2	产品	+		+			证实生产的产品符合标准
3	产品	+			+		使用产品认证标志
4	产品	+		+	+		提供的产品信任程度较高
5	产品	+	+	+	+	+	证实生产的产品设计符合标准，使用产品认证标志，提供的产品信任程度较高
6	质量体系		+			+	证实生产厂商对所提供产品具有质量保证能力，颁发合格证书，质量体系认证标志不能直接用于产品
7	产品	+					仅证实特定的某一批产品符合标准，只对被检验的一批产品发给合格证明，不使用产品认证标志。提供的产品信任程度较高
8	产品	+			+		证实每一件产品均符合标准，认证费用很高，提供的产品质量信任程度最高

4. 我国产品质量认证及其标志

产品质量认证标志，是指产品经法定的认证机构按规定的认证程序认证合格，准许在该产品及其包装上使用的表明该产品的有关质量性能符合认证标准的标识。

我国商品质量认证标志主要有 CCC 认证标志、CQC 标志认证、有机食品认证标志和绿色食品标志等。

(1)"3C"认证及其标志。

"3C"认证，即"中国强制认证"（China Compulsory Certification，CCC）。"3C"认

证主要是试图通过"统一目录,统一标准、技术法规、合格评定程序,统一认证标志,统一收费标准"等一揽子解决方案,彻底解决长期以来中国产品认证制度中出现的政出多门、重复评审、重复收费以及认证行为与执法行为不分的问题,并建立与国际规则相一致的技术法规、标准和合格评定程序,促进贸易便利化和自由化。

1) 发展历程。

长期以来,我国强制性产品认证存在着对内、对外的两套认证管理体制:原国家质量技术监督局负责对境内销售使用的产品实行安全认证;原国家出入境检验检疫局负责对进出口商品实行安全质量许可制度。为了解决对国产产品和进口产品认证不一致的问题,按着入世后世贸组织国民待遇原则,国家质检总局和国家认监委于2001年12月3日一起对外发布了《强制性产品认证管理规定》,并从2002年5月1日(后来推迟至8月1日)起全面实施,认证标志的名称为"中国强制认证",由国家认监委受理认证申请,对列入国家质检总局和国家认监委发布的《第一批实施强制性产品认证的产品目录》中的产品实施强制性的检测和审核。对列入目录的产品实行"统一目录、统一标准与评定程序、统一标志和统一收费"的强制性认证管理。凡列入目录内的产品未获得指定机构认证的,未按规定标贴认证标志,一律不得出厂、进口、销售和在经营服务场所使用。原有的产品安全认证和进口安全质量许可制度同期废止。中国强制认证标志实施以后,逐步取代原实行的"长城"标志和"CCIB"标志。2009年5月26日《强制性产品认证管理规定》(修订版)由国家质量监督检验检疫总局局务会议审议通过,自2009年9月1日起施行。原有的"长城"标志和"CCIB"标志自2003年5月1日起废止。如有违反者,将依法受到处罚。

2001年至2014年期间,国家质检总局和国家认监委先后9次发布了强制性产品认证目录。产品目录涉及电器、无线局域网、装饰装修详、安全技术防范、机动车零部件、玩具、农机产品、信息技术、消防、税控收款机和医疗器械等11类产品认证目录。具体目录请登录国家认监委网站(www.cnca.gov.cn)查询。

2014年,国家认监委发布新修订的《强制性产品认证实施规则》,于2014年9月1日起正式实施。

2) "3C"认证标志。

中国强制性产品认证标志细分有"CCCS""CCCS&E""CCCEMC""CCCF"几种标志(CNCA 2001年第1号),标志的图形结构如图3-3。

a. "CCCS":中国强制产品安全认证标志,英文缩写为"CCCS",其中"S"代表安全认证。

b. "CCCS&E":中国强制产品安全与电磁兼容认证标志,英文缩写为"CCCS&E",其中"S&E"代表安全与电磁兼容认证。

c. "CCCEMC":中国强制产品电磁兼容认证标志,英文缩写为"CCCEMC",其中"EMC"代表电磁兼容认证。

d. "CCCF":中国强制产品消防认证标志,英文缩写为"CCCF",其中"F"代表消防认证。

| 安全认证标志 | 安全与电磁兼容认证标志 | 电磁兼容认证标志 | 消防认证标志 |

图 3-3　中国强制性产品认证标志

需要注意的是,"3C"标志并不是质量标志,而只是一种最基础的安全认证。

(2) 食品质量安全市场准入制度及食品生产许可制度。

1) 食品质量安全市场准入制度。

食品质量安全市场准入制度是指为保证食品的质量安全,具备规定条件的生产者才允许进行生产经营活动的监管制度。

我国从 2002 至 2010 年一直实行食品质量安全市场准入制度。2002 年 5 月国家质检总局发出《关于进一步加强食品质量安全监督管理工作的通知》(国质检监函〔2002〕282号),并在 2002 年发布《加强食品质量安全监督管理工作实施意见》(国质检监〔2002〕185号),要求:凡在中华人民共和国境内从事食品生产加工的公民、法人或者其他组织(以下简称企业),必须具备保证食品质量的必备条件,按规定程序获得"食品生产许可证"。2003 年 7 月,国家质检总局发出了《关于印发〈食品质量安全市场准入审查通则〉的通知》(国质检监函〔2003〕515号),并于发布之日起实施。2004 年 12 月,国家质检总局再次发出《关于印发〈食品质量安全市场准入审查通则〉的通知》(国质检监〔2004〕558号),其对 2003 年发布的《食品质量安全市场准入审查通则》进行了修订,自 2005 年 1 月 1 日起施行,并强调审查通则应当与相应的食品生产许可证审查细则结合使用。

食品质量安全市场准入制度包括以下核心内容:对食品生产加工企业实行生产食品质量安全市场准入制度许可证管理;实行生产许可证管理是指对食品生产加工企业的环境条件、生产设备、加工工艺过程、原材料把关、执行产品标准、人员资质、储运条件、检测能力、质量管理制度和包装要求等条件进行审查,并对其产品进行抽样检验;对符合条件且产品经全部项目检验合格的企业,颁发食品质量安全生产许可证,允许其从事食品生产加工;获得食品质量安全生产许可证的企业,其生产加工的食品经出厂检验合格的,在出厂销售之前,必须在最小销售单元的食品包装上标注由国家统一制定的食品质量安全生产许可证编号并加印或者加贴食品质量安全市场准入标志;没有食品质量安全市场准入标志的,不得出厂销售。"食品生产许可证"编号为英文字母 QS(质量安全的英文"Quality Safety"的缩写)+12 位阿拉伯数字;食品质量安全市场准入标志由 QS 和中文字样"质量安全"字样组成,如图 3-4(旧版)所示。

食品质量安全市场准入制度实行目录管理,从而分期分批分步骤地解决食品的突出质量问题。2002 年,国家质检总局首次对小麦粉、大米、食用植物油、酱油、食醋等 5 类常用食品实施食品安全准入制度,自 2004 年 1 月 1 日开始对小麦粉、大米、食用植物油、酱油、食醋等 5 类食品进行无证生产销售行为的查处。2005 年,国家质检总局又将肉制品、乳制品、饮料、调味品(糖、味精)、方便面、饼干、罐头、冷冻饮品、速冻米面食品和膨化食品等 10 类食品纳入食品安全准入制度。从 2005 年 9 月 1 日起,凡发现无证生产销售的，责令停止生产销售；对7月1日以前生产的未加印（贴）QS标志的合格产品可在保质期内继续销售；特殊用途饮料生固体饮料中的豆奶粉，暂不实施无证查处；自2005年12月1日起，凡继续无证生产销售10类食品的，坚决依法严肃查处。国家质检总局决定自2005年1月1日起，对糖果制品、茶叶、葡萄酒及果酒、啤酒、黄酒、酱腌菜、蜜饯、炒货食品、蛋制品、可可制品、焙炒咖啡、水产加工品、淀粉及淀粉制品等13类食品实施食品质量安全市场准入制度，制定了相应的审查细则。

2）食品生产许可制度。

我国从2010年至今一直实行食品生产许可制度，但在2015年10月1日前后分别实行不同的管理方法。

2010年4月，国家质检总局公布《食品生产许可管理办法》（总局令第129号），自2010年6月1日起施行。《办法》强调：国家质检总局统一制定食品质量安全市场准入标志的式样和使用办法；QS标识从实施日起陆续换成新样式，根据国家质检总局《关于使用企业食品生产许可证标志有关事项的公告》（总局2010年第34号公告），新的企业食品生产许可证标志以"企业食品生产许可"的拼音"Qiyeshipin Shengchanxuke"的缩写"QS"表示，并标注"生产许可"中文字样，如图3-4（新版）所示。

图3-4 食品质量安全标志与食品生产许可标志

2015年版《食品安全法》第三十五条规定：国家对食品生产经营实行许可制度。从事食品生产、食品销售、餐饮服务，应当依法取得许可。为与2015年版《食品安全法》配套实施，2015年8月31日，国家食品药品监督管理总局发布《食品生产许可管理办法》（第16号令），自同年10月1日起施行。该《管理办法》强调：

● 申请食品生产许可，应当按照以下食品类别提出：粮食加工品，食用油、油脂及其制品，调味品，肉制品，乳制品，饮料，方便食品，饼干，罐头，冷冻饮品，速冻食品，薯类和膨化食品，糖果制品，茶叶及相关制品，酒类，蔬菜制品，水果制品，炒货食品及坚果制品，蛋制品，可可及焙烤咖啡产品，食糖，水产制品，淀粉及淀粉制品，糕点，豆制品，蜂产品，保健食品，特殊医学用途配方食品，婴幼儿配方食品，特殊膳食食品，其他食品等。

● 食品生产许可证编号由SC（"生产"的汉语拼音字母缩写）和14位阿拉伯数字组成。数字从左至右依次为：3位食品类别编码、2位省（自治区、直辖市）代码、2位市（地）代码、2位县（区）代码、4位顺序码、1位校验码。

● 新获证及换证食品生产者，其食品包装或者标签上，标注由"SC"和14位阿拉伯数字组成的新的食品生产许可证编号，不再标注"QS"标志；2015年10月1日前已获证食品生产者存有的带有"QS"标志的包装和标签可以继续使用，到2018年10月1日，食品生产者生产的食品全部不再使用"QS"标志。

(3) 中国绿色食品与绿色食品标志。

1) 绿色食品释义。

绿色食品是指产自优良环境，按照规定的技术规范生产，实行全程质量控制，无污染、安全、优质并使用专用标志的食用农产品及加工品。

绿色食品需实施"从土地到餐桌"的全程质量控制。在绿色食品生产、加工、包装、储运过程中，通过严密监测、控制和标准化生产，科学合理地使用农药、肥料、兽药、添加剂等投入品，严格防范有毒、有害物质对农产品及食品加工各个环节的污染，确保环境和产品安全。

绿色食品标准以国际食品法典委员会（CAC）标准为基础，参照发达国家标准制定，总体达到国际先进水平。

2) 绿色食品标志。

绿色食品标志是中国绿色食品发展中心在国家工商行政管理局商标局注册的质量证明商标，用以证明绿色食品无污染、安全、优质的品质特征。它包括绿色食品标志图形、中文"绿色食品"、英文"GREEN FOOD"及中英文与图形组合共四种形式。

绿色食品分为 A 级绿色食品和 AA 级绿色食品，其中 AA 级绿色食品又称有机食品，相对于 A 级绿色食品有更高的要求。

A 级绿色食品的要求是，在生态环境质量符合规定标准的产地、生产过程中允许限量使用限定的化学合成物质，按特定的生产操作规程生产、加工、产品质量及包装。

AA 级绿色食品的要求是，在生态环境质量符合规定标准的产地、生产过程中不使用任何有害化学物质，按特定的生产操作规程生产、加工、产品质量及包装。

两者主要的区别就是一个允许使用化学物质，而另一个不允许使用化学物质。

A 级绿色食品标志与 AA 级绿色食品标志的图形都是上方太阳、下方叶片、中心蓓蕾，标志为正圆形，只不过 A 级绿色食品为绿底白图，AA 级绿色食品为白底绿图，如图 3-5 所示。

绿底白图标志为 A 级绿色食品　　白底绿图标志为 AA 级绿色食品

图 3-5　中国绿色食品标志

(4) 有机食品认证及其标志。

1) 有机食品释义。

有机食品是指来自有机农业生产体系的食品。有机农业是指一种在生产过程中不使用人工合成的肥料、农药、生长调节剂和饲料添加剂的可持续发展的农业，它强调加强自然生命的良性循环和生物多样性。有机食品认证机构通过认证证明该食品的生产、加工、储存、运输和销售点等环节均符合有机食品的标准。有机食品需要符合以下条件：原料必须来自已建立的有机农业生产体系，或采用有机方式采集的野生天然产品；产品在整个生产过程中严格遵循有机食品的加工、包装、储藏、运输标准；生产者在有机食品生产和流通过程中，有完善的质量控制和跟踪审查体系，有完整的生产和销售纪录档案；必须通过独立的有机食品认证机构认证。因此，有机食品是一类真正源于自然、富营养、高品质的环保型安全食品。

2）有机食品认证。

为促进食品安全，保障人体健康，防止农药、化肥等化学物质对环境的污染和破坏，由通过资格认可的注册有机食品认证机构依据有机食品认证技术准则、有机农业生产技术操作规程，对申请的农产品及其加工产品实施规定程序的系统评估，并颁发证书，该过程称为有机食品认证。

2004年国家认监委发布了《有机食品认证规范》（试行），在全国范围内试点实施。经过一年的摸索和实践，在《有机食品认证规范》的基础上，国家认监委正式发布实施有机产品的国家标准GB/T19630.1～19630.4—2005。至此，该标准成为中国有机产品生产、经营、认证实施的唯一标准。认证以规范化的检查为基础，包括实地检查、可追溯系统和质量保证体系的实施等。

有机食品认证范围包括种植、养殖和加工的全过程。有机食品认证的一般程序包括：生产者向认证机构提出申请和提交符合有机生产加工的证明材料，认证机构对材料进行评审、现场检查后批准。

有机产品生产的基本要求包括以下方面：

● 生产基地在最近三年内未使用过农药、化肥等违禁物质；
● 种子或种苗来自自然界，未经基因工程技术改造过；
● 生产基地应建立长期的土地培肥、植物保护、作物轮作和畜禽养殖计划；
● 生产基地无水土流失、风蚀及其他环境问题；
● 作物在收获、清洁、干燥、贮存和运输过程中应避免污染；
● 从常规生产系统向有机生产转换通常需要两年以上的时间，新开荒地、撂荒地需至少经12个月的转换期才有可能获得颁证；
● 在生产和流通过程中，必须有完善的质量控制和跟踪审查体系，并有完整的生产和销售记录档案。

有机产品加工的基本要求包括以下方面：

● 原料必须是来自已获得有机认证的产品和野生（天然）产品；
● 已获得有机认证的原料在终产品中所占的比例不得少于95%；
● 只允许使用天然的调料、色素和香料等辅助原料和《OFDC有机认证标准》中允许使用的物质，不允许使用人工合成的添加剂；
● 有机产品在生产、加工、贮存和运输的过程中应避免污染；
● 加工/贸易全过程必须有完整的档案记录，包括相应的票据。

3）有机食品标志。

有机食品标志采用人手和叶片为创意元素，如图3-6所示。我们可以感觉到两种景象：其一是一只手向上持着一片绿叶，寓意人类对自然和生命的渴望；其二是两只手一上一下握在一起，将绿叶拟人化为自然的手，寓意人类的生存离不开大自然的呵护，人与自然需要和谐美好的生存关系。有机食品概念的提出正是这种理念的实际应用。人类的食物从自然中获取，人类的活动应尊重自然的规律，这样才能创造一个良好的可持续的发展空间。

图 3-6　有机食品标志

（5）中国环境标志。

中国环境标志（俗称"十环"），图形由中心的青山、绿水、太阳及周围的十个环组成。图形的中心结构表示人类赖以生存的环境，外围的十个环紧密结合，环环紧扣，表示公众参与，共同保护环境；同时十个环的"环"字与环境的"环"同字，其寓意为"全民联系起来，共同保护人类赖以生存的环境"，如图 3-7 所示。

图 3-7　中国环境标志

十环标志（十环Ⅰ型标志）是指在产品或其包装上的一种"证明性商标"。它表明产品不仅质量合格，而且符合特定的环保要求，与同类产品相比，具有低毒少害、节约资源能源等环境优势。可认证产品分类包括：办公设备、建材、家电、日用品、办公用品、汽车、家具、纺织品、鞋类等。

案例点击

冰箱只有质检报告没有合格证能否退货？

2012 年 8 月 28 日，李华到当地某商场购买了一台新款冰箱。运回家后，李华发现只有产品质量检验合格报告，且受检单位、委托单位、生产单位均为同一厂家，并没有产品合格证，遂找到商场要求退货。因协商未果，双方成诉。

审理中，对于商场应否退货，有两种意见：

第一种意见认为，无论是质检报告还是产品合格证，其关键在于说明产品必须合格，而商场提供的质检报告中对此已有明确表示，李华要求退货无理，况且李华还没有使用，不能预见有质量问题。

第二种意见认为，商场应当退货。理由是质检报告不等于产品合格证。

小思考：你认为商场应当退货吗？作为商品在正式上市销售时应具有哪些认证？

三、企业质量体系认证

企业质量体系认证制度是指国务院市场监督管理部门或者由它授权的部门认可的认证机构，依据国际通用的"质量管理和质量保证"系列标准，对企业的质量体系和质量保证能力进行审核合格，颁发企业质量体系认证证书，以兹证明的制度。

我国的质量体系认证工作自 1991 年正式提出，国家技术监督局于 1992 年正式成立质量认证办公室体系认证处，同时筹建第三方实体机构，开展体系认证工作。经过 1993 年的国家试点，1994 年已进入全面规范化实施阶段。到目前为止，已获准国家认可的质量体系认证机构包括质量体系审核机构共有 30 个。

《中华人民共和国产品质量法》第十四条规定，国家根据国际通用的质量管理标准，推行企业质量体系认证制度。企业根据自愿原则可以向国务院市场监督管理部门认可的或者国务院市场监督管理部门授权的部门认可的认证机构申请企业质量体系认证。经认证合格的，由认证机构颁发企业质量体系认证证书。

由于中国质量体系认证机构国家认可委员会是 ISO 承认的中国国家认可机构，上述获准国家认可的质量体系认证机构均列入 ISO 向全世界发布的《质量体系注册机构名录》。

1. 我国质量管理体系认证管理机构

（1）国家市场监督管理总局。

2018 年 3 月，第十三届全国人民代表大会第一次会议批准的国务院机构改革方案，将国家质量监督检验检疫总局的职责整合，组建中华人民共和国国家市场监督管理总局；将国家质量监督检验检疫总局的出入境检验检疫管理职责和队伍划入海关总署；将国家质量监督检验检疫总局的原产地地理标志管理职责整合，重新组建中华人民共和国国家知识产权局；不再保留中华人民共和国国家质量监督检验检疫总局。

（2）国家认监委。

国家认证认可监督管理委员会，简称国家认监委，是国务院授权的履行行政管理职能，统一管理、监督和综合协调全国认证认可工作的主管机构。2018 年 3 月，第十三届全国人民代表大会第一次会议批准的国务院机构改革方案，将国家认证认可监督管理委员会职责划入国家市场监督管理总局，对外保留牌子。

（3）注册机构。

注册机构是质量体系认证注册机构。

2. 产品质量认证和质量体系认证的联系与区别

（1）产品质量认证和质量体系认证的联系。

产品质量认证和质量体系认证都是由第三方机构从事的活动，都要对申请企业的质量体系以特定标准为认证的基础，进行检查评审。

(2) 质量体系认证与产品质量认证的区别。

从理论上分析，产品质量认证之所以要检查评定企业的质量体系，目的是评定工厂是否具有持续生产符合技术规范产品的能力。产品认证和体系认证都要求企业建立质量体系，具有持续生产符合规定要求的产品的能力。因此，检查评定的依据从总体上说也应是相同的，至于具体使用哪一个标准，产品认证由认证机构视认证产品的程度确定，体系认证由申请的企业与认证机构协商确定。

1) 认证对象不同。

产品质量认证的对象是批量生产的定型产品，质量体系认证的对象是企业的质量体系，确切地说，是企业质量体系中影响持续按需方的要求提出产品或服务的能力和某些要素，即质量保证体系。

2) 证明的方式不同。

产品认证的证明方式是产品认证证书及产品认证标志，证书和标志证明产品质量符合产品标准，质量体系认证的证明方式是质量体系认证证书和体系认证标记，证书和标记只证明该企业的质量体系符合某一质量保证标准，不证明该企业生产的任何产品符合产品标准。

3) 证明的使用的区别。

产品质量认证证书不能用于产品，标志可用于获准认证的产品上，质量体系认证证书和标记都不能在产品上使用。

4) 实施质量体系审核的依据不同。

产品质量认证一般按 GB/T19002—ISO9002 检查体系；而质量体系认证则依据审核企业的要求，可能是 GB/T19001—ISO9001、GB/T19002—ISO9002、GB/T19003—ISO9003 其中之一。如果企业具有产品设计、开发功能，同时又希望对外承揽设计任务，可申请 GB/T19001—ISO9001 的体系认证；如果企业虽然具备设计、开发功能，但不对外承揽设计任务，或者没有设计功能，但产品的制造比较复杂，可申请 GB/T19002—ISO9002 的体系认证；如果企业生产的产品十分简单，则申请 GB/T19003—ISO9003 的体系认证。

5) 申请企业的类型不同。

要求申请产品质量认证的企业是生产特定的产品型企业；申请质量体系认证的企业可以是生产、安装型企业，可以是设计、开发、制造、安装服务型企业，也可以是出厂检查和检验型企业。

综上所述，产品质量认证与质量体系认证既有区别，又有联系。企业只有清楚了解了两类认证的区别和相互关系，才好确定应该实施产品质量认证，还是应该实施质量体系认证。

质量体系认证进行检查评定的依据是 GB/T19001 或 19002 或 19003，即 ISO9001 或 9002 或 9003，国内外的质量体系认证机构都是这样实施的，并已取得共识。产品质量认证中的质量体系检查评定的依据是 GB/T19002。

3. 企业在选择产品认证或体系认证时应考虑的原则

(1) 优先考虑申请产品认证。因为产品认证已包括对质量体系的检查和评定，它既证明产品的质量符合指定的国家标准或行业标准，又证明企业的质量体系符合 GB/

T19000—ISO9000 系列标准的要求,并可在认证的产品上使用认证标志。体系认证通过后在产品上不能使用认证标志,消费者购买时无法区分是否经过认证。

(2) 分两步申请认证。对于一些产品品种多、范围广的企业,如对产品全部认证是非常不经济的,也是不可能的。在这种情况下,企业可以考虑先通过体系认证。在此基础上对一些重点产品进行产品认证时,可以免除对企业质量体系的审核,只对产品进行检验。

(3) 不适合产品认证的可申请体系认证。

(4) 必须申请产品认证。我国法律、行政法规或联合规章(有关部门联合发布的)规定实行强制认证的产品,必须申请产品认证。产品出口时,进口国的法律、法令要求强制认证的安全性产品,例如电器产品、儿童玩具、汽车安全玻璃、汽车安全带、摩托车驾驶员头盔、某些建筑材料等,必须取得产品认证的资格。

(5) 申请体系认证。产品出口时,外商只要求企业提供通过质量体系认证的证明,可申请体系认证。顺便指出,任何国家都没有对质量体系实行强制认证的规定,那种认为未取得体系认证的资格,产品就不能进入欧洲市场或其他国际市场的说法,是没有根据的。

4. ISO9000 系列标准简介

ISO 是国际标准化组织(International Organization for Standardization)的简称。ISO 是世界上最大的国际标准化组织。它成立于 1947 年 2 月 23 日,前身是 1928 年成立的国际标准化协会国际联合会(ISA)。ISO 主要负责除电工、电子领域之外的所有其他领域的标准化活动。而电工、电子领域的标准化活动主要由 IEC 负责。IEC 即国际电工委员会,1906 年在英国伦敦成立,是世界上最早的国际标准化组织。

(1) ISO9000 质量体系简介。

ISO9000 不是指一个标准,而是一族标准的统称。根据 ISO9000—1:1994 的定义:ISO9000 族是由 ISO、TC176 制定的所有国际标准。

所谓 TC176,即 ISO 中第 176 个技术委员会,它成立于 1980 年,全称是"质量保证技术委员会",1987 年又更名为"质量管理和质量保证技术委员会"。TC176 专门负责制定质量管理和质量保证技术的标准。

(2) 推行 ISO9000 的作用[①]。

1) 强化管理,提高市场占有率。

负责 ISO9000 质量体系认证的认证机构都是经过国家认可机构认可的权威机构,对企业的质量体系的审核是非常严格的。这样,对于企业内部来说,可按照经过严格审核的国际标准化的质量体系进行质量管理,真正达到法治化、科学化的要求,极大地提高工作效率和产品合格率,迅速提高企业的经济效益。

2) 获得认证是消除贸易壁垒的主要途径。

许多国家为了保护自身的利益,设置了种种贸易壁垒,包括关税壁垒和非关税壁垒。其中非关税壁垒主要是技术壁垒,技术壁垒中,又主要是产品质量认证和 ISO9000 质量体系认证的壁垒。特别是,在世界贸易组织内,各成员之间相互排除了关税壁垒,只能设置技术壁垒,所以,获得认证就获得了国际贸易通行证,是消除贸易壁垒的主要途径。在我

---

① 胡东帆. 商品学概论. 2 版. 大连:东北财经大学出版社,2005:163-164.

国加入 WTO 以后，失去了区分国内贸易和国际贸易的严格界限，所有贸易都有可能遭遇技术壁垒，应该引起企业界的高度重视，及早防范。

3) 在产品质量竞争中取胜。

国际贸易竞争的手段主要是价格竞争和质量竞争。由于低价销售的方法不仅使利润锐减，如果构成倾销，还会受到贸易制裁，所以，价格竞争的手段越来越不可取。20 世纪 70 年代以来，质量竞争已成为国际贸易竞争的主要手段，不少国家把提高进口商品的质量要求作为限入奖出的贸易保护主义的重要措施。

4) 有利于国际间的经济合作和技术交流。

按照国际间经济合作和技术交流的惯例，合作双方必须在产品（包括服务）方面有共同的语言、统一的认识和共守的规范，方能进行合作与交流。ISO9000 质量体系认证正好提供了这样的信任，有利于双方迅速达成协议。

作为企业，只需选用如下三个标准之一：

ISO9001：1994《设计、开发、生产、安装和服务的质量保证模式》。

ISO9002：1994《生产、安装和服务的质量保证模式》。

ISO9003：1994《最终检验和试验的质量保证模式》。

(3) ISO9000 族的不同版本内容。

第一版（即 1987 年版）的 ISO9000 族标准只有 6 个，当时称为"ISO9000 系列标准"。从 1990 年开始，TC176 又陆续增加了一些质量管理和质量保证标准。

第二版（即 1994 年版）对上述 ISO9000 系列标准进行了第一次修订，至此 ISO9000 族标准共有 16 个。1994 年之后，ISO9000 族标准的队伍不断扩大，至 2000 年改版之前，共有 22 个标准和 2 个技术报告。其核心内容如表 3-2 所示。

表 3-2　　　　　　　　　　　　　1994 年版的核心内容

ISO9000—1	质量管理和质量保证标准。第一部分：选择和使用指南
ISO9001	质量体系。设计、开发、生产、安装和服务的质量保证模式
ISO9002	质量体系。生产、安装和服务的质量保证模式
ISO9003	质量体系。最终检验和试验的质量保证模式
ISO9004—1	质量管理和质量体系要素。第一部分：指南

第三版（即 2000 年版）对 ISO9000 族标准又进了修订，修订后主要由四部分组成，即核心标准、其他标准、技术报告、相关手册，如表 3-3 所示。

表 3-3　　　　　　　　　　2000 年版 ISO9000 族标准文件结构表

核心标准	其他标准	技术报告	相关手册
ISO9000：2000 ISO9001：2000 ISO9004：2000 ISO19011：2002	ISO10012：2003	ISO10006 ISO10007 ISO100013 ISO/TR10014 ISO10015 ISO/TR10017	《质量管理原则》 《选择和使用指南》 《小型组织实施指南》

1）ISO9000：2000《质量管理体系——基础和术语》。

此标准表述了 GB/T19000 族标准中质量管理体系的基础，并确定了相关的术语。此标准适用于：

a. 通过实施质量管理体系寻求优势的组织；

b. 对能满足其产品要求的供方寻求信任的组织；

c. 产品的使用者；

d. 就质量管理方面所使用的术语需要达成共识的人们（如供方、顾客、行政执法机构）；

e. 评价组织的质量管理体系或依据 GB/T19001 的要求审核其符合性的内容或外部人员和机构（如审核员、行政执法机构、认证机构）；

f. 对组织质量管理体系提出建议或提供培训的内容或外部人员；

g. 制定相关标准的人员。

2）ISO9001：2000《质量管理体系——要求》。

此标准为有下列需求的组织规定了质量管理体系要求：

a. 需要证实其有能力稳定地提供满足顾客和适用的法律法规要求的产品；

b. 通过体系的有效应用，包括体系持续改进的过程以及保证符合顾客与适用的法律法规要求，旨在增强顾客满意。

3）ISO9004：2000《质量管理体系——业绩改进指南》。

此标准提供了超出 GB/T19001 要求的指南，以便考虑提高质量管理体系的有效性和效率，进而考虑开发改进组织业绩的潜能。与 GB/T19001 相比，此标准将顾客满意和产品质量的目标扩展为包括相关方满意和组织的业绩。

此标准适用于组织的各个过程，因此，本标准所依据的质量管理原则也可在整个组织内应用。本标准强调实现持续改进，这可通过顾客和其他相关方的满意程度来测量。

此标准包括指南和建议，既不拟用于认证、法规或合同目的，也不是 GB/T19001 的实施指南。

4）ISO19011：2002《质量和/或环境管理体系审核指南》。

该标准提供了质量管理体系和环境管理体系审核的基本原则、审核方案的管理、审核的实施以及审核员资格要求等，旨在帮助组织优化其管理体系，加速质量和环境管理体系的融合，采取一次审核两种体系的方式为组织降低认证成本，减少对工作的影响。

5）ISO10012：2003《测量管理体系》。

该标准为每个组织提供一个"测量管理系统"模型，有助于该组织确保其测量设备和测量过程受控并有效，以实现产品质量和降低管理风险。该组织可通过实施 ISO10012：2003 标准来满足 ISO9001：2000 和 ISO14001：1996 在测量和测量过程控制方面的要求。

5. ISO14000 环境管理体系系列标准

（1）系列标准的组成。

ISO14000 系列标准，其标准号从 ISO14001 至 ISO14100，共 100 个标准号，统称为 ISO14000 系列标准。它是顺应国际环境保护的发展，依据国际经济贸易发展的需要而制定的。目前正式颁布的有 ISO14001、ISO14004、ISO14010、ISO14011、ISO14012、ISO14050

6个标准，其中ISO14001是系列标准的核心标准，也是唯一可用于第三方认证的标准。以上6个标准统称为ISO14000系列标准。

ISO14001：1996 环境管理体系规范及使用指南；

ISO14004：1996 环境管理体系原则、体系和支持技术指南；

ISO14010：1996 环境审核体系通用原则；

ISO14011：1996 环境审核体系　审核程序　环境管理体系审核；

ISO14012：1996 环境审核体系环境审核员资格要求；

ISO14050：1998 环境管理术语。

该标准包括环境因素识别、重要环境因素评价与控制、适用环境法律及法规的识别与获取、遵循状况评价和跟踪最新法规、环境目标指标方案的制定和实施完成。实施该标准是为预防污染、节能降耗、提高资源能源利用率，最终达到环境行为的持续改进的目的。

（2）企业申请ISO14001标准认证的基本条件。

企业建立的环境管理体系要申请认证，必须满足两个基本条件：

1）遵守中国的环境法律、法规、标准和总量控制的要求；

2）体系试运行满3个月。

6. "OHSAS"职业健康安全管理体系标准

OHSAS18001《职业安全与卫生管理体系——规范》；

OHSAS18002《职业安全与卫生管理体系——OHSAS18001实施指南》；

GB/T28001《规范》。

7. ISO14000体系与ISO9000体系的关系

（1）相似之处。

ISO9000体系与ISO14000体系有相似之处，ISO9000体系的一些方面经过部分修改就可与ISO14000体系共用。企业未建立ISO9000体系，可以直接建立ISO14000体系。

（2）本质的不同。

ISO14000体系与ISO9000体系又有本质的不同，主要表现在以下几个方面：

1）识别环境因素；

2）评价重要环境因素；

3）制定环境目标、指标、方案、运行程序；

4）对重要环境因素进行控制、识别；

5）获取适用本企业的环境法律、法规并定期评价遵循情况。

这些是ISO9000体系没有的，也是每一个企业都通用的。

>>>>>>>>>>>>>>> 学习小结 <<<<<<<<<<<<<<<

商品标准是对商品质量和与质量有关的各个方面所做的技术规定。商品标准一经正式颁布执行，就具有法律效力。从世界范围来说，标准通常被分为国际标准、区域标准、国家标准、行业或专业团体标准以及公司（企业）标准；中国的商品标准自1989年《中华人民共和国标准化法》施行后分为国家标准、行业标准、地方标准和团体标准、企业标准。

商品检验是商品鉴定的一个重要组成部分，是评价商品质量的最重要的方法和手段。商品检验从不同的角度，依据不同的划分标准有不同的分类方法。商品检验一般围绕着品质检验、规格检验、包装的数量和重量检验、包装检验、安全性检验、卫生检验几个方面展开。进行商品检验一般要经过定标、抽样、检查、比较、判定、处理几个步骤，在抽样的过程中为了保证抽样的科学性，最公认的方法是随机抽样。在对样本进行检验时，根据样本的特性和检验要求可采用感官检验法、理化检验法、生物检验法。按照检验的结果可将商品的品级按照一定的标准进行划分。

商品质量监督是指根据国家的商品质量法规和商品质量标准，由国家指定的商品质量监督机构对生产和流通领域的商品质量和质量保证体系进行监督的活动。我国的商品质量监督有国家质量监督、社会质量监督和用户质量监督三种。

质量认证工作由国家实行统一管理。认可是指对认证机构、审核机构、检验机构和评定人员的能力的正式承认。

案例分析

"个性"被芯被套令消费者犯难——各家"标准"各自定，哪管他人不配套

这几天的气温日渐降低，市民们纷纷换上了贴身厚实、大小合适的冬被。可合肥市民黄女士却为一床小小的冬被犯了难。同事送给她一套澳西奴牌的被芯，尺寸是230cm×250cm。随后她到商场选购与澳西奴被芯配套的被套，却发现市场上最大的被套也"小一号"，只有澳西奴专卖店里才有配套的被套，价格昂贵不说，可挑选的花色也比较单一。她感到很遗憾，"难道买了某品牌的一种产品，就不得不跟着买全套吗？"

带着黄女士的疑问，记者在走访合肥多个床上用品卖场后发现，由于各种品牌的被子没有统一的规格标准，不少消费者在选购床上用品时，都遇到被套与被芯难配套的问题。随着人们消费观念的改变，被子已不单是御寒工具，更成为卧室里的一种装饰。商家为满足消费者的需求，设计的被子尺寸也越来越"个性化"。目前，市场上最常见的单人被的尺寸为160cm×210cm。除此之外，还存在多种规格，如152cm×210cm、150cm×200cm等。市场上最常见的双人被的尺寸是200cm×230cm，此外还有220cm×240cm、220cm×250cm、248cm×248cm、203cm×229cm和230cm×229cm等不同规格。

据合肥宝业家纺广场中一商家介绍，被芯大小本来就没有什么行业内的统一标准，各个品牌内部都按照一定的标准生产，有其自己的"统一标准"，但与别的品牌难以配套。一位曾使用过多个品牌被芯的消费者说，根本买不到正好配套的被套，只好到缝纫店定做。

对此，合肥宝业家纺广场中一家专门定做床上用品的缝纫店老板介绍，定做的被套各种尺寸都有，而200cm×230cm规格的被套最热销，因为普通品牌床上用品三件套中最常见的被套尺寸也是200cm×230cm。因此为了以后配套方便，消费者在选购产品时应把握

常见的主流尺寸。"不过还是希望以后被芯和被套尺寸更加规范化，逐渐统一起来，或有商家专门负责为各种尺寸的被芯裁制不同规格的被套，让消费者感觉更方便。"不少消费者提出了自己的看法。

案例思考题：
1. 从案例中可以发现我国床上用品行业目前存在哪些问题？
2. 针对以上问题，你认为该从哪几个方面来解决？

实训设计

项目： 运用商品监管知识管理商品质量。

目的： 训练学生能依据现有商品标准和买卖合同对所属企业销售或购进的商品进行商品检验，同时监督在流通领域的商品质量，在企业需要时，能够协助企业对其商品质量进行认证。

内容： 让学生任选一个企业，为其监管商品质量。

步骤：
1. 选择模拟企业；
2. 罗列所选模拟企业拥有的商品类别；
3. 查阅跟企业产品相关的商品标准；
4. 运用各种商品检验的方法，依据已有标准，对商品进行产前、产中和产后检验；
5. 采取多种方法对在流通领域中的商品进行监督；
6. 配合协助企业对商品进行认证。

学习模块 4 商品储存与运输

学习目标

- **知识目标**

  通过对本模块的学习，学生应掌握以下知识：

  (1) 商品储存的原则和管理；

  (2) 商品运输的功能和方式；

  (3) 商品运输的合理化。

- **核心概念**

  商品储存　铁路运输　公路运输　水路运输　航空运输　管道运输　运输合理化

- **能力目标**

  通过本模块的学习，学生应具备以下技能：

  (1) 利用所学的商品储存管理知识，能够合理地进行商品的入库、在库、出库管理；

  (2) 掌握商品运输的方式，在此基础上组织商品的合理运输。

情景引入

亚马逊物流发展概况

亚马逊是美国最大的一家网络电子商务公司，成立于1995年，起初只经营图书的网络销售业务，现在发展成为全球商品品种最多的网上零售商。亚马逊是最早玩转物流大数据的电商企业，在业内率先使用了大数据、人工智能和云技术进行仓储物流的管理；创新性的预测性调拨、跨区域配送、跨国境配送等服务，不断给全球电商和物流行业带来惊喜。

2015年10月，亚马逊中国宣布，面对企业级市场推出基于已有物流能力的"亚马逊物流＋"服务，主要包括仓储物流整合方案、仓储运营方案、运输配送方案、跨境物流服务和定制化物流服务等。

资料来源：陈伟炯. 中国物流科技发展报告 2015—2016. 上海：上海浦江教育出版社，2016.

[思考与分析] 开始学习前，建议你先思考下列问题：

(1) 商品储存、运输过程中应该注意哪些问题？

(2) 你知道的商品储存的管理方法有哪些？
(3) 你所了解的商品运输中不同的运输方式各有何优劣？

单元 1　商品储存

知识点 1　商品储存的概念及分类

一、商品储存的概念

商品储存是指商品在生产、流通领域中的暂时停泊和存放过程，以保证商品流通和再生产过程的需要为限。商品储存通过自身不断循环，充分发挥协调商品产、销矛盾的功能，而成为促进商品流通以至整个社会再生产的不可缺少的重要条件。

二、商品储存的分类

1. 按商品生产者和经营者的意愿分类

按商品生产者和经营者的意愿不同，商品储存可分为自愿储存和非自愿储存。

（1）自愿储存，指为了生产或经营的需要购进商品所形成的储存。它可以用于当时保证销售的需要，也可以是为了保证一定时期以后的供应或为了取得更大的盈利，而有意识地推迟出售的时间。

（2）非自愿储存，指由商品流通停滞造成的，不是商品生产者和经营者所能控制的、违反他们意愿的储存。

2. 按商品储存与商品流通的关系分类

按商品储存与商品流通的关系不同，商品储存可分为正常的、合理的商品储存和不正常的、不合理的商品储存。

（1）正常的、合理的商品储存，即保证商品流通正常进行和发展所需要的储存。

（2）不正常的、不合理的商品储存，即由于盲目生产、盲目收购而造成商品储存量过多，或储存的商品结构不合理，不能适应市场的需要而形成的储存。

3. 按商品储存的目的和作用分类

按商品储存的目的和作用不同分类，可分为季节性储存、周转性储存和储备性储存，以适应不同的营销要求和流通状况。

（1）季节性储存。季节性储存是指由于商品的生产和消费在时间上存在差异，为协调这种时间上的不一致性进行的储存。

（2）周转性储存。周转性储存是指为维持商品正常的生产经营而进行的商品储存，是商品储存的最主要方式。周转性储存的商品数量和结构要取决于企业的生产经营能力及管理水平，与商品的生产周期和运输周期都有直接的关系。

（3）储备性储存。储备性储存是指为了预防自然灾害、战争或应急特殊需要而进行的商品储存。进行储备性储存的商品主要是关系到国计民生的重要战略性物资。

知识点 2　商品储存的作用

一、协调产销时间矛盾

商品生产和消费并不是同时进行的，它们各有自己特定的周期性，因此需要通过商品储存，来协调商品生产与消费之间的时间矛盾。商品有的是常年生产、季节性消费的商品；有的是季节性生产、常年消费的商品；有的是季节性生产、季节性消费的商品；有的是常年生产、常年消费的商品等，都存在着一个产销之间的时间差，因此需要进行商品储存。

二、协调产销地域矛盾

商品的生产和消费往往是在异地进行的。这些异地产销的商品，必须经过相应的运输、储存环节，才能实现商品体的位移，满足广大消费者对各地名、特、优商品的需求。

三、协调市场供求矛盾

商品储存的根本目的是保证商品销售，为消费者服务，在商品的流通过程中，通过储存收购，不仅支持了生产，也保证了商品货源充足。保持必要的商品数量和花色品种，才有可能源源不断地以完好的商品保证市场供应，满足消费需求。

知识点 3　商品储存管理

商品储存管理包括商品的入库管理、商品的在库和出库管理。

一、商品的入库管理

入库管理是根据入库凭证完成货物入库所进行的卸货、查点、验收、办理入库等各项业务活动，由入库前准备、接运、验收和入库四个环节构成，如图 4-1 所示。

在上述四个环节中验收和入库是重要的环节，应注意以下方面：

1. 商品验收阶段

商品的验收，实际上是对商品质量的一次严格检查，为保存商品打下了良好的基础。商品验收的主要内容如下：

（1）检验单货是否相符。

商品入库时，先点大数，再检查单据上所列的产地、货号、品名、规格、数量、单价等，看与商品原包装货标标签上所列各项内容是否一致。如有不符，不能入库。

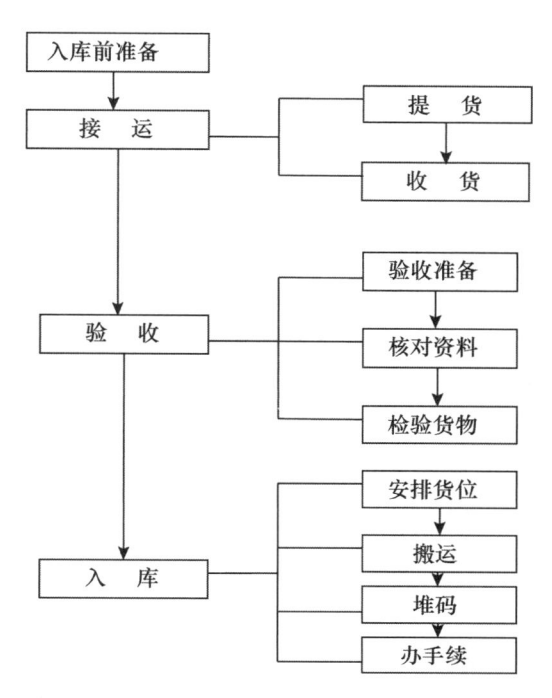

图 4-1 商品入库管理流程

（2）检验包装是否符合要求。

在清点商品数量的同时，还要检查包装，如木箱、塑料袋、纸盒等是否符合要求，有无玷污、残破、拆开等现象，有无受潮水湿的痕迹，包装上的文字图案是否清楚等。

（3）检查商品的质量是否合格。

商品验收时，除查看包装的外部情况外，还要适当开箱拆包，查看内部商品是否有生霉、锈蚀、溶化、虫蛀、鼠咬等现象，同时还要测定商品的含水量是否正常，是否超过安全水分率等。对液体商品要检查有无沉淀，有时还需检验商品的内在质量是否合格。

2. 商品入库阶段

（1）分区、分类管理。

储存商品的分区、分类，要以安全、方便、节约为原则，在商品性能一致、养护措施一致、消防方法一致的前提下进行管理。分区、分类管理一般有下列三种方法：一是按商品种类和性质进行分区分类管理，具体有分类商品的同区储存和单一商品的专仓专储两种方法，前者适用于同性质的普通商品，后者适用于贵重商品和化工危险品；二是按发往地区进行分类管理，此法适用于储存期不长而进出数量较大的商品，但对化工危险品、性能相互抵触以及运价不同的商品，应分别存放；三是按商品的危险性质进行分类管理，此法适用于在特种仓库使用，根据危险品本身具有不同程度的易燃、易爆、毒害等特性进行分类储存管理，以防止互相接触而发生燃烧、爆炸等。

（2）货位选择。

货位是指仓库中实际可以堆货的面积，货位的选择是在商品分区分类管理的基础上进行的，分区、分类保管是对仓库商品的合理布局，货位选择则是具体落实每批入库商品的储存点。合理选择货位必须遵守商品安全、方便吞吐发运、力求节约库容原则。在选择货位时，既要掌握不同的商品特性，又要认真考虑存货区的温湿度、风吹、日晒、光照等条件是否适应商品性能的储存。

（3）商品堆码。

商品堆码指商品堆放的形式和方法。商品堆码应符合安全、方便、多储的原则，做到科学堆码，各类堆码应便于盘点和出入库。确定货垛应堆几层高，应注意：一是看商品包装允许的层数；二是库房地坪负载范围内不超重；三是库房高度范围内不超高。货垛与墙壁之间的必要距离一般规定为库房外墙 0.3 米～0.5 米，内墙 0.1 米～0.2 米；货场间距一般规定为 0.8 米～3 米；顶距一般规定为平房 0.2 米～0.5 米，多层建筑库房底层与中层 0.2 米～0.5 米，顶层不低于 0.5 米，灯距不少于 0.5 米。

堆码的方法取决于商品性能、包装质量和仓储设备等条件，根据包装形状、批量的大小和仓库的装搬运机械化程度不同，大体可分为整体商品堆码法、货架堆码法和散商品堆码法三种。

二、商品的在库管理

商品的在库管理包括保养维护、盘点、在库检查和仓库温、湿度管理。

1. 保养维护

商品的在库管理中保养维护的主要任务是采取组织管理措施和技术管理措施，有效抑制外界因素对储存商品的影响，为商品创造适宜的储存环境，最大限度地减缓和控制商品发生各种变化的速度和程度，保持储存商品的使用价值。

2. 盘点

为了对库存商品的实际数量进行有效控制，并查清质量状况，必须定期或不定期地对储存的商品进行清点、核查，这一过程为盘点。盘点的内容包括检查商品数量、质量、保管条件及仓库的安全。

3. 在库检查

检查在库商品，主要是为了及时了解和掌握商品在保管过程中的质量变化情况，发现存在的问题，便于及时采取相应措施。

商品在库期间，要经常进行定期或不定期、定点和不定点的检查，检查时间和方法应根据商品的性能及其变化规律，结合季节、储存环境和时间等因素掌握。检查时，以眼看、耳听、鼻闻、手摸等感官检验为主，必要时可配合仪器进行检查。如发现问题，应立即分析原因，并采取补救措施。

4. 仓库温、湿度管理

商品储存期间，在各种外界影响因素中，以空气温度、湿度的影响最为主要。因此，必须根据商品的特性、质量变化规律及本地区气候情况与库内温度、湿度的关系，加强库内温度、湿度的管理，采取切实可行的措施，创造适宜商品储存的温度、湿度条件。

三、商品的出库管理

出库管理是指按照调拨出库凭证或发货凭证（如提货单、调拨单）所注明的商品名称、型号、规格、数量等，进行凭证核对、备料、复核、点交等一系列活动，出库管理的内容包括出库前准备、核对出库凭证、备货、理货、全面复查核对、登账和交接。

商品出库必须做到单随货行，单、货数量当面点清，商品质量要当面检验。包装不牢或破损以及标签脱落或不清的，应经复核后交付货主。出库的商品一般应贯彻"先进先出""易坏先出""接近失效期的先出"，质量不合格、包装不牢固、内有破损、标记不清楚的不出的原则。

知识点 4　商品储存合理化

一、商品储存合理化标志

1. 分布标志

分布标志是指不同地区储存的数量比例关系，以此判断当地需求比。

2. 结构标志

从被储存物资的不同品种、规格、花色的储存数量比例关系对储存合理性进行判断。尤其是相关性很强的各种物资之间的比例关系更能反映储存合理与否。

3. 质量标志

保证被储存物资的质量，尤其是反映使用价值的质量，是完成储存功能的根本要求。

4. 数量标志

在保证功能实现的前提下有一个合理的数量范围。

5. 时间标志

保证合理的储存时间，是商品储存的一个重要问题。在具体衡量时运用周转速度指标来反映时间标志。

6. 费用标志

仓租费、维护费、保管费、损失费等，都能从实际费用上判断储存的合理与否。

二、商品储存合理化的实施要点

1. 实行 ABC 管理

通过 ABC 分析法，分别找出各种物资的合理库存量和保存方法，实施重点管理，合理优化成本。

2. 适度集中库存

适度集中库存是利用储存规模优势，以适度集中储存的方法代替分散的小规模储存从而实现合理化。适度集中库存是合理化的重要内容。

3. 加速周转

储存现代化的重要课题是将静态储存变为动态储存，周转速度加快，会有资金周转速度加快、货损小、成本下降等优点。具体做法如采用单元集装存储、建立快速分拣系统都有利于实现快进快出、大进大出。采用有效的"先进先出"方式，保证每一个被储存物品的储存期不至于过长，也是商品储存管理的准则之一。

4. 提高仓容利用率

为了减少储存设施的投资，提高单位存储面积的利用率，以降低成本、减少土地占用，可以采用以下方法：

（1）采取高垛方法，增加储存的高度。具体方法有采用高层货架仓库，采用集装箱等。

（2）缩小库内通道宽度以增加储存的有效面积。具体方法有配以轨道式装卸车辆，以减少车辆运行宽度要求；采用侧叉车、推拉式叉车，以减少叉车转弯所需要的宽度。

（3）减少库内通道数量以增加储存有效面积。具体方法有采用密集式货架、可进车可卸式货架和各种贯通式货架等。

5. 采用有效的储存定位系统

采用有效定位系统，可以大大节约寻找、存放、取出货物的时间，不仅能节约劳动，而且可以防止差错，便于清点。

6. 采用有效的监测清点方式

对储存物品数量和质量的监测不但可以掌握货物的基本情况，同时也满足科学库存控制的要求。因此，及时、准确地掌握实际储存情况，及时核对账卡，都是人工管理与计算机管理时必不可少的。

7. 采用现代储存保养技术

现代储存保养技术是实施储存合理化的关键，能使产品质量得到良好的保障。

单元 2　商品运输

商品从生产到消费，在空间位置上的转移往往存在不一致性。如有的商品是集中生产、分散消费，有的则是分散生产、集中消费，产销之间存在着间隔，这就需要通过运输来完成商品从生产到消费在空间位置上的运动过程。商品只有通过运输，完成空间位置移动之后，才能满足生产和消费需要，才能实现价值和使用价值。因此，商品运输直接影响着商品使用价值和价值的实现，商品运输也就成为商品学研究的一个重要部分。

知识点 1　商品运输的特点

商品运输是通过运力实现商品在空间位置上的实际转移过程。

人们的生活和生产活动都离不开交通运输。随着社会生产力的发展和社会分工的不断扩大，交通运输工具也逐步发展起来，运输也成为一个独立的物质生产部门。运输活动，除作为具体生产过程的内部运输部门外，还作为物质生产部门的运输业所从事社会化运输，因此，运输就其性质来说是一种特殊的生产。

一、运输具有生产的本质属性

（1）运输和生产一样，也必须具备劳动者（运输者）、劳动手段（运输工具和通道）、劳动对象（运输对象即货物和人）这三个基本条件。运输是产品生产过程的继续。

（2）运输的过程（货物或人的位移）和一般生产的过程一样，是借助于活的劳动（运输者的劳动）和物化劳动（运输工具设备与燃料的消耗）的结合而实现的。

（3）运输的结果使运输对象发生了位移，就是在转移旧价值的同时，改变了运输对象的地位，这也和一般生产制造出新产品的结果一样，是创造新价值。商品经过一段运输后，可按高于原产地的价格出售。

（4）运输也和一般生产一样，始终处在变化和发展的状态中。并且，运输的变化和发展是与一般生产的变化和发展紧密地结合在一起的，并经历了几个相同的阶段。现代工业和现代运输之间的关系是密不可分的。

二、商品运输的特点

（1）商品运输是在产品的流通领域内进行的，是生产过程在流通过程的继续。

（2）商品运输不能改变劳动对象的性质和形状，不能生产出任何独立物质形态的产品。商品运输生产的"产品"是无形的，随着运输的终止而消失，不能像一般生产产品那样可加以储存。

（3）商品运输使投入流通领域的产品发生位置移动，从而将生产和消费联结起来，使产品的价值和使用价值得以实现。

（4）在商品运输费用中，没有原料费用，固定资产的折旧和工资是运输的主要费用。运输的流动资金则主要是燃料和辅助材料，没有原料和成品。

知识点 2　商品运输的功能

一、商品转移

物质产品的生产是以满足社会的各种需求为目的的。商品运输的主要目的就是以最少的费用，将恰当的产品，在恰当的时间，运往恰当的地点。只有通过运输将商品从生产地运往消费地，商品的交易过程才能顺利完成，物质产品的使用价值才能实现，社会的各种需求才能得到满足。商品运输使商品发生转移，改变了商品的地点和位置，增加了产品的价值，创造了产品的空间效用；商品运输还使商品在规定的时间到达目的地，或者说在需要的时候发生，因而也创造了商品的时间效用。

二、商品临时储存

将商品进行临时储存也是运输的职能之一，即将运输工具作为暂时的储存场所。在运输期间对商品进行临时储存的原因有两个：（1）运输中的商品需要储运，但在短时间内又将再次运输，并且装卸货物的费用超过储存在运输工具中的费用。（2）仓库空间有限，无法储存商品。这样，企业可以将货物载于运输工具中，采用迂回路径或间接路径运往目的地。

知识点 3　商品运输的流程

一个完整的运输流程大致可以分为六个步骤，即制定运输方案、货物委托承运、装车作业、在途跟踪管理、卸车作业和验收交接。

一、制定运输方案

制定运输方案是整个运输过程的第一个环节，是指在运输作业之前，根据实际的运输需要，做出有关运输方式、运输工具、运输路线、运输时间、运输成本预算、承运人或运输人员配备和运输投保等多种方案选择的过程。

在制定运输方案的过程中，企业应首先确定是采用外包运输还是企业组织运力自行运输。一般情况下，自行运输是短距离且多为公路运输时才会使用。当货物需要进行长途运输且多种运输方式配合使用时，常由企业外的专业运输企业来承担，即我们通常所说的第三方物流公司。企业在选好承运人后，具体的运输方式、运输工具、运输路线、运输时间等运输方案的主要内容须和承运人共同讨论确定。

二、货物委托承运

交由其他运输企业运输的货物，要有确定的运输方案和承运人办理货物的委托承运手续，包括货物的组配、制单、办理托运手续等环节。

货物的组配是根据运输条件将待运的各种货物按照性质、重量、体积、包装、形状、运价等因素合理地配装在一定容器的运输工具内。组配是一项技术性很高的工作，直接关系到运输工具的利用程度、运费的高低和货物的安全。在组配中要遵循安全、合理运输、节约费用、先急后缓等原则。

制单主要是制作货物运单和运输交接单。货物运单是托运企业办理货物交接和计费的原始凭证。一经签订就具有契约性质，所以双方应认真负责地填写。运输交接单是接运方或中转方之间货物交接的凭证，也是收货方掌握在途货物情况及承付货款的依据。因此制单是一项严肃认真的任务，一定要逐项填写，做到正确、清晰。交由其他运输企业运输的货物，要根据制好的单据办理托运手续，可依据指定的时间和货位运货，办理交接手续。

三、装车作业

装车作业指将需要运输的货物装卸搬运到运输工具的作业。它是一种在同一地域范围内，改变"物"的存放、支撑状态的活动。

装车作业过程中可运用配载运输的技术。它是充分利用运输工具的载重量和容积，合理安排装载货物及载运方法并获得合理化的一种运输技术。它一般将轻重货物混合搭配，在以重质货物运输为主的情况下，同时搭载一些轻质货物。配载技术在基本不增加运力投入的情况下合理地利用了运输工具的运输空间。

四、在途跟踪管理

保证货物的安全到达是在途跟踪管理的主要任务。通过对在途货物的跟踪管理，可以使企业及时了解货运情况，如货物的运输时间、在途货物具体的所处地点等，以便在发生特殊情况时，可以及时采取相关措施，同时对货物的安全起到监督作用。

五、卸车作业

卸车作业是装车作业的相反过程。它是指货物从发运地到收货地后需要根据到货通知联系有关业务部门，根据货物的数量、品种，组织人力、物力和仓库货位，将到达的货物从运输工具上卸下来的过程。

在卸车过程中需要注意检查到达货物的包装是否完整，数量、质量是否与货单相符，如有不正常情况，应做好记录，以分清发、转、收三方的责任。

六、验收交接

验收交接是指货物从发运地到收货地后，收货单位根据到达的站、港通知，与运输企业办理的货物点验接收工作。验收交接过程首先应向到达站、港递交有关接运手续，交付相关费用；其次根据提货凭证，到站、港站台或仓库接收、点验货物。

知识点 4　商品运输的方式

商品的运输有五种基本方式，即铁路运输、公路运输、水路运输、航空运输和管道运输。在选用运输方式时，应根据各种运输方式的特点，提高运输效率。

一、铁路运输

铁路运输是我国货物运输的主要方式之一。铁路运输是指使用铁路列车运送货物的一种方式。铁路运输主要承担长距离、大批量的货运。在没有水运条件的地区，几乎所有的货物运送都通过铁路来运输，铁路运输是在干线运输中起主力运输作用的运输形式。铁路运输与水路干线运输、各种短途运输衔接，形成了以铁路运输为主要方式的运输网络。铁路运输的货物具有低价值和高密度的特点，其经济里程一般在 200 千米以上。

1. 铁路运输的分类

按照货物的数量、性质、形状等可以将铁路运输分为整车货物运输、零担货物运输、集装箱货物运输等。

（1）整车货物运输：一批货物的重量、体积或形状需要以一辆以上货车运输的，应按整车方式办理托运。在铁路货物运输中，整车货物运输占很大比例。

（2）零担货物运输：一批货物的重量、体积或形状不够整车运输条件时可按零担托运。铁路部门规定，按零担托运的货物，一件体积最小不得小于 0.02 立方米（一件重量在 10 千克以上的除外），一张运单托运的货物不得超过 300 件。

（3）集装箱货物运输：铁路集装箱运输是将货物装入集装箱，再装载到货车上进行运输的方式。

2. 铁路运输的优点

（1）运量大、运输距离长并且运价低廉；

（2）运输网络完善，可以将货物运往全国各地；

（3）安全可靠。

3. 铁路运输的缺点

（1）无法实现"门到门"的服务。由于铁路运输受线路、货站限制，始末端的运输通常要靠汽车来完成。

（2）货损货差较高。由于列车行驶时的震荡及运输过程中的多次中转，铁路运输很容易导致所载货物损坏、丢失。

（3）铁路运输受运行时刻、配车、编列或中途编组等因素的影响，不能适应用户的紧急需要。

（4）近距离运输时，运输费用较高。

由于铁路的优缺点决定了铁路运输以陆地长途、大批量运输为主要方式，因此适宜运输如煤炭、矿石、木材、粮食、钢材等高密度的商品。

二、公路运输

公路运输是以汽车为主要的运输工具，承担近距离、小批量货物运输以及水路运输、铁路运输难以到达地区的长途大批量货运，水路运输、铁路运输难以发挥优势的短途运输，以及无铁路可通的长途货物的运输任务。公路运输的经济半径一般在200千米以内。

1. 公路运输的优点

（1）可以实现"门到门"的运输。公路运输不受路线和停车站的约束，一般地点都可以到达，可以提供从托运人到收货人的"门到门"的直达运输。在多式联运中，公路运输通常作为其他运输方式的衔接手段。

（2）换装环节少，运输速度较快。直达运输无须转运或反复装卸搬运，因而运输时间可以缩短，货物包装可以简化，因搬运造成的损坏、丢失也较少。

（3）运用灵活，可以满足多种需求。公路运输对货物量的大小有很强的适应性，可以灵活制定运输时刻表，随时调拨，弹性比较大。

（4）公路运输服务方便，适宜于近距离、中小量货物运输，运输费用相对较低。

2. 公路运输的缺点

（1）载运量小。受汽车装载量及汽车数量的限制，无法实现大批量运输。

（2）长距离运输费用较高。

（3）安全性差。由于路况及驾驶人的疏忽等因素，容易发生交通事故。对人身、货物及汽车都会造成损失。

公路运输是最普及、最方便的一种运输方式，为铁路运输、水路运输、航空运输起到集中疏散的作用，是其他运输方式不能替代的。

三、水路运输

水路运输又称为船舶运输，是利用船舶运载工具在水路上的运输，简称为水运。水运按船舶航行的路线可以分为利用海洋的海上运输和利用河川、湖泊等内陆水域的运输，即内河运输。水路运输主要承担大批量、远距离的运输。

1. 水路运输的优点

（1）运输成本低。水运成本明显低于航空、公路以及铁路运输。因此，水运适宜运输单位价值低的产品，如矿石、木材、农产品等。

（2）运载量大。

（3）环境污染小。在同距离、等量产品的运输中，水路运输所耗费的能源最少。

（4）续航能力大。船上可以携带数十天的食物及淡水，配备特种设备，运输人员能够独立生活。

2. 水路运输的缺点

（1）运输速度和其他方式相比最慢。海运有时以几个月为周期。

（2）受气候、季节、港口条件的影响较大。水运极易受恶劣天气的影响，使航期不能保证。

（3）货损现象较多。水上运输途中的颠簸及水运自身的特点等使得包装破损等损坏情况时常发生。

（4）可用性较差。只有临近水路的托运人才能直接使用水路运输。

四、航空运输

航空运输是指利用飞机作为运载工具进行货物运输的一种运输方式。航空运输在我国运输业中主要承担长距离的运输任务。航空运输快速、安全，但运输成本较高。因此，航空运输主要运输的商品有两类：一是运输时间受限的商品，如花卉、海鲜等保鲜商品；二是价值高的商品，如贵金属、珠宝、手表、相机、美术品等贵重货物。

1. 航空运输的优点

（1）运输安全、速度快。除了雾天和雨天外，航空公司都可以提供可靠的运输服务，且航空运输的速度远远快于其他运输方式，使其在长途短时运输上有突出优势。

（2）可以提高企业对市场的反应能力。航空运输的快捷服务可使企业根据市场信息迅速做出反应，推出适销对路的商品，占领市场。

（3）包装简单，货物损耗少。航空运输中飞机飞行平稳，着陆时也有减震系统，货物不会受到太大的外力影响，因而被运输货物只需简单包装即可。且航空运输安全准确，货物损耗较少。

（4）不受地形限制，机动性大。航空运输很少受陆地地形限制，且受航线条件限制的程度比汽车运输、铁路运输和水路运输小得多。

2. 航空运输的缺点

（1）运费高。航空运输的运费高于其他运输方式。

（2）运载能力有限。空运的能力受飞机货舱尺寸和飞机载重能力的限制。

五、管道运输

管道运输是使用管道输送的一种运输方式。管道运输的货物主要是油品、天然气、煤浆及其他矿浆。管道运输与其他运输分式的区别在于管道设备是静止的。管道运输是近几十年发展起来的一种新型的运输方式。我国从1971年才开始有管道运输方式。

1. 管道运输的优点

（1）运输费用低。管道一经建成，就可以连续不断地输送大量货物，且货物不需要装卸、包装，运输费用较低。

(2) 不受天气影响，运行安全可靠。易燃的油、气密闭于管道之中运输，不受天气影响，且挥发损耗少，安全可靠。

(3) 便于管理。管道内的货物流动一般由计算机控制，管理方便。

(4) 占地少、污染小。管道一般埋在地下，不占用土地或占地较少。管道运输过程中漏失、污染小。

2. 管道运输的缺点

(1) 输送商品有限。管道运输一般只适用于石油、天然气等流动货物的运输。

(2) 输送地点有限。只有与管道接近地方的货运人才能使用。

案例点击

俄罗斯交通运输概况

俄罗斯货物运输主要包括铁路、公路、海洋、内河、航空和管道运输等。铁路主要担负中长途运输，运送大批量货物，如煤炭、焦煤、石油、矿石、钢材、化肥、建筑材料、原木和粮食等；公路运输主要承担小批量货物的中、短途运输；内河运输主要运送建筑材料、木材、石油和石油制品、粮食等；海洋运输主要为外贸服务；航空运输主要为边远地区和交通不便的地区运送生活必需品，为大型建筑工地运送机器设备；管道运输主要运送石油和天然气。

1. 铁路运输

铁路在俄罗斯运输系统中是最基本的环节，它是一个大型的多部门的生产经营系统，拥有8 000家企业，210万职工。运营的公用铁路网总长度保持在8.7万千米，其中电气化线路3.8万千米，约占总长度的43.7%，复线路段的长度为3.6万千米，约占总长度的42%。

2. 公路运输

公路是指城市以外的汽车道路，公路属国家所有，分为联邦所有的道路、共和国、边疆区、州所有的道路，以及联邦自治实体的道路。

公路网的分布主要集中在西部地区，这一地区约占全国公路总长度的4/5，东部广大地区公路稀少，仅占1/5。

3. 海洋运输

俄罗斯北靠北冰洋，西和西南分别濒临波罗的海和黑海，东部面向太平洋，海岸线总长4.3万千米，拥有许多优良港湾，具有发展海运业的有利条件。但由于俄罗斯地处高纬度地区，大部分海域冬季结冰，通航期只有4~8个月。在北冰洋海域，通航期需要借助于破冰船领航。

俄罗斯的海运和海港主要分布在黑海与亚速海、波罗的海、巴伦支海与白海、太平洋的日本海及白令海沿岸，并形成了黑海、波罗的海、北方、远东和黑海五支船队，主要承担远洋运输。

4. 内河运输

俄罗斯的内河水运系统和水运干线主要有以下几条：

(1) 伏尔加-卡马河流域，是水运系统的主要干线，货运量为内河运输的第一位。伏尔加河全长 3 530 千米，是欧洲最长的河流，而且水量大。由伏尔加河经运河可通往波罗的海、白海、亚速海、黑海。货运量和客运量均占内河运量的一半。

(2) 鄂毕河，全长 3 650 千米，水系庞大，支流众多，流域面积为 299 万平方千米。鄂毕河-额尔齐斯河流域是西西伯利亚的主要河运干线，货运量居全俄内河运输的第二位。鄂毕河中游沿岸石油产区的物资供应主要靠河运，向北主要运送建筑材料和工业品，向南主要运送木材和石油。

(3) 叶尼塞河，全长 4 102 千米，是俄罗斯水量最大的河流，流域面积 258 万平方千米。主要运送木材、粮食、煤炭、石油制品和建筑材料。

(4) 勒拿河，是东西伯利亚的重要水运干线，全长 4 400 千米，流域面积 249 万平方千米。流经萨哈（雅库特）共和国首府雅库茨克，流向西南经乌斯季库特同贝加尔-阿穆尔铁路干线相通，北经季克西同北海航线相连。运送的主要货物有石油制品、木材、工业品和食品。

(5) 阿穆尔河（黑龙江）、结雅河和乌苏里江是远东的主要河运干线，主要运送木材、煤炭、石油制品、食品等。

俄罗斯的主要运河有以下几条：

(1) 白海-波罗的海运河，全长 227 千米，北起白海岸边的白海城，南至奥涅加湖畔，将白海至波罗的海的航程由 5 000 千米缩短到 1 000 千米。

(2) 莫斯科运河，全长 128 千米，1937 年通航，把莫斯科河同伏尔加河连接起来。

(3) 伏尔加-波罗的海水道，自奥涅加湖至切列波韦茨，全长 368 千米，把奥涅加湖同伏尔加河连接起来，使圣彼得堡到伏尔加河的航行时间由 18 天缩短到两天半。这条水路可以行驶 5 000 吨级轮船。

(4) 伏尔加-顿河运河，全长 101 千米，1952 年建成。

5. 航空运输

俄罗斯的民用航空线总长将近 100 万千米，其中国际航线长达 20 多万千米，同美国、中国、英国、法国、德国、日本等 80 多个国家的首都和大城市通航。

莫斯科是全国最大的航空枢纽，有 4 个民航机场，即伏努科沃、多莫杰多沃、谢列梅捷沃和贝科沃。莫斯科承担全国 1/5 以上的民航运输量，年客运量达 2 000 万人。

圣彼得堡是第二大国内和国际航空港，同 200 个国内城市和独联体国家城市以及近 20 个国家通航。

此外，还有叶卡捷琳堡、新西伯利亚、克拉斯诺亚尔斯克、伊尔库茨克、哈巴罗夫斯克（伯力）等大型航空枢纽。

6. 管道运输

管道运输分为天然气管道、石油管道和石油产品管道。天然气管道是从天然气开采地或生产地将天然气运送到远距离的天然气分配站；石油管道是从石油开采区将石油运送到石油加工企业的官道；石油产品管道是将石油产品从生产地区（总站或转运站）运送到消费点的管道。同铁路运输相比，管道运输具有运量大、运费低、效率高、基建投资较低、易于实现自动化管理等优点。

上面介绍了五种基本运输方式的优缺点，企业应该结合自己的经营特点、商品性能和市场需求，综合考虑，选择合理的运输方式。各种运输方式的运营特点如表 4-1 所示。

表 4-1　　　　　　　　　　　各种运输方式的运营特点

运营特点＼运输方式	铁路	公路	水路	航空	管道
运输速度	一般	良	稍差	优	差
可用性	良	优	稍差	一般	差
可靠性	一般	良	差	稍差	优
运输能力	良	一般	优	稍差	差
使用频率	稍差	良	差	一般	优
成本费用	良	稍差	一般	差	优

知识点 5　商品运输合理化

商品的合理运输，是从物流系统的总体目标出发，运用系统理论、系统工程原理和方法，充分利用各种运输方式，选择合理的运输路线和运输工具，以最短的路径、最少的环节、最快的速度和最少的劳动消耗，组织好商品的运输活动。

一、商品运输合理化的意义

（1）合理组织商品的运输，有利于加速社会再生产的进程，促进国民经济持续、稳定、协调发展。

（2）商品的合理运输，能节约运输费用，降低物流成本。

（3）合理的运输，缩短了运输时间，加快了物流速度。运输时间的长短决定着物流速度的快慢，所以，合理组织商品的运输，可使被运输商品的在途时间尽可能缩短，使商品到达及时，降低库存商品的数量，实现加快物流速度的目标。

（4）运输合理化，可以节约运力。商品运输合理化，克服了许多不合理的运输现象，从而节约了运力，同时，商品运输的合理化，还可以降低运输部门的能源消耗，提高能源利用率。

（5）提高运输工具的实载率。

实载率有两个含义：一是单车实际载重与运距之乘积和标定载重与行驶里程之乘积的比率。这是安排单车、单船运输时，判断转载合理与否的重要指标。二是车船的统计指标，即一定时期内车船实际完成的货物周转量（以吨·千米计）占车船载重吨位与行驶千米之乘积的百分比。注意在计算时车船行驶的千米数，不仅包括载货行驶，也包括空驶。

提高运输工具的实载率，可以充分利用运输工具的额定能力，减少车船空驶和不满载行驶的时间，减少浪费，从而使运输合理化。

（6）提高技术装载量。

提高技术装载量，是组织合理运输、提高运输效率的重要内容。具体做法有：

1）组织轻重配装。把实重货物和轻泡货物组装在一起，既可以充分利用车船装载容积，又能达到装载重量，提高运输工具的综合利用率。

2）实行解体运输。针对一些体积大、笨重、不易装卸、容易碰撞致损的货物可以采取解体运输的装载技术。

3）堆码技术。根据车船的货位情况及不同货物的包装状态、形状，采取有效的堆码技术，达到提高运输效率的目的。堆码技术有多层装载、骑缝装载、紧密装载等。

二、商品合理运输的主要形式

1. 直达直线运输

直达运输是指把货物从产地直接运达要货单位，中间不需要经过各级批发企业的仓库的运输。直线运输是在组织货物运输过程中，按照商品的合理流向，选择最短的路线的运输。直达运输和直线运输一般交织在一起，在减少环节的同时，缩短运输里程，收到双重的经济效果，因此合称为直达直线运输。

直达直线运输可以减少商品的周转环节，消除商品的迂回、对流等不合理运输，减少商品的损耗，节省运输费用。因此，直达直线运输是商品合理运输的重要形式。

2. "四就直拨"运输

"四就直拨"运输，指在流通过程组织货物调运时，对当地生产或外地到达的货物，不运进流通批发仓库，采取直拨的办法，把货物直接分拨给市内基层批发、零售店或用户，从而减少一道中间环节的运输方式。"四就直拨"，即就厂直拨、就站直拨、就库直拨和就车（船）过载。

（1）就厂直拨：指将商品由生产厂家直接发送到要货单位，又分为厂际直拨、厂库直拨和厂站直拨等几种形式。通常日用品多采用就厂直拨的方式。

（2）就站直拨：指将到达车站或码头的商品，不经过中间环节，直接分拨给要货单位。

（3）就库直拨：指将生产企业送入批发企业仓库的商品，由批发企业调拨给要货单位或直接送到零售终端。

（4）就车（船）过载：指到达消费地或集散地的商品，在卸车（船）的同时，直接装上其他车（船）分送给要货单位，中间不再经过其他环节。

3. 合装整车运输

合装整车运输，也称为"零担拼整车中转分运"。合装整车运输是在组织铁路货运时，由同一发货人将不同品种但发往同一到站、统一收货人的零担托运货物，由物流企业组配在一个车皮内，以整车运输的方式，托运到目的地。或把同一方向不同到站的零担货物，集中组配在一个车皮内，运到一个适当车站，然后再中转分运的运输方式。合装整车运输的具体做法有四种：（1）零担货物拼整车直达运输；（2）零担货物拼整车接力直达后中转分运；（3）整车分卸；（4）整车零担。

> **案例点击**

中储智运平台"智慧物流系统"

中储智运是中储南京智慧物流科技有限公司构建的服务于广大客户的物流与供应链电

子商务生态系统。中储智运响应国家可持续发展战略，旨在通过实现中国物流的"互联网+"模式，通过智慧物流分析与预测技术，帮助货主制定不同的发货决策，帮助承运司机获得线路热门货物的货量预报，提前做好承运准备，真正为客户提供创造性的物流服务与体验，引领中国现代物流的前进与发展，实现中国物流行业的蜕变与革新。

中储物流网络遍布全国，拥有40座专业仓库、60条专用线路、70家物流实体、100个分支机构，拥有5 000名专业物流员工、10 000家优质客户。中储智运利用中储得天独厚的优质资源，为广大货主与承运人提供服务。

中储智运平台主要包括两部分，智慧物流交易系统和智慧物流分析预测系统。（1）智慧物流交易系统：通过云计算技术及核心算法能够第一时间实现车货资源的精准定位与智能匹配，智慧物流交易系统实现运力网上竞价交易、货运全程追踪管理、运价结算等功能。（2）智慧物流分析预测系统：智慧物流分析技术使得平台可以收集和处理高维、多变、强随机性的海量动态车、货业务数据，智慧物流预测技术则在前者基础之上，利用已得出的量化分析数据，结合某一地区的天气、温度、社会事件等社会数据，通过复杂核心算法获得这些分析数据未来一段时间的预测需求数据、走势等预测结果。

平台为广大货主与承运人提供一个集"价格"＋"时效"＋"真实"＋"安全"四位一体的直营式物流运力交易电商平台。在实现发展货主会员10万家、车辆会员100万辆目标后，平均车辆实载率可提高至70%，每年可减少无效车次5 000万次，节约燃油消耗200万吨，减少碳排放量500万吨，可间接带动如呼叫、调度、售后服务、结算等就业岗位200万人以上，同时可节省大量社会配载市场土地占用，有效解决与规范运输市场的发票、税收管理顽症。

平台也为广大承运人提供了一个真实可靠的网上配货手段，承运人可充分根据自己的业务需要与线路偏好提前规划发车计划与行程，减少中间环节配送场站的停留时间与迂回运输，节省司机的燃油消耗与生活住宿等额外成本费用。同时平台通过返程车辆的有效利用，最大化实现合理运输，减少中间环节，为广大货主提供一个价格透明、快速安全的寻车途径。

中储智运平台的优势：

（1）技术：云计算及大数据支撑，互联网＋物流，精准匹配。

物流大数据，实时公布热门路线货量、运力情况、空车分布、货主发货频次及类型、精准车源推送等，为智慧物流交易系统做数据支撑。

（2）智运宝：线上支付，实现交易内部化。

线上支付是物流货运闭环的重要环节，中储智运独立开发的"智运宝"交易支付系统是物流界的"支付宝"，可提供充值、提现、授信等相关服务功能，实现了货运线上业务的所有闭环。它使得运费结算内部化，确保交易安全性与及时性，为广大货主及承运人解决货运运费的交易结算问题。

（3）平台功能使用全部免费。

平台整合现有优秀互联网产品功能，为货主与承运人提供抢单、团购、朋友圈、语音服务等各种功能应用，除此以外，平台还引入线下"竞价模式"，让货主与承运人在线上也可以"讨价还价"。

（4）剔除中间环节，确保效益最大化。

中储智运整合了大量知名企业、物流公司、散车车主等的货源车源信息，并通过大数据及云计算支撑，进行精准发布与推送。中储智运为直营式物流运力交易电商平台，货主车主点对点交易，没有中间代理环节，确保双方效益最大化。

（5）信息翔实，安全可靠。

平台开放式的会员纳入体系及严格的资质审核机制，在确保平台推广的同时保证所有车、货信息的真实与可靠。

（6）全程保障，无后顾之忧。

中储智运通过履行"无车承运人"角色，负责整个运输过程的流程管理、呼叫、调度、运输过程跟踪监控、风险把控与承担、大额运费的融资协调与结算。除此之外，平台与保险公司紧密合作创建货运电商保险机制，为货主承诺运输过程的货物安全与意外赔偿，免去后顾之忧。

学习小结

商品储存是指商品在流动过程中出现的"停滞"。商品储存会占压资金和增加仓储费用。为了减少储存费用，企业必须对商品储存进行科学管理。商品运输也是商品流动过程中的一个重要过程，为了产生安全、快捷、准确、价廉的效果，企业在组织商品运输活动的过程中，需要针对商品自身的特点做出决策。

案例分析

电力系统省级计量中心智能仓储及输送系统

目前，国家电网正在进行"智能电网"的大规模建设。省级电力计量中心贯彻国家电网推行的"集团化运作、集约化发展、精益化管理、标准化建设"管理要求，根据检定规程的要求，利用先进的物流技术、科学的物流管理方法和运作模式，尽快完善检定场所和库房建设，实现自动化检定，满足电力计量器具检定、库存和配送的需要，大力提高电力计量中心的整体运作效率和信息化水平。

该项目的智能仓储及输送系统设计包括出入库作业区、出入库暂存区、立体仓储区、输送接驳区、新品拆包区、自动装箱区等功能区域。

1. 智能仓储及输送系统工作流程

（1）新品入库流程。

1）新品到货时统一采用纸箱进行包装，工人在货车车厢进行卸货作业；

2）通过伸缩皮带机将纸箱包装的新品进行输送，将新品输送到RFID射频部门；

3）由RFID信息自动识别系统采集计量器具纸箱信息并进行信息效验；

4）信息正确的新品纸箱通过筒输送机和爬坡皮带机输送到机器人码垛位置；

5) 机器人将计量器具纸箱码放到空托盘上进行码垛操作；

6) 通过条码固定扫描器扫描托盘条码，通过信息自动识别系统实现计量器具与托盘信息的绑定；

7) 码盘结束后通过穿梭车、输送机输送到新品实托盘入库。

（2）新品抽检流程。

新品纸箱考虑一定比例的抽检，根据生产调度系统下达抽检指令，即一定比例的新品纸箱进入下列流程：纸箱拆箱、装入周转箱、入周转箱库、出周转箱库并进入自动化检定线，完成检定后回周转箱库。

（3）新品出库拆纸箱流程。

仓储系统接收生产调度系统指令，将需要进行拆纸箱的新品实托盘通过堆垛机、输送机、穿梭机将新品实托盘输送到机器人拆垛站台；同时，仓储系统下达空周转箱出库指令，空周转箱垛通过堆垛机、输送机输送到自动装箱作业区进行拆箱作业。通过机器人进行拆垛，将单一纸箱摆放到纸箱输送机上并输送到拆包站台；同时，通过周转箱拆箱机将空周转箱垛拆成单个空周转箱并输送到机器人装箱站台。

拆垛产生的空托盘通过叠盘操作，由仓储系统下达入库任务，仓储设备将空托盘垛输送到存储区进行存储。

（4）表计配送出库流程。

计量器具的出库配送方式以纸箱包装出库为主，但要求考虑周转箱直接出库配送的通道设计。计量器具纸箱出库配送形式包括托盘垛出库配送和单纸箱直接出库配送，其中托盘垛需经在线自动缠绕后，由叉车完成装车操作。

2．仓储信息管理系统

仓储信息管理系统是国网电力公司的神经中枢，在整个智能仓储系统中起着决定性作用。入库作业、出库作业、储位调整作业、盘点作业、退货作业等作业流程的各作业步骤设置详细、灵活，在一个作业流程中可对各作业步骤进行启用或关闭，即可组合成不同的实际作业流程。

智能化仓储及输送系统将在大大提高检定、物流效率和服务水平的基础上，实现电能表计出入库自动化、智能化、信息化管理。这可提高现代化技术含量及管理水平，降低工作人员的劳动强度，提高工作效率，实现其对电能表计智能仓储及输送系统作业流程综合自动化要求。

资料来源：陈伟炯. 中国物流科技发展报告 2015—2016. 上海：上海浦江教育出版社，2016.

案例思考题：

电力系统省级计量中心智能仓储及输送系统与原有传统形式有什么区别？

实训设计

项目： 商品储存管理。

目的： 了解商品储存管理的流程。

内容：学生选择某一企业，设计该企业商品入库、在库、出库的流程。
步骤：
1. 选择模拟企业；
2. 对该企业目前商品入库、在库、出库的流程进行了解；
3. 分析该企业目前商品储存管理中存在哪些问题；
4. 运用所学理论完善该企业商品入库、在库、出库的流程。

参考文献

1. 吕莉克,郭红娟. 商品学基础. 成都:西南财经大学出版社,2007.
2. 方凤玲,杨丽. 商品学概论. 北京:中国林业出版社,2007.
3. 郭洪仙,曾瑾副. 商品学. 上海:复旦大学出版社,2005.
4. 孙参运. 商品学基础. 武汉:武汉理工大学出版社,2008.
5. 程艳霞. 现代物流管理概论. 武汉:华中科技大学出版社,2009.
6. 牛鱼龙. 欧洲物流经典案例. 重庆:重庆大学出版社,2007.
7. 刘元洪. 物流管理概论. 重庆:重庆大学出版社,2009.
8. 张瑞夫. 现代物流管理案例精选. 北京:中国财政经济出版社,2008.
9. 汪永太,李萍. 商品学概论. 2版. 大连:东北财经大学出版社,2005.
10. 万融. 商品学概论. 3版. 北京:中国人民大学出版社,2005.
11. 谢瑞玲. 商品学基础. 北京:高等教育出版社,2001.
12. 胡东帆. 商品学概论. 2版. 大连:东北财经大学出版社,2005.
13. 季任天. 商检管理学. 北京:中国计量出版社,2003.
14. 汪永太. 商品检验与养护. 大连:东北财经大学出版社,2005.
15. 刘北林. 海关商品学. 2版. 北京:中国物资出版社,2007.
16. 刘清华,李海凤. 商品学基础. 北京:中国人民大学出版社,2012.
17. 宋刚. 钱学森开放复杂巨系统理论视角下的科技创新体系——以城市管理科技创新体系构建为例. 科学管理研究,2009,27(6).
18. 徐哲一,武一川. 质量管理10堂课. 广州:广东省出版社,广东经济出版社,2004.
19. 任建标,生产与运作管理. 北京:电子工业出版社,2006.
20. 张根宝,何桢,刘英. 质量管理与可靠性. 2版. 北京:中国科学技术出版社,2005.
21. W.爱德华兹·戴明. 戴明论质量管理. 钟汉清,戴久永,译. 海口:海南出版社,2003.
22. 韩福荣. 现代质量管理学. 北京:机械工业出版社,2004.
23. 龙东飞. 戴明管理与企业实践. 北京:机械工业出版社,2003.
24. 菲利普·科特勒,凯文·莱恩·凯勒. 营销管理. 王虹,应斌,译. 北京:清华大学出版社，2009.

25. 李世宗. 市场营销. 北京：中国财政经济出版社，2007.
26. 沈爱华，袁春晖. 政治经济学原理与实务. 北京：北京大学出版社，中国农业大学出版社，2008.
27. 窦志铭. 商品学基础. 2版. 北京：高等教育出版社，2008.
28. 马德生. 商品学基础. 北京：高等教育出版社，2008.

图书在版编目（CIP）数据

商品学基础/刘清华，张建斌，李海凤主编. —2版. —北京：中国人民大学出版社，2019.5
教育部中等职业教育专业技能课立项教材
ISBN 978-7-300-26903-0

Ⅰ.①商… Ⅱ.①刘… ②张… ③李… Ⅲ.①商品学-中等专业学校-教材 Ⅳ.①F76

中国版本图书馆 CIP 数据核字（2019）第 073998 号

教育部中等职业教育专业技能课立项教材
商品学基础（第二版）
主　编　刘清华　张建斌　李海凤
副主编　单浩杰　张令娟
参　编　于庆华
Shangpinxue Jichu

出版发行	中国人民大学出版社			
社　　址	北京中关村大街 31 号	邮政编码	100080	
电　　话	010-62511242（总编室）	010-62511770（质管部）		
	010-82501766（邮购部）	010-62514148（门市部）		
	010-62515195（发行公司）	010-62515275（盗版举报）		
网　　址	http://www.crup.com.cn			
经　　销	新华书店			
印　　刷	北京昌联印刷有限公司	版　次	2013 年 7 月第 1 版	
规　　格	185 mm×260 mm　16 开本		2019 年 5 月第 2 版	
印　　张	12	印　次	2021 年 12 月第 3 次印刷	
字　　数	276 000	定　价	29.00 元	

版权所有　　侵权必究　　印装差错　　负责调换